Maja Nollau
Kinder mit herausforderndem Verhalten

Maja Nollau

Kinder mit herausforderndem Verhalten

wahrnehmen – verstehen – begleiten
Ein heilpädagogisches Handlungskonzept

FREIBURG · BASEL · WIEN

3. Auflage 2021

© Verlag Herder GmbH, Freiburg im Breisgau 2015

Alle Rechte vorbehalten
www.herder.de

Umschlagkonzeption und -gestaltung: Röser MEDIA GmbH & Co. KG, Karlsruhe
Umschlagmotiv: © Klara Killeit, Freiburg

Fotos im Innenteil auf den Seiten 11: © anaumenko – AdobeStock, 33: © Juanmonino – iStock, 55: © Bicho_raro – iStock, 65: © Jan Tepass – Mauritius Images, 93: © Angela Reik – Mauritius Images, 119: © MIA Studio – AdobeStock, 149: © Mr. Nico – Photocase

Satz: Röser MEDIA GmbH & Co. KG

Herstellung: DZS Grafik, Ljubljana
Printed in Slovenia

ISBN Print 978-3-451-38786-9
ISBN EBook (PDF) 978-3-451-82161-5
ISBN EBook (EPUB) 978-3-451-82174-5

Inhalt

Vorwort 7

1. **Was heißt das: herausforderndes Verhalten?** 11
   1.1 Verhalten versus Verhaltensauffälligkeit 12
   1.2 Verhaltensstörung 20
   1.3 Erscheinungsformen von Verhaltensauffälligkeiten 23
   1.4 Bedeutung der Sichtweise 26

2. **Wie entsteht herausforderndes Verhalten?** 33
   2.1 Ursachenanalyse: Risiko- und Schutzfaktoren in der Entwicklung 34
   2.2 Biophysische und psychologische Erklärungsmuster 40
   2.3 Soziologische Erklärungsmuster 44
   2.4 Das biosozial-interaktionistische Erklärungsmodell 52

3. **Heilpädagogik – Erziehung unter „erschwerten Bedingungen"** 55
   3.1 Heilpädagogik – Ethos, Beruf und Handlungswissenschaft 56
   3.2 Grundlagen des heilpädagogischen Handlungskonzepts 59

4. **Welche Bedeutung haben Bindung, Beziehung und Gesellschaft?** 65
   4.1 Bindung und Beziehung in der Entwicklung 66
   4.2 Bedeutung der Spiegelneuronen 72
   4.3 Rolle der Bezugsperson und der gesellschaftlichen Konventionen 76
   4.4 Heilpädagogische Beziehungsgestaltung 86

5. **Welche Phänomene menschlicher Existenz betrachtet die Heilpädagogik?** 93
   5.1 Die Phänomene Leiblichkeit, Sprachlichkeit, Bewegung und Tätigkeit ... 94
   5.2 Die Phänomene Spielen und Lernen 106
   5.3 Entwicklungsbegriff in der Heilpädagogik 114

6. Wie wird herausforderndem Verhalten in der heilpädagogischen Praxis begegnet? ... 119
 6.1 Verhalten wahrnehmen und verstehen ... 120
 6.2 Bedeutung heilpädagogischer Diagnostik ... 133
 6.3 Hilfe- und Förderplanung ... 141

7. Welche Handlungsmöglichkeiten sind bedeutsam in der heilpädagogischen Praxis? ... 149
 7.1 Gestaltung der Lebenswelt ... 153
 7.2 Zusammenarbeit mit den Eltern ... 161
 7.3 Systemische Fallarbeit ... 167
 7.4 Interdisziplinäre Zusammenarbeit ... 170

Schlusswort ... 175

Anhang ... 177
 Vorgehen bei der Anamnese ... 178
 Beobachtungskriterien für die förderdiagnostische Einschätzung ... 184
 Beobachtungsbogen – Beobachtungsprotokoll ... 186
 Differenzierung und Konkretisierung der einzelnen Entwicklungs- und Förderbereiche ... 187

Literatur & Links ... 201

Vorwort

In der aktuellen Diskussion in pädagogischen Tätigkeitsfeldern, den Medien, in der Politik oder auch in Alltagsgesprächen stehen immer wieder Phänomene, die verstärkt auftreten, im Mittelpunkt. Dazu gehören Gewaltbereitschaft, Schulphobien oder -verweigerung, Mobbing bei Jugendlichen sowie Kinder, die als hyperaktiv, aufmerksamkeitsgestört, sprachentwicklungsverzögert oder als in ihrer sozial-emotionalen Entwicklung auffällig erscheinen.

Nicht selten reduziert sich der soziale, gesellschaftliche und politische Umgang mit Menschen mit herausfordernden Verhaltensweisen dabei auf die medizinisch-therapeutische Behandlung. Kinder, die schwierig oder auffällig erscheinen, werden als störend erlebt und bezeichnet, weil sie Eltern und Fachleute aus Pädagogik und Therapie in Schwierigkeiten bringen.

Häufig gerät dabei aus dem Bewusstsein, dass es sich zunächst einmal um eine Zuschreibung durch die Erwachsenenwelt handelt. Erwachsene besitzen die Macht, kindliches Verhalten als schwierig, auffällig oder gestört zu definieren und die Lebenswelt des Kindes wesentlich zu beeinflussen. Dabei wird vergessen, dass alle Menschen grundsätzlich Teil eines gesellschaftlichen Systems sind und damit auch stets nach dem gesellschaftlichen Anteil an derartigen Phänomenen zu fragen ist.

Die Tendenz, herausforderndes Verhalten zu individualisieren („Das Kind hat eine Störung"), zu biologisieren („Es ist ein medizinisch-organisches Problem") oder zu pathologisieren („Es ist eine Krankheit"), widerspricht jedoch den Grundannahmen einer modernen Pädagogik, der Heil- und Sonderpädagogik, die dieses Verhalten als ein pädagogisches bzw. erzieherisches und gesellschaftliches Phänomen anerkennt.

Die fachliche (heil-)pädagogische Arbeit mit Kindern und Jugendlichen mit auffälligem, herausforderndem Verhalten beginnt mit der Auseinandersetzung mit den persönlichen (Lebens-)Erfahrungen. Das Bewusstmachen und Bewusstwerden eigener stärkender und schwächender Erfahrungen und damit der Anteil der eigenen reifen (erwachsenen) Persönlichkeit sind neben spezifischem Fachwissen die Voraussetzung für eine unterstützende, qualitative und wirksame Begleitung eines Kindes. Diese bewusste Auseinandersetzung und eine reflektierter Haltung der Fachkräfte sind besonders im elementarpädagogischen Bereich notwendig, da in diesem Lebensabschnitt die Grundlage insbesondere der sozial-emotionalen Entwicklung (Bindungs- und Beziehungs-, Lern- und Leistungsfähigkeit, Selbst- und Weltvertrauen, Motivation), aber auch der Kommunikations-, Sprach- und Intelligenzentwicklung gelegt wird.

Die Erzieherin und der Erzieher (griech.: pädagogos) sind Begleiter auf dem Lebensweg eines Menschen. Sie begleiten ein Kind auf seinem Weg zu Bildung, Partizipation und Enkulturation. Insbesondere im Tätigkeitsbereich Tagespflege, Kinderkrippe, Kindergarten und Grundschule ist zudem die Fähigkeit der Pädagogin bzw. des Pädagogen, über den „eigenen Tellerrand" hinauszuschauen, wichtig, um qualitativ hochwertige Arbeit leisten zu können. Das bezieht sich sowohl auf persönliche Vorstellungen, Erwartungen, Werte und Normen als auch auf das Berufsfeld. Es genügt nicht, die eigene berufliche (und private) Alltagswelt zu erkennen und sich darauf in seinem beruflichen Verstehen und Handeln zu beschränken. Das Interesse am vergangenen und zukünftigen Leben des zu begleitenden Kindes – über die Kindergartenzeit und die Erreichung der Schulfähigkeit hinaus – gehört zu den wichtigsten Voraussetzungen (heil-)pädagogischer Arbeit.

> Dieses Buch nähert sich der Thematik „Kinder mit herausforderndem Verhalten" über verschiedene Fragestellungen:
> ▶ Was unterscheidet herausforderndes Verhalten von Verhaltensauffälligkeit und Verhaltensstörung?
> ▶ Wie entsteht herausforderndes Verhalten?
> ▶ Welche Ursachen und Erscheinungsformen sind bekannt?
> ▶ Welche Bedeutung hat (heil-)pädagogische Arbeit für die Verringerung, gar Beseitigung von auffälligem, herausforderndem Verhalten?
> ▶ Wie beeinflusst ein umfassendes Verstehen das erzieherische Handeln?
> ▶ Welche Handlungsschritte sind notwendig und möglich?
> ▶ Welche Rolle spielen in der pädagogischen Arbeit mit Kindern mit herausforderndem Verhalten die Zusammenarbeit mit Eltern (u.a. niedrigschwellige Angebote), Teamarbeit, interdisziplinäre Zusammenarbeit und Netzwerkarbeit?
> ▶ Aus welchen Gründen ist ein heilpädagogisches und inklusives Verständnis für eine „nachhaltig" wirksame Pädagogik notwendig?

Im Fokus moderner (heil-)pädagogischer Zielsetzung scheinen zunehmend wieder Aspekte wie Leistung, Effizienz, Förderung und Training kognitiver und sozialer Fähigkeiten und der Erwerb kultureller (Vor-)Fertigkeiten zu stehen. Diese Entwicklung und die zunehmende Fixierung auf Förderdiagnostik und Förderpläne bei abweichenden kindlichen Entwicklungsverläufen sind bedenklich und (sehr) kritisch zu betrachten.

Beispiel aus der jüngsten Praxis einer integrativen Kindertagesstätte

Eine Mutter antwortet auf die Frage der Heilpädagogin, was sie sich für ihr dreijähriges Kind in der Tageseinrichtung wünsche und erwarte: „Ich erwarte, dass Sofie endlich ordentlich laufen und sprechen lernt, und Sie alles dafür tun, dass sie die Dinge aufholt, die sie bis jetzt noch nicht gelernt hat. Sie soll mal den bestmöglichen Abschluss machen und unser Geschäft übernehmen."

Sitte und Anstand sowie die Einhaltung von Sekundärtugenden und Leistungsfähigkeit sind noch immer zentrale gesellschaftliche Prinzipien. Doch geraten dabei wesentliche Grundlagen in Vergessenheit, die die Basis für kindliche Entwicklung und Bildung darstellen. Dazu gehören:

- Zeit, Muße und Ruhe zu haben,
- die Notwendigkeit, innere Welten eines Kindes zu erreichen,
- die Schaffung echter – für das Kind in seiner Lebensphase bedeutsamer – Erfahrungen in der Beziehung zum Gegenüber,
- eine sichere Bindung zu entwickeln,
- die Anerkennung der eigenen wie der fremden Persönlichkeitsmerkmale und schließlich
- das notwendige Wissen – auch im Kontext des Lernens, der Gemeinschaft –, um Überraschendes, Unplanbares, den Raum für Nicht-Messbares, also spielerische Auseinandersetzung beim Lernen, mit dem Lerngegenstand in Raum und in Bewegung nutzen zu können.

Eine Vertrauen schaffende, auf einen wertschätzenden, gleichberechtigten Dialog orientierte Beziehung ist die Grundlage einer zeitgemäßen Pädagogik. Jedes Kind sollte in seiner Würde geachtet, in seiner Ganzheit wahrgenommen, verstanden, angesprochen, wertgeschätzt und in seiner individuellen Entwicklung seinen Möglichkeiten entsprechend begleitet werden.

Maja Nollau

1.
Was heißt das: herausforderndes Verhalten?

> **In diesem Kapitel erfahren Sie**
>
> – was unter Verhalten verstanden wird
>
> – wann das Verhalten eines Kindes als auffällig beurteilt werden kann
>
> – welche Bedeutung dem Beurteilenden und der Gesellschaft bei der Klassifizierung eines Verhaltens als herausfordernd zukommt

1.1 Verhalten versus Verhaltensauffälligkeit

Die Begrifflichkeiten **Verhalten** und **verhaltensauffällig** werden in vielen unterschiedlichen Zusammenhängen verwendet: „Miriam verhält sich vorbildlich." „Warum verhältst du dich so?" „Jakob stört alle, sein Verhalten ist wirklich auffällig."

Der Begriff Verhalten entstammt der Alltagssprache und beschreibt die Handlungen eines Menschen, die aus der Auseinandersetzung mit sich und/oder seiner dinglichen und personellen Umwelt entstehen. Daher kann er nicht eindeutig und abschließend geklärt und die folgende Definition als Annäherung verstanden werden.

> **Verhalten**
>
> ▸ ist das Ergebnis integrativer Wahrnehmungsfunktionen und -prozesse und zeigt sich im Wechselspiel zwischen Organismus und Umwelt;
> ▸ beschreibt die Gesamtheit aller von außen beobachtbaren Äußerungen, aller äußerlich wahrnehmbaren und daher auch mit technischen Hilfsmitteln erfassbaren, aktiven Veränderungen, Bewegungen, Stellungen, Körperhaltungen, Gesten sowie mimischen und Lautäußerungen eines Menschen;
> ▸ bezeichnet die Summe der Reaktionsweisen eines Menschen auf Reize aus seinem Körperinneren oder seiner Umgebung; das Spektrum reicht von einfachsten Reaktionen, bis zu willentlichen, komplexen und umweltverändernden Handlungen.

Als Verhalten können einerseits die Gesamtheit solcher Lebensvorgänge, andererseits aber auch einzelne Merkmale in einer bestimmten Zeitspanne bezeichnet werden.

1.1 Verhalten versus Verhaltensauffälligkeit

> **Verhaltensbiologisch** wird Verhalten verstanden als eine durch Gene und Lernen beeinflusste Anpassungsleistung eines intakten Organismus an seine Umwelt. Verhalten bezeichnet die Summe der Reaktionsweisen eines Lebewesens (Pflanze, Tier, Mensch) auf Reize aus seiner Umgebung. Auf jeden Trigger folgt eine Reaktion, denn diese „Reizbarkeit" ist Teil der grundlegenden Definition des Lebens.

Der Begriff der **Handlung** umfasst neben den Verhaltenskomponenten meist noch die der Motive, also innere bzw. subjektive Elemente. Der Soziologe Max Weber (1864–1920) unterscheidet **vier Typen sozialen Handelns:**

1. „**Zweckrationales Handeln**: Dem Handeln liegt ein bewusstes Zweck-Mittel-Kalkül zugrunde.
2. **Wertrationales Handeln**: Es ist bestimmt durch den bewussten Glauben an den ethischen, ästhetischen oder religiösen Eigenwert eines Verhaltens, unabhängig vom Erfolg.
3. **Affekthandeln**: Dazu gehört insbesondere emotionales Verhalten, das durch situative Affekte bestimmt ist.
4. **Traditionelles Handeln**: Es richtet sich stark nach Gewohnheiten" (Gabler Wirtschaftslexikon o. J.).

Soziales Handeln umfasst nach Max Weber idealtypisch drei Dimensionen: Tun, Dulden (zulassen) und Unterlassen (nicht handeln).

> ### Beispiel für die Dimensionen
>
> Eine Heilpädagogin beobachtet die Jungen Eric und David, die im Garten des Kindergartens aneinander vorbeigehen. David schleudert Eric derbe Schimpfworte entgegen. Eric schaut hilfesuchend um sich.
>
> Die pädagogische Fachkraft hat drei Möglichkeiten, in dieser sozialen Situation zu handeln:
> 1. Sie tut etwas, indem sie I interveniert, David aufhält, eine Klärung der Situation begleitet und dieses Geschehen als inakzeptabel begreifbar werden lässt.
> 2. Sie duldet das Geschehen, indem sie David seiner Wege gehen lässt, scheinbar ohne zu intervenieren. Sie erwidert Erics Blick bedauernd und beschwichtigend
> 3. Sie handelt nicht, indem sie sich abwendet oder fortgeht.

In einer weiteren Differenzierung können **drei Ebenen von Verhalten** unterschieden werden:
- Unbewusste, biophysiologische oder biochemische Reaktionen des Organismus
- (wie Darmtätigkeiten)
- Gelernte, routinierte, aber nicht bewusst oder nur unterbewusst gesteuerte Verhaltensweisen (z.B.Angststarre, Flucht)
- Bewusstes, gesteuertes Handeln (vgl. Gabler Wirtschaftslexikon o. J.).

Grundsätzlich werden **zwei Arten von Ursachen für Verhalten** unterschieden und voneinander abgegrenzt:
- **Proximate Ursachen** sind die unmittelbaren Ursachen: Welche inneren (physiologischen, neurologischen, hormonellen) und äußeren (von der Umwelt verursachten) Faktoren erzeugen ein gerade beobachtbares Verhalten?
- **Ultimate Ursachen** sind die im Verlauf der Evolution entstandenen Eigenschaften: Auf der Grundlage welcher Gene und welcher ererbten Verhaltensprogramme vollzieht sich das beobachtbare Verhalten?

Häufig muss zudem eine **dritte Ursache** berücksichtigt werden:
- Die Einflüsse früher gezeigter Verhaltensweisen: Welche individuellen Erfahrungen (Lernen, Prägung) beeinflussen den Ablauf des beobachtbaren Verhaltens?

> ## Menschliches Verhalten
> - ist der Ausdruck inneren Erlebens, Denkens und Fühlens eines Menschen und kann nur im Zusammenspiel von Beziehungen verstanden werden,
> - „ist Ergebnis und Ausdruck situativer Bedingungen, Strukturen, Prozesse und Spielregeln und ist nicht in (der) Person begründet" (Palmowski 1996, S.198).

Auf der Grundlage dieses Begriffsverständnisses kann man auffälliges Verhalten besser definieren.

Auffälliges Verhalten – Verhaltensauffälligkeit

In der Praxis und Literatur existiert eine Vielzahl an Begriffen, die auf ein Verhalten hinweisen, das vom üblichen Verhalten von Kindern und Jugendlichen gleichen Alters abweicht. Dieses Phänomen ist im Laufe der Entwicklung eines Menschen mitunter stärker, mitunter schwächer zu beobachten und nicht selten Ausdruck einer entwicklungsbezogenen Krise oder temporären Belastung, die mit dem Erreichen des Entwicklungsschrittes oder der Beseitigung der belastenden Bedingungen überwunden ist.

> **Auffälliges Verhalten**
>
> ▶ ist eine sensible Reaktion und Ausdruck gestörter Entwicklungs- und Beziehungsverhältnisse, eine Störung in den Systemen (Mikrosysteme: Freundeskreis, Kindergruppe, Familie, Kindertagesstätte, Schule/Hort) oder des gesamten Systems (Makrosystem: gesamtgesellschaftlich, weltpolitisch, global);
> ▶ ist ein kontraproduktiver Versuch, einen Ausgleich zu schaffen, ein verloren gegangenes Gleichgewicht wieder herzustellen. Das Kind kann also als Symptomträger dieser Störungen verstanden werden. Es zeigt stellvertretend für das System auffällige Symptome.

Das Erleben, Fühlen, Denken und Verhalten eines Menschen hängt eng mit seinen basalen Grundbedürfnissen zusammen. Diese sind:
▶ das Bedürfnis nach Lustgewinn und Unlustvermeidung,
▶ das Bindungsbedürfnis, das heißt, ein Bedürfnis nach sozialem Eingebundensein und Zugehörigkeit,
▶ das Bedürfnis nach Orientierung und Kontrolle,
▶ das Bedürfnis nach Autonomie und Selbstbestimmung,
▶ das Bedürfnis nach Kompetenz und (Selbst-)Wirksamkeit,
▶ das Bedürfnis nach Selbstwerterhöhung und Selbstwertschutz (vgl. Grawe 2004).

> **Beispiel: Katzenkind I**
>
> Die Kindertagesstätte liegt in einer Großstadt und verfügt über 212 Plätze für Kinder im Alter von sechs Wochen bis zum Schuleintritt, davon 25 Plätze für Kinder mit bestätigtem besonderem (Förder-)Bedarf. Die Mehrzahl der Familien hat großen Unterstützungsbedarf, zum Teil Fluchterfahrungen hinter sich und verfügt so oft über einen noch ungeklärten Aufenthaltsstatus. Das Team ist seit Jahren unterbesetzt und erklärt, kaum inhaltlich arbeiten zu können und sich häufig überlastet zu fühlen. Die Fluktuation der Fachkräfte in der Kita war in den vergangenen fünf Jahren sehr hoch.
>
> Die Leitung bittet die Fachberatung um Unterstützung bei der Entwicklung der konzeptionellen Arbeit. Gegen acht Uhr morgens betritt die Fachberaterin in der nächsten Woche das Haus: Das neuerrichtete Gebäude wird von einem großen Atrium

> dominiert, dort befindet sich für alle Kinder der Einrichtung das Kinderrestaurant, in dem Frühstück, Mittagessen und Vesper rotierend eingenommen werden. Eine weite Treppe führt vom Atrium in das obere Geschoß. Ein Kreisgang, von dem die verschiedenen Räume abgehen, umschließt das Atrium. Am Ende der Treppe begegnet der Fachberaterin ein etwa sechsjähriges Mädchen, das auf allen vieren schleicht, dann faucht und mit der „Tatze" nach ihr schlägt: „Ich bin ein Jaguar. Das bin ich hier immer und ich kann dich kratzen." Die Fachberaterin zeigt sich erschrocken: „Oh je, dann muss ich hier gut auf mich aufpassen. Oder kann ich dich zähmen?" Das Mädchen schaut sie an, schmiegt sich an ihre Beine und sagt: „Manchmal bin ich auch eine Katze und Du kannst mich streicheln."

Zur Verdeutlichung des Zusammenhangs dieser basalen Grundbedürfnisse eines Kindes und seines Verhaltens dient die folgende Abbildung des konsistenztheoretischen Modells der psychischen Regulation nach Grawe (2004):

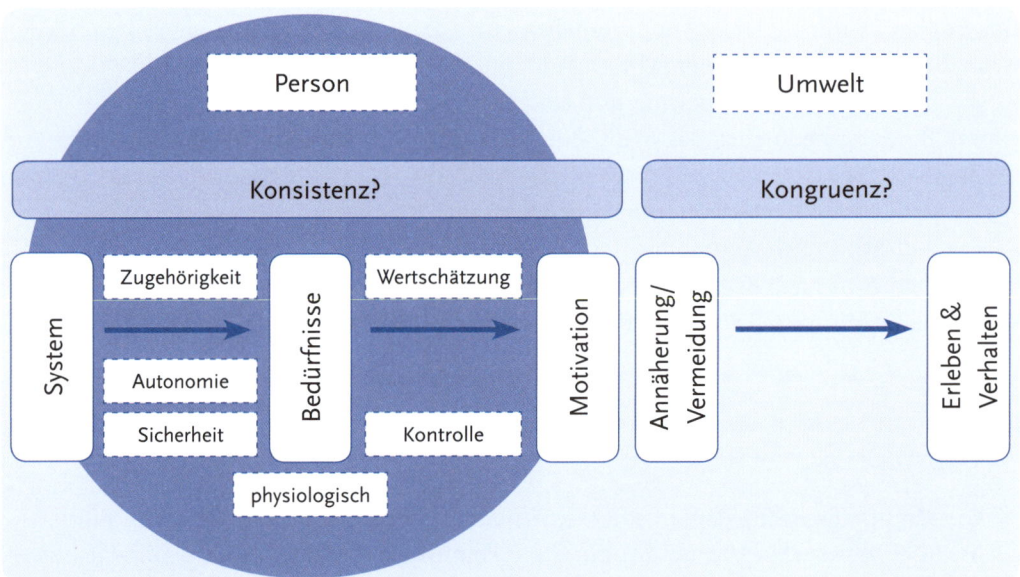

Abbildung 1: Adaption des Modells zur Konsistenztheorie nach Grawe 2004 (vgl. Sappok, 2019)

Das innere Fühlen, Denken und Erleben und das beobachtbare Verhalten eines Kindes sind geprägt von motivationalen Mustern. Abhängig vom jeweiligen emotionalen Entwicklungsstand des Kindes dominieren die emotionalen Grundbedürfnisse des Kindes, die derartige motivationale Muster hervorrufen. Diese beeinflussen wiederum das Erleben und Verhalten des Kindes.

Das Bedürfnis nach Lustgewinn und Unlustvermeidung äußert ein hungriges drei Wochen altes Kind durch Weinen, ein neun Monate altes Kind bei der zu nahen Konfrontation mit einer fremden Person durch das Wegdrehen des Köpfchens, ein dreijähriges Kind durch das Verstecken hinter der Mutter. Das fünfjährige Kind behauptet beim Ertapptwerden einer untersagten Tat, das habe der unsichtbare Freund gemacht. Der erwachsene Mensch reagiert eventuell durch die konstruktive Veränderung einer unbefriedigenden Lebenssituation, z.B. durch den Kauf einer Brille bei schlechter werdendem Sehvermögen.

Entsprechen die Ansprüche und Reaktionen aus der Umwelt nicht den Bedürfnissen des Kindes, entsteht durch die Nichtvereinbarkeit gleichzeitig aktivierter psychischer bzw. neuronaler Prozesse (brauchen – wollen – sollen) ein neurologischer Spannungszustand. Erleben, Denken und Fühlen entstehen und der Versuch eines inneren Ausgleiches (Spannungsreduktion) folgt (Verhalten). Die Überwindung des Inkonsistenzkonfliktes ist von einer erhöhten Dopaminausschüttung im Gehirn begleitet. Dies führt zu einem Neuwachstum von synaptischen Verbindungen zwischen den Neuronen im Gehirn – zu dem, was Grawe (2004) neurologisch unter Lernen versteht (vgl. Sappok 2019).

Dieser Prozess ist auch ein wesentlicher neurophysiologischer Teil der Entstehung und Etablierung von herausforderndem Verhalten. Aus den konditionierenden Prozessen entstehen Symptome herausfordernder Verhaltensweisen. Weil das Symptom die Spannung (vorerst) reduziert, wird der Prozess verstärkt und etabliert sich.

Jedes Kind strebt nach innerer Homöostase. Dieses innere psychische Gleichgewicht entsteht durch das Erleben innerer Konsistenz (Stimmigkeit) und äußerer Kongruenz (Übereinstimmung im Sinne einer optimalen Passung) im Kontakt mit der Umwelt.

> ### Beispiel: Katzenkind II
> Die Bezugserzieherin berichtet der Fachberaterin später: „Das Mädchen verharrt bereits seit Monaten in diesem Spiel und ist zu keiner anderen Tätigkeit zu bewegen. Es streift den ganzen Tag als Raubkatze durch die Einrichtung."

Auffälliges Verhalten ist ein kontraproduktiver Versuch, einen Ausgleich zu schaffen, ein verloren gegangenes Gleichgewicht wieder herzustellen.

Bereits vor einigen Jahrhunderten wurde von Kindern berichtet, die aufgrund unerwünschter, als störend empfunder Verhaltensweisen als schwer- oder unerziehbar bezeichnet wurden. Diese Kinder gibt es seit jeher und es wird sie wohl auch immer geben. In der aktuellen Diskussion finden sich Begrifflichkeiten wie „schwierige Kinder" oder „Systemsprenger". Als solche werden Kinder und Jugendliche bezeichnet, die nur schwer oder gar nicht durch pädagogische Interventionen, Angebote und Maßnahmen erreichbar scheinen. Doch zeigt sich Sprache heute wie damals als verräterisch, sie konstruiert scheinbare Wirklichkeiten und ein absurdes Bild vom Kind. Das Kind wird vom Subjekt zum Objekt, es wird ihm (un-)gewollt Schuld und eine Gefährlichkeit, Aggressivität und Macht zugeschrieben, die ein intersubjektives Handeln – als das sich heilpädagogisches Handeln versteht und das es sein muss – beinahe verunmöglicht. Wo Nähe sein sollte, wird Distanz geschaffen. Letztlich ist es der Versuch der Ablenkung von der eigenen pädagogischen Hilflosigkeit und Ohnmacht (siehe Seite 130) und aus dieser heraus entsteht der Fehler, diesen Kindern böse Absicht zu unterstellen, ihnen mit Argwohn zu begegnen und schnelle Lösungen für hochkomplexe Fragestellungen zu postulieren oder sogar unpädagogische Maßnahmen anzuwenden und zu rechtfertigen.

Neben diesen kritisch zu betrachtenden Begrifflichkeiten existieren Begriffe, wie Verhaltensbesonderheiten oder Verhaltensoriginalität. Beide Begriffe entstammen dem Wunsch, Kinder mit auffälligen, störenden und herausfordernden Verhaltensweisen nicht als „in sich falsch" zu stigmatisieren. Doch werden auch diese Begriffe der Notlage des Kindes und dem Anteil der materiellen und personalen Umwelt daran, den Veränderungsmöglichkeiten und der Notwendigkeit eines achtsamen, ernsthaften und fürsorglichen Umgangs durch die erwachsenen Begleitpersonen, nicht gerecht.

Abbildung 2: Verschiedene Bezeichnungen für herausforderndes Verhalten

So umschreiben Begriffe wie (hoch-)belastete Kinder oder Kinder mit herausforderndem Verhalten wohl am treffendsten die Verfassung dieser Kinder und die Problematik mit all ihren Facetten.

In der (Heil-)Pädagogik kennzeichnen Verhaltensauffälligkeiten nach der Definition von Theunissen (2016) Verhaltens- und Erlebensweisen, die

▶ als altersunangemessen und normabweichend in einem lebensweltlichen System (z.B. Schule) oder auch in mehreren Lebensbereichen (Sportverein, Freundeskreis, öffentlicher Raum, zu Hause) wahrgenommen und beanstandet werden,

▶ ein irritiertes/gestörtes Verhältnis zwischen einer Person und ihrer (dinglichen, personalen, situativen) Umwelt anzeigen,

▶ die Lebensqualität, Lern- und Entwicklungsmöglichkeiten der betroffenen Person beeinträchtigen,

- die Sicherheit der betreffenden Person sowie die Sicherheit anderer Menschen gefährden und für sie ein Gesundheitsrisiko darstellen,
- die Kommunikation und Interaktion, das Zusammenleben (und -arbeiten) mit der betreffenden Person belasten,
- aus der Perspektive der Person eine Problemlösestrategie (/-muster) darstellen,
- für die Person funktional bedeutsam und damit zweckmäßig erscheinen, jedoch sozial nicht akzeptiert sind,
- als einzelne Symptome psychischer Störungsbilder, als Vorläufer oder Folge einer psychischen Störung auftreten können, jedoch als solche (noch) kein psychopathologisches Syndrom darstellen,
- in der Regel auf keinen organ-pathologischen Hintergrund, sondern auf eingeschränkte Kommunikationsfähigkeit (durch Schmerzen etc.) und soziale oder pädagogische Kontexte zurückzuführen sind,
- von psychischen Erkrankungen (Störungen) abgegrenzt werden müssen,
- in Krisensituationen auftreten können und sich in der Regel über einen längeren Zeitraum ausbilden und manifestieren,
- aufgrund ihrer Häufigkeit, ihres Schwere- und Belastungsgrades sowie ihrer Chronizität die Handlungsmöglichkeiten im Rahmen allgemein üblicher Erziehungsmaßnahmen begrenzen und
- folglich spezielle pädagogisch-therapeutische Interventionen, jedoch keine psychiatrische oder psychotherapeutische Behandlung erforderlich machen.

> ## Verhaltensauffälligkeit
>
> Die Beurteilung eines Verhaltens als auffällig ist immer personen- und kontextabhängig. Eine Auffälligkeit oder Störung ist kein Merkmal der Person. Sie entsteht durch die subjektive Bewertung der Betrachtenden. Es gibt keine objektiven Maßstäbe, um ein auffälliges Verhalten als Verhaltensauffälligkeit zu klassifizieren. Jedoch wird ein Rahmen durch kulturelle und gesellschaftlich festgeschriebene Normen und Werte gebildet; Erwartungen und Anforderungen an die kindlichen Kompetenzen, das Leistungsvermögen und an soziale Fähigkeiten spielen eine bedeutende Rolle.

Auffälliges Verhalten fordert Pädagoginnen und Pädagogen bzw. das Bezugssystem heraus, genauer hinzuschauen. Gemeinsam mit dem Kind und den betroffenen Bezugspersonen muss nach Lösungswegen gesucht werden, um die Störungen in den Beziehungs-, Lebens- und Lernverhältnissen des Kindes ausfindig zu machen und beseitigen zu können. Herausforderndes Verhalten kann auch ein Hinweis auf ein irritiertes Erlebens- und Lernverhältnis sein, dem Aufmerksamkeit geschenkt werden sollte.

Aktuellen Studien zufolge werden heute circa ein Viertel (20 bis 25%) aller Kinder im Alter von drei bis sechs Jahren als verhaltensauffällig eingestuft (vgl. Myschker & Stein 2014, S. 71ff.). Der Umgang mit Kindern mit herausforderndem Verhalten ist mittlerweile neben der mangelnden Zeit und der Personalsituation (oder gerade aufgrund dieser) zur größten Herausforderung für Pädagoginnen und Pädagogen in Hort und Kindergarten, für Lehrpersonal in Schulen und andere (heil-)pädagogisch Tätige (sei es in Sportvereinen oder kirchlichen Gemeinden) geworden.

1.2 Verhaltensstörung

Verschiedene Wissenschaften befassen sich seit Jahrzehnten mit unterschiedlichen Klassifizierungs- und Erklärungsversuchen zu Verhaltensstörungen im Kindes-, Jugend- und Erwachsenenalter als Primär- oder Begleiterkrankung. Um ein allgemeingültiges Verständnis einer Störung bzw. eines Krankheitsbildes bestimmen zu können, werden Verhaltensstörungen in verschiedenen Klassifikationen beschrieben. Die bedeutendsten sind das sogenannte „triadische System" aus der internationalen Klassifikation der Weltgesundheitsorganisation (WHO), die International Classification of Diseases (ICD 10) sowie das Diagnostic and Statistical Manual (DSM-IV).

Der Schweizer Pädagoge Heinrich Hanselmann ging in der ersten Hälfte des 20. Jahrhunderts davon aus, dass aller Entwicklung und allem Leben ein „dreieinheitlicher Prozess zugrunde [liegt]: die Aufnahme von Reizen endogener und exogener Herkunft, die Verarbeitung von Aufgenommenen und das Ausgeben der Verarbeitungsprodukte" (Köhn 2002, S. 26). Daraus leitet Hanselmann die Bezeichnung der Menschen mit „Entwicklungshemmungen" (ebd.) ab. Entsprechend des dreieinheitlichen Prozesses beschreibt er

- die Personen mit Sinnesbehinderungen als die sogenannten „Aufnahmegeschädigten",
- die Menschen mit Lernbehinderung oder intellektueller Entwicklungsstörung als „Verarbeitungsschwache" und schließlich
- jene, die mit Verhaltensstörungen leben, als „Ausgabeabwegige".

Ist die Dreieinheit des Prozesses in einem Bereich nicht intakt, so wirkt sich das zugleich auch auf die beiden anderen und damit auf die Körper-Geist-Seele-Einheit aus. Störungen, die im Bereich der Seele auftreten können, sind Entwicklungs- und Lernstörungen, emotionale bzw. Erlebens- und Verhaltensstörungen, psychische Erkrankungen, wie psychophysische Störungen und psychopathologische Syndrome (vgl. Myschker & Stein 2014, S. 9ff.). Eine aktuelle Definition der Verhaltensstörung liefern Myschker und Stein (2014):

1.2 Verhaltensstörung

> ### Verhaltensstörung
>
> „Verhaltensstörung ist ein von den zeit- und kulturspezifischen Erwartungsnormen abweichendes maladaptives Verhalten, das organogen und/oder milieureaktiv bedingt ist, wegen der Mehrdimensionalität, der Häufigkeit und des Schweregrades die Entwicklungs-, Lern- und Arbeitsfähigkeit sowie das Interaktionsgeschehen in der Umwelt beeinträchtigt und ohne besondere pädagogisch-therapeutische Hilfe nicht oder nur unzureichend überwunden werden kann." (ebd., S. 51)

Zur Unterscheidung einer Verhaltensstörung und einer Verhaltensauffälligkeit: Erst wenn ein auffälliges Verhalten
- über einen längeren Zeitraum (entsprechend dem Lebensalter – sechs Wochen bis 6 Monate), regelmäßig und intensiver werdend,
- in mehreren, verschiedenen Lebenswelten des Kindes (Familie, Kindergarten, Freundeskreis) auftritt,
- in erheblichem Maße von den zeit- und kulturspezifischen Erwartungen abweicht,
- zu deutlichen Einschränkungen im sinnvollen Lebensvollzug aller Beteiligten führt,
- im Kind, bei seinen Bezugspersonen sowie in seiner Umgebung ein Leidensdruck entsteht,

wird von einer Verhaltensauffälligkeit gesprochen, die die Lebens- und Entwicklungsprozesse des Kindes nachhaltig bedroht und sich zu einer Verhaltensstörung (pathologische Dimension) entwickeln kann.

Um diesen Entstehungsprozess zu erkennen, zu verstehen und idealerweise sinnvolle Maßnahmen zur Unterbrechung zu finden und anzuwenden, ist es wichtig, die Ursachen zu erkennen. Bei der Entstehung von Verhaltensstörungen wirken zumeist in einem längeren Prozess verschiedene pathogene Faktoren und sind ursächlich für die Ausprägung. Dabei können verschiedene Ursachen gleiche Erscheinungsformen und gleiche Ursachen sehr unterschiedliche Erscheinungsformen hervorbringen.

Folgenden Faktoren können in ihrem individuellen Zusammenwirken **ursächlich für Verhaltensstörungen** sein:
- die biologischen, (neuro-)physiologischen Anlagen des Menschen,
- individuelle Wahrnehmungsverarbeitung (Aufnahme und Verarbeitungsmuster von Sinneseindrücken),
- Selbstbestimmungs- und Selbstorganisationstendenzen (Regulation und Resilienz, Temperament, Motivation etc.),
- Lernbiografie,
- übergeordnete soziokulturelle Bedingungen und
- die verschiedenen sozialen Systeme – mit ihren sich mitunter widersprechenden Regeln und Werten –, in denen das Kind lebt, wobei die Familie die größte Wirkkraft innehat.

Jeder psychischen Erkrankung und Verhaltensstörung gehen verschiedenen **Phasen der Verfestigung** voraus. Als Ausgangspunkt **(Phase 1)** steht eine **Problemstellung (Herausforderung)**, die eine Krise für das Kind bedeutet. Das können die Geburt eines Geschwisterchens, ein Kindergarten- oder Gruppenwechsel, der Wechsel von zu Hause in eine Kindertagesstätte, die Einschulung, ein Umzug, die Trennung der Eltern, Dauerstreitigkeiten der Eltern, Gewalterfahrungen (direkt und indirekt), langandauernd oder akut (traumatisierend), die Erkrankung oder der Verlust einer Bezugsperson etc. sein. Dies alles bedeutet Veränderung oder Belastung als solche und wird damit als krisenhaft erfahren. Das Kind zeigt sich irritiert und etabliert ein ungewohntes oder **situationsunangemessenes Verhalten** (auffälliges Verhalten). So zeigt es zum Beispiel regressive Verhaltensweisen, fordert wieder einen Schnuller, sein Schnuffeltuch und/oder seine Windel ein, ist besonders anhänglich, zeigt ein verändertes Spielverhalten, verweigert (schulisches) Lernen, spricht nicht mehr oder reagiert aufbrausend, trotzig und/oder opponierend.

Kann das Kind diese Krise aus „eigener Kraft" lösen oder erfährt es ausreichend emotionale Unterstützung durch seine Bezugspersonen und -systeme, bewältigt es die Herausforderung (Problemstellung), adaptiert sich an die Situation, gewinnt wieder emotionale Sicherheit (siehe „Grundbedürfnisse"), kann sich wieder angemessen verhalten und (ist ge-) wachsen.

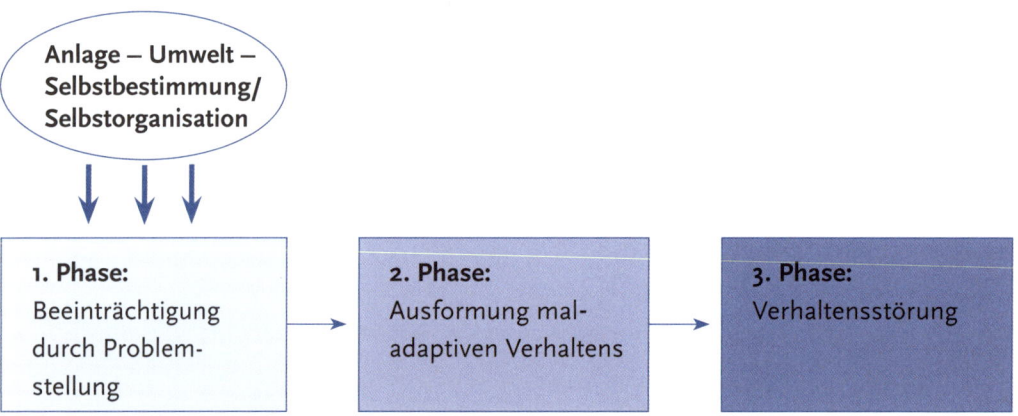

Abbildung 3: Drei-Phasen-Modell der Entstehung von Verhaltensstörungen
(vgl. Myschker & Stein 2014, S. 92)

Stehen dem Kind diese Möglichkeiten zur Krisenbewältigung nicht zur Verfügung, etablieren sich kontraproduktive, auffällige Verhaltensweisen zu einer **Verhaltensauffälligkeit (Phase 2).** Mit der Unterstützung durch niedrigschwellige helfende Maßnahmen, wie (systemische) Eltern- oder Familien-, Paar- und/oder Team-Beratungen, Supervision der betroffenen Bezugspersonen zum Beispiel in der Kita und dem Erkennen und Beseitigen der belastenden Faktoren, kann der Prozess unterbrochen, und entwicklungsförderliches Erleben und Verhalten können (wieder) ermöglicht werden.

Werden keine geeigneten Maßnahmen eingesetzt, kann aus der Verhaltensauffälligkeit eine (generalisierte) **Verhaltensstörung (Phase 3)** entstehen. Dieser ist, wie in der Definition beschrieben, nunmehr mit größerem Kraftaufwand für alle Beteiligten und nur noch mit multiprofessioneller Intervention (Heilpädagogen, Therapeuten, Ärzte etc.) zu begegnen.

Abweichende Verhaltensweisen eindeutig als Verhaltensauffälligkeit bzw. Verhaltensstörung zu erkennen, stellt sich in der Praxis der Elementarpädagogik häufig als schwierig dar. Denn nicht jedes Verhalten, das einen Menschen stört, ist bereits eine Störung. Verhaltensauffälligkeiten und Verhaltensstörungen sind multifaktoriell bedingt. Das heißt, an ihrer Entstehung wirken verschiedene ungünstige, pathogene Faktoren über einen längeren Zeitraum zusammen.

Daraus wird deutlich, dass die wesentliche pädagogische Aufgabe darin besteht, in einem ersten Schritt ungünstig wirkende Bedingungen zu erkennen und in einem zweiten Schritt unterstützende Interventionen einzusetzen (Früherkennung/Frühförderung) (vgl. Myschker & Stein 2014, S. 92).

> ### Schwerpunkt „Subjektebene"
>
> Entgegen dem medizinisch-psychologischen ist im heilpädagogischen Verständnis die Subjektebene, das heißt, die aus der seelischen Störung entstandene Befindlichkeitsstörung und „das Leid und Leiden der betroffenen Person" (Köhn 2002, S. 44) ausschlaggebend.

In der Heilpädagogik wird das von der WHO entwickelte Klassifizierungssystem International Classification of Functioning, Disability and Health – children and youth (ICF–CY) genutzt, da hier neben möglichen Ursachendimensionen die besonderen Lebenswelten von Kindern und Jugendlichen berücksichtigt werden, die an der Entstehung von Verhaltensauffälligkeiten und Verhaltensstörungen beteiligt sein können. Die ICF–CY ermöglicht die Beschreibung der (Entwicklungs- und Lebens-)Zustände eines Kindes und seiner Umwelt sowie die Ableitung notwendiger Leistungen und individuell geeigneter, ressourcen- und teilhabeorientierter Interventionen.

1.3 Erscheinungsformen von Verhaltensauffälligkeiten

In der (heil-)pädagogischen, der psychologischen und der psychiatrischen Praxis begegnen den Fachleuten die unterschiedlichsten Ausdrucksformen kindlichen Erlebens und Fühlens – und damit auch ganz unterschiedliche kindliche Verhaltensweisen. Dazu gehört auch auffälliges, normabweichendes und/oder herausforderndes Verhalten von Kindern. In der folgenden Übersicht ist eine Auswahl an – als auffällig und/oder pathologisch definierten – Verhaltensweisen aufgeführt:

übersteigerte Eifersucht
Vagabundieren   Reizbarkeit   Trotz   Enkopresis
Stereotypien   Kopfschmerzen   nervöser Durchfall
Stehlen   Tics   Hysterie   Faulheit
Überempfindlichkeit   Ermüdbarkeit   Distanzlosigkeit
Nervosität   Stimmungsschwankungen   Einzelgängertum
Daumen lutschen
Sprachstörungen   Enuresis   Affektlabilität
Oppositionelles   Clownerie
Hypochondrie   Trotzverhalten   Kommunikations-   Bindungsstörung
Labilität   störungen
Pavor nocturnus   Essstörungen
selbstverletzendes   Denkstörungen   Antriebslosigkeit
Negativismus   Verhalten   Gefühlsüberschwang   Gedächtnisstörungen   Anorexia nervosa   Brutalität
motorische
Minderwertigkeitsgefühl   Koordinationsstörungen   Rigidität   Aggressivität
Nahrungsverweigerung   Feindseligkeit
Interesselosigkeit   nervöser Hautausschlag   Suizidneigung
Kränkeln   Initiativlosigkeit   Initialhemmung
Überangepasstheit   Ängstlichkeit
Nägel kauen   Halluzinationen   Depression
Haarausreißen   Geltungsdrang   geminderte Frustrationstoleranz   Atemfunktionsstörung
motorische Unruhe   Stottern
Wutanfälle   Legasthenie   Pica   Apathie
Konzentrationsschwäche   Drogensucht
Mutismus   Lethargie   Gefühlskälte   Aufmerksamkeitsstörung
Fortlaufen   Hyperaktivität   Regressivität
Leistungsschwäche
exzessive Phantasien   Quengelei   Lernstörungen   Weinerlichkeit
Phobien   Verspieltheit
Tierquälerei   Pyromanie   Oppositionelle Grundhaltung   Sensibilität
Ruminationsstörung   Übererregbarkeit   Impulsivität   Dyskalkulie
Konzentrationsstörungen   Leistungsverweigerung   Störungen des Sozialverhaltens   Grimmassieren
exzessives Lügen
Unselbstständigkeit   Sprechstörungen   Zwangshandlungen
Hyperkinetische Störung   Sadismus   Schlafstörungen
Wahrnehmungsstörungen
Träumereien/Realitätsverlust   Spielunfähigkeit
Verlangsamung   Zähneknirschen

Abbildung 4: Erscheinungsformen von Verhaltensauffälligkeiten (nach Myschker 1993)

In elementarpädagogischen Arbeitsfeldern wie Frühförderung, Kitas (Krippe und Kindergarten), Grundschulen und Horten begegnen den Pädagoginnen und Pädagogen folgende Erscheinungsformen auffälligen Verhaltens aktuell besonders häufig:
- Interaktions-und Kommunikationsbeeinträchtigungen
- Sprachentwicklungsverzögerungen/Sprachstörungen
- Sprechstörungen
- Mutismus
- Konzentrations-und Aufmerksamkeitsstörung
- ADS/ADHS
- Hyperaktivität
- Hyperkinetisches Syndrom
- Aggression
- Verweigerung
- Kindliche Depression
- Überängstlichkeit
- Soziale Unsicherheit/Gehemmtheit
- Ängste
- Einnässen
- Einkoten
- Auffälliges Essverhalten
- Schlafprobleme und -störungen
- Kopf- und Bauchschmerzen
- Stehlen, lügen, petzen
- Haare zwirbeln, Nägelkauen, Daumenlutschen
- Motorische Koordinationsstörungen

Die verschiedenen Symptome können unterschiedlich klassifiziert und zusammengefasst werden. So kann man unterscheiden nach Symptomen im physischen Bereich (z.B. Essstörungen, Daumenlutschen, Nägel kauen, Haare zwirbeln), im psychischen Bereich (Konzentrations- und Aufmerksamkeitsstörungen, Depressivität, Ängste etc.) sowie im sozialen Bereich (z.B. Aggressivität, Befangenheit, Scheu).

Zudem bietet sich eine Unterscheidung internalisierter und externalisierter Formen von Verhaltensauffälligkeiten an.
- **Externalisierte Verhaltensweisen:** hyperkinetische Verhaltensweisen (hohe Ablenkbarkeit, motorische Unruhe, Zappeligkeit, Impulsivität etc.) und aggressive Verhaltensweisen (Beleidigen, Schlagen, Treten von Personen, Beschädigen und Zerstören von Gegenständen)
- **Internalisierte Verhaltensweisen:** Trennungsängste, Überängstlichkeit, Kontaktabwehr oder -vermeidung, ängstlich-depressives Verhalten, soziale Überangepasstheit

Eine **weitere Klassifikation** ist über den Fachzugang möglich:

Psychiatrische Sicht (vgl. Myschker & Stein 2014, S. 58)	Pädagogische Sicht (vgl. Theunissen 1997, S. 24f.)
▸ Kinder und Jugendliche mit externalisierendem, aggressiv-ausagierendem Verhalten ▸ Kinder und Jugendliche mit internalisierendem, ängstlich-gehemmten Verhalten ▸ Kinder und Jugendliche mit sozial- unreifem Verhalten ▸ Kinder und Jugendliche mit sozialisiert- ▸ delinquentem Verhalten	▸ Auffälligkeiten im Sozialverhalten ▸ Auffälligkeiten im psychischen (emotionalen) Bereich ▸ Auffälligkeiten im Arbeits- und Leistungsbereich ▸ Auffälligkeiten gegenüber Sachobjekten ▸ Auffälligkeiten im somato-physischen (körperlichen) Bereich ▸ Selbstverletzende Verhaltensweisen

Symptome, die durch die Betrachtenden (auf Grundlage einer einseitigen, undifferenzierten Sichtweise) als pathologisch eingeordnet werden, sind Ausdruck einer schwierigen, inkonsistenten Lebenslage. Sie werden in einem sozialen Raum sichtbar und können somit auch nur dort und nicht in einer auf das kindliche Störverhalten fixierten Behandlungssituation jenseits dieses Raumes aufgelöst werden. Es müssen also vor allem die typischen Beziehungen und Beziehungsgefüge, die Kommunikations- und Interaktionsstrukturen, die subjektive emotionale Bewertung des Geschehens und die zur Verfügung stehenden Bewältigungsmechanismen betrachtet werden, um die Wirkgefüge von Handlungsweisen mit ihren spezifischen Zielen zu verstehen.

1.4 Bedeutung der Sichtweise

Da die Einstufung von Verhalten als auffällig, unangemessen oder störend von vielen Faktoren abhängig, also person- und kontextabhängig ist – folglich die Sichtweise der beobachtenden und beurteilenden Person ausschlaggebend ist –, sollte es Grundlage des professionellen Selbstverständnisses sein, das eigene Fachwissen, die innere Haltung und Einstellung zu überprüfen sowie eigene Möglichkeiten und Grenzen zu erkennen und anzunehmen. Denn grundsätzlich ist immer ein subjektiver Bezugsrahmen entscheidend: „Eine Störung ist das, was mich stört." Nur so kann auffälliges Verhalten identifiziert und verstanden, und nur so können sinnvolle Handlungsmöglichkeiten gefunden werden.

Im Folgenden sollen vier wichtige Faktoren näher betrachtet werden:
1. das eigene Wertesystem
2. die eigenen Kommunikationsstrukturen,
3. der Perspektivenwechsel
4. die Selbstreflexivität (vgl. Braun & Schmischke 2006, S. 13f.)

Eigenes Wertesystem

Im menschlichen Miteinander fallen Menschen auf, weil sie sich in einer Art und Weise verhalten, die auf den Beobachtenden irritierend, störend oder im besten Falle merkwürdig wirken. Das Bewusstmachen des eigenen Wertesystems, der eigenen Haltung zum Menschen, zur Welt und zum Leben sowie der eigenen Erwartungen und der damit verbundenen subjektiven Theorien über einen Menschen hat nach Braun und Schmischke mehrere Vorteile (vgl. Braun & Schmischke 2006, S. 14):

- **Intersubjektivität:** Das eigene und die Wertesysteme der anderen werden als legitim anerkannt.
- **Transparenz:** Das eigene Wertesystem ist der Person bewusst, sie kann es anderen Menschen deutlich machen.
- **Kommunikation und Diskurs:** Das meint die Bereitschaft zum Austausch über die jeweiligen Ansichten und Werte.
- **Entwicklung:** Die Person ist bereit, sich weiterzuentwickeln und die eigenen Sichtweisen gegebenenfalls zu verändern.

> ### Fallbeispiel für die Bedeutung des eigenen Wertesystems
> *In einer Fallsupervision des Teams einer Kindertagesstätte wird über den fünfjährigen Mio berichtet, den eine Erzieherin als sehr auffällig und schwierig erlebt. Die Mutter des Jungen hat dem Leiter der Einrichtung wiederholt von unangemessenen „Maßnahmen" der Erzieherin gegen ihren Sohn erzählt. In der näheren Auseinandersetzung und Analyse wird deutlich, dass die Erzieherin den Jungen nicht ertragen kann, weil seine Mutter mit einer Frau verheiratet ist. Die Frauen hatten sich für eine künstliche Befruchtung mit einem unbekannten Samenspender entschieden, aus der Mio hervorgegangen war.*
> *Die Supervision hat die Erzieherin dazu gebracht, sich ihrer eigenen Werte zum Thema Familie bewusst zu werden (Transparenz), sie zu hinterfragen (Kommunikation und Diskurs) und einen professionellen Umgang mit verschiedenen Familienformen zu finden (Intersubjektivität, ggf. Entwicklung).*

Dieses Bewusstwerden kann beispielsweise über den Versuch gelingen, nach Sätzen oder Erfahrungen aus der eigenen Kindheit und Jugend zu suchen, die von wichtigen Bezugspersonen wie Eltern, Großeltern, Paten, Erzieherinnen oder Lehrkräften, geprägt oder formuliert wurden. Dies können Aussagen sein, wie „Wir haben dich lieb und stehen hinter dir, egal, was du tust", „Pass auf dich auf", „Alles was du wirklich willst, kannst du schaffen". Oder: „Sei doch mal lieb, was sollen denn die Nachbarn denken …", „Ein Indianer kennt keinen Schmerz", „Solange du deine Füße unter meinem Tisch hast". Es können aber auch Erfahrungen sein, die sich in Sätze wie „Was du nicht willst, das man dir tu, das füg' auch keinem andern zu", „Wenn du ein Mädchen wärst, könnte ich dich lieben" oder „Legt dir jemand einen Stein in den Weg, nimm ihn auf und bau etwas Gutes daraus" kleiden lassen. Das Verstehen der eigenen Sozialisation und der damit verbundenen Moral- und Werteentwicklung ist hochbedeutsam für die entwicklungsförderliche, würdevolle und wertschätzende Begleitung (hoch-)belasteter Kinder und ihrer Bezugspersonen.

Eigene Kommunikationsstrukturen

Wie man mit anderen spricht und was man dabei versteht, spielt eine große Rolle in der menschlichen Kommunikation. Friedemann Schulz von Thun (2013) entwickelte ein Modell zwischenmenschlicher Kommunikation, das zeigt, dass menschliche Mitteilungen auf mehreren Ebenen interpretiert werden können. Im Folgenden werden die Grundaussagen dieses Modells kurz dargelegt (vgl. Huisken 2008, S. 34).

Möchte ein Mensch (Sender) seinem Gegenüber (Empfänger) etwas mitteilen, tut er dies mittels für den Empfänger wahrnehmbarer Zeichen (Nachricht).

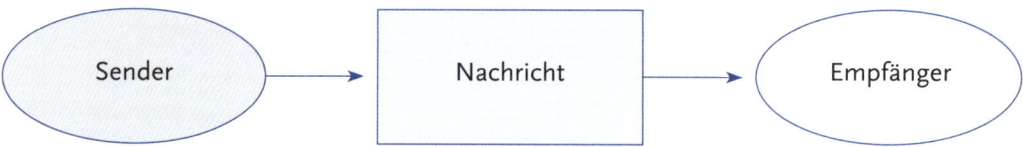

Der Empfänger muss diese Zeichen nun entschlüsseln. Idealerweise stimmen gesendete und empfangene Nachricht weitestgehend überein. Im anderen Fall meldet der Empfänger dem Sender zurück, wie die gesendete Nachricht bei ihm angekommen ist (Feedback).

> ### Feedback – Die drei W
> 1. **Wahrnehmung:** Ich habe gesehen, gehört, gespürt ...
> 2. **Wirkung:** Ich habe gefühlt ...., Es hat auf mich ... gewirkt..., Das hat in mir ... ausgelöst.
> 3. **Wunsch:** Ich wünsche mir ...

Auf diese Weise kann der Sender überprüfen, ob die Absicht seiner Mitteilung mit dem Resultat des Empfangs übereinstimmt. Der Austausch zwischen dem Empfänger und dem Sender über Störungen im Kommunikationsprozess wird als **Metakommunikation** bezeichnet.

Der Kommunikationsprozess ist ein kompliziertes, störanfälliges Geschehen, da der Sender in seiner Nachricht viele verschiedene Botschaften verschlüsseln, der Empfänger wiederum verschiedene Botschaften heraushören (Vier-Ohren-Modell) kann. Schulz von Thun ordnete diese Botschaften vier psychisch bedeutsamen Seiten zu und entwickelte ein kommunikationspsychologisches Modell (Nachrichtenquadrat), mit dessen Hilfe die verschiedenen Botschaften analysiert und geordnet werden können.

1.4 Bedeutung der Sichtweise

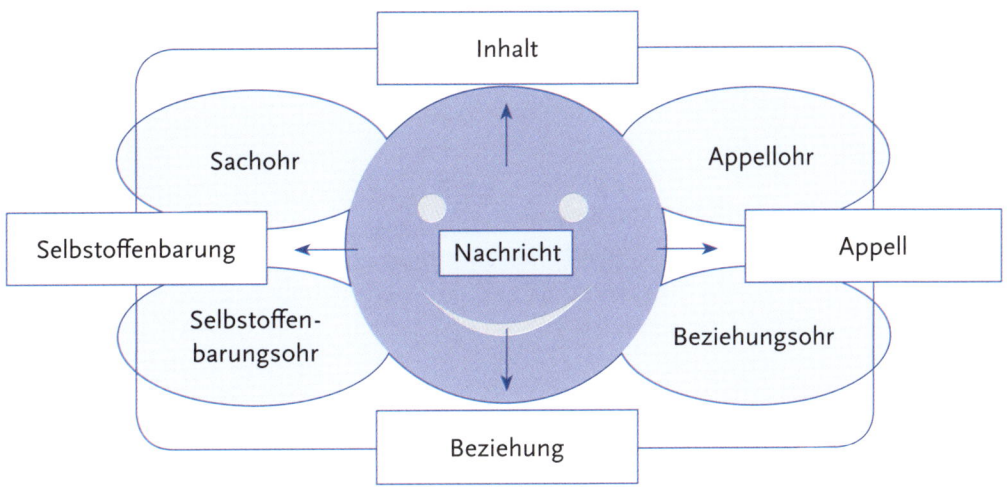

Abbildung 5: Kommunikationsmodelle nach Schulz von Thun (2013, S. 33, 49)

Um die Nachricht richtig zu verstehen, ist es hilfreich, verschiedene Hypothesen über die mögliche Absicht der Nachricht zu haben und mit den „verschiedenen Ohren" zu hören.

Fallbeispiel Dany

Der fünfjährige Dany ist seit etwa einem Jahr in einem neuen Kindergarten. Die Erzieherinnen beschreiben ihn als sehr unruhig, provokant, ungepflegt, verwahrlost und laut. Ständig habe er Hunger, könne sich auf nichts konzentrieren oder sich nicht über einen längeren Zeitraum als zwei Minuten mit einer Sache befassen. Anforderungen weicht er durch Beschimpfen oder Anspucken der Erzieherinnen oder durch Fortlaufen und Verstecken aus. Er zeigt eine stark sexualisierte, sonst wenig differenzierte Sprache. Häufig sucht er Konfrontationen mit den anderen Kindern und baut zunächst zu niemandem eine Beziehung auf. Einen Freund hat er nicht, zu Hause gilt er als „schwarzes Schaf".

Seit einiger Zeit sucht er jedoch immer wieder eine bestimmte Erzieherin auf. Sie erwartet in drei Monaten ein Kind. In einem Gespräch erklärt sie den Kindern der Gruppe, dass sie in einigen Wochen nicht mehr jeden Tag da sein wird. Dany sitzt ihr am Tisch gegenüber, schaut plötzlich auf, sieht ihr fest in die Augen und sagt: „Wer hat dir eigentlich den Balg in den Bauch gefickt?"

Wie reagiert die Erzieherin auf diese extreme, grenzüberschreitende Wortwahl? Sie versteht seine Frage auf der Grundlage ihres Wissens über die Lebensumstände des Jungen als Versuch der Anteilnahme (Sachebene und Selbstoffenbarung) mit den ihm zur Verfügung stehenden Mitteln (Vokabular, Lebenswirklichkeit der Familie). Die Erzieherin schaut Dany freundlich an, lächelt und sagt: „Ich freue mich, dass du fragst. Mein Mann und ich freuen uns sehr auf unser Kind" (Beziehungsebene, Selbstoffenbarung). Dany lächelt, senkt den Blick, springt vom Tisch auf und versteckt sich in einer kleinen Nische unweit der Erzieherin. Für die nächste Zeit bleibt er zumeist in ihrer Nähe.

Beim Hinterfragen der eigenen Kommunikationsstrukturen genügt es jedoch nicht, zu wissen, dass sowohl der Sender verschiedene Botschaften verschlüsseln als auch der Empfänger verschiedene Botschaften heraushören kann. Insbesondere in der Arbeit mit Kindern mit herausforderndem Verhalten ist zu fragen, wie die Kommunikation an sich gestaltet ist.

Hintergrund ist die Tatsache, dass der Mensch lediglich zu 20 Prozent verbal kommuniziert, 80 Prozent werden non- und paraverbal abgedeckt. Darunter ist die Kommunikation über Gesten und Mimik, aber auch das Tun zu verstehen. Zu einem guten Verständnis sollten alle Anteile der Kommunikation kongruent sein, d.h. übereinstimmen.

Axiome der Kommunikation nach Paul Watzlawick

Um Verstehen und Störungen in der Kommunikation besser analysieren zu können, hat der Kommunikationspsychologe Paul Watzlawick (1921–2007) fünf Grundannahmen (Axiome) formuliert (vgl. Multimediaprogramm Kommunikation (o. J.), Abschnitt 1.5).
1. **Axiom:** „Man kann nicht nicht kommunizieren."
2. **Axiom:** „Jede Kommunikation hat einen Inhalts- und einen Beziehungsaspekt, derart, dass letzterer den ersteren bestimmt."
3. **Axiom:** „Die Natur einer Beziehung ist durch die Interpunktion der Kommunikationsabläufe seitens der Partner bedingt."
4. **Axiom:** „Menschliche Kommunikation bedient sich digitaler (verbaler) und analoger (non-verbaler, nicht-sprachlicher) Modalitäten (Ausdrucksmittel)."
5. **Axiom:** „Zwischenmenschliche Kommunikationsabläufe sind entweder symmetrisch (gleichwertig) oder komplementär (ergänzend), je nachdem, ob die Beziehung zwischen den Kommunikationspartnern auf Gleichheit oder Unterschiedlichkeit beruht."

Widersprüche, Störungen, Spannungen und Konflikte gehören zum menschlichen Leben. Viele Menschen sind nur wenig darin geübt, ihre daraus erwachsenden Gefühle und Bedürfnisse angemessen wahrzunehmen und zu erkennen, ihre Befindlichkeit mitzuteilen und mit diesen und den o.g. Irritationen konstruktiv umzugehen. Die amerikanische Familientherapeutin Virginia Satir (1916–1988) beschreibt fünf typische Kommunikationsmuster, mit denen Menschen auf Konfliktsituationen oder vermeintliche Bedrohungen des Selbstwerts reagieren (vgl. Huisken 2008, S. 69): beschwichtigen, anklagen, rationalisieren, ablenken und kongruente (übereinstimmende) Kommunikationsformen. Die reflektierte und professionelle Auseinandersetzung und die Bewusstmachung der zugrunde liegenden Mechanismen, Bedürfnisse und der Wirkung der insbesondere eigenen Kommunikationsstrukturen ist für eine dialogische, förderliche, wertschätzende und gewaltfreie Kommunikation unumgänglich.

Perspektivwechsel

Insbesondere, wenn die Bewältigung des (beruflichen) Alltags mit einem Kind durch sein unangemessenes, störendes Verhalten tagtäglich zu einer Herausforderung geworden ist, fällt es nicht leicht, die Sicht auf das Kind zu verändern oder um weitere Perspektiven zu erweitern. Das gilt vor allem dann, wenn die gesamte Umgebung (Team, Kinder der Gruppe, Eltern) das Verhalten des Kindes als „gestört" bewertet und diese Eigenschaft als Persönlichkeitsmerkmal des Kindes definiert. Damit hat bereits eine **Stigmatisierung** des Kindes stattgefunden.

> ### Fallbeispiel für einen notwendigen Perspektivwechsel
> *Eine Tür fällt krachend ins Schloss, etwas fällt zu Boden, und die kleine Luna kommt weinend in den Gruppenraum. Die Kinder und die Erzieherin der Gruppe werden aufmerksam. Auf die Frage der Erzieherin, was geschehen sei, antworten mehrere Kinder gleichzeitig: „Der Kevin war's, der hat die Luna geschubst." Kevin aber ist seit einer Woche im Urlaub und deshalb gar nicht im Kindergarten.*

Spätestens in diesem Moment sollte die Perspektive gewechselt werden: Von der Sicht auf das Kind (Kevin) als defizitär und störend hin zu der Persönlichkeit des Kindes mit all seinen Facetten, insbesondere den Stärken und Fähigkeiten. Die entstandene **Etikettierung** des Kindes im sozialen System der Umgebung (hier: des Kindergartens) muss überprüft werden. Das Prinzip der Stärken- und Ressourcenorientierung sollte grundsätzlich gelten. Jedes Kind – erscheint es auch als noch so schwierig – verfügt über besondere Fähigkeiten und Ressourcen. So unscheinbar sie zunächst erscheinen mögen, bieten sie einen wichtigen Ansatz, um mit dem Kind nach den ihm möglichen Lösungswegen zu suchen. Statt zum Beispiel ein Kind als distanzlos abzuurteilen, kann der Aspekt der Kontaktbereitschaft oder des Kontaktinteresses herausgestellt und in der Zusammenarbeit mit dem Kind genutzt werden.

Bereits der Versuch, die Stärken und Ressourcen zu entdecken und nicht mehr das Störverhalten des Kindes in den Vordergrund zu stellen, verschafft Entlastung auf allen Seiten und ermöglicht Veränderung.

Selbstreflexivität

Das Reflektieren des eigenen Standpunktes, eigener Erklärungsmuster, die daraus resultierenden Interpretationen kindlichen Verhaltens und des damit verbundenen eigenen, pädagogischen Handelns, sind Voraussetzungen für die Erweiterung und/oder die Veränderung derart eindimensionaler oder wenig differenzierter Erklärungsmuster und des eigenen Handlungsrepertoires. Dabei können folgende Fragen hilfreich sein (vgl. Braun & Schmischke 2006, S. 17):

> ### Reflexion des eigenen Standpunktes
> - Wie kommuniziere ich? Eindeutig und verständlich? Auch nonverbal?
> - Bin ich mir meiner eigenen Werte, Einstellungen, Erwartungen, Stärken und Ressourcen, Interessen und Abneigungen, Schwächen und Bedürfnisse bewusst?
> - Welches Vorbild gebe ich durch mein eigenes Verhalten?
> - Reagiere ich nachvollziehbar und verlässlich, gerecht?
> - Weiß ich um die Bedürfnisse und Themen sowie Stärken und Schwächen der Kinder?
> - Kennen die anderen meine Erwartungen?
> - Wie ist mein erster Eindruck von dem Kind? Und wie ist er entstanden?
> - Welche Stimmung bzw. welchen Impuls löst das Kind in mir aus (ein Bild/Symbol)? Wodurch wurde dieses Bild ausgelöst?
> - Welche Gefühle, Gedanken, Wünsche, Erwartungen, Antriebe, Motivationen weckt das in mir?

Durch die Reflexion wird deutlich, dass sozial kompetentes Verhalten immer auch abhängig von der Situation und den beteiligten Personen ist und es kein in sich sozial kompetentes Verhalten gibt. Ob das Verhalten eines Menschen als sozial kompetent, angemessen oder unangemessen, auffällig oder „gestört" bewertetet wird, hängt immer von der bewertenden Person, ihren Interessen, der jeweiligen Situation, den kulturell herrschenden Maßstäben (Normen und Werten) ab.

2.
Wie entsteht herausforderndes Verhalten?

> **In diesem Kapitel erfahren Sie**
>
> – welche Faktoren die Entstehung herausfordernden Verhaltens beeinflussen
>
> – wie über unterschiedliche Ursachen und Ansätze herausforderndes Verhalten erklärt wird
>
> – welche Erkenntnisse aus den Erklärungsmustern besonders hilfreich für die (heil-)pädagogische Arbeit sind

Fällt ein Kind durch unangemessene, störend erscheinende Verhaltensweisen auf, muss nach den Ursachen dafür geforscht werden. Um herausforderndes Verhalten zu erklären, werden mehrere Denk- und Erklärungsmuster genutzt. Dazu zählen verschiedene Alltagstheorien, unterschiedliche wissenschaftliche Theorien und/oder individuelle berufliche Erfahrungen. Den Ausgangspunkt bilden folgende Fragen:

▶ Warum verhält sich das Kind so?
▶ Was sucht es damit zu erreichen?
▶ Was verursacht dieses Verhalten bzw. liegt ihm zugrunde?
▶ Welchen Sinn und Zweck hat dieses Verhalten?
▶ Welche Bedeutung hat dieses Verhalten für das Kind, aber auch für die Menschen, die es begleiten?

Nicht selten basiert pädagogisches Handeln auf einem Gemisch aus verschiedenen Analysen und Theorien. Die wichtigsten Ansätze finden Sie in diesem Kapitel.

2.1 Ursachenanalyse: Risiko- und Schutzfaktoren in der Entwicklung

Grundsätzlich beginnt die Erklärungssuche für auffälliges Verhalten eines Kindes bei den Ursachen, die das Verhalten beeinflussen. Versteht man das Kind als bio-psychosoziale Einheit, so lassen sich verschiedene Faktorengruppen nennen, die in ganz spezifischen, sich gegenseitig beeinflussenden Wechselwirkungen stehen und bestimmend für das Verhalten sind. Je nach individueller Ausprägung und Zusammenspiel können sie zu Ressourcen werden oder als Risikofaktoren für die Entstehung von Verhaltensauffälligkeiten wirksam werden:

2.1 Ursachenanalyse: Risiko- und Schutzfaktoren in der Entwicklung

▶ **Biologische Faktoren:** genetische Dispositionen, etwa zur Ausprägung autistischer Verhaltensweisen, von Depressionen oder verlangsamter Gehirnreifung; Aktivitätsniveau (Hyperaktivität oder ADS); Dopamin- und Serotoninhaushalt; Antriebskraft und Reizbarkeit; Sensibilität oder Überempfindlichkeit; Wahrnehmungsverarbeitung; prä-,peri- oder postnatale Schädigungen (z. B. Hirnschädigungen); Temperament des Kindes; unerkannte Beeinträchtigungen; Behinderungen, etwa in Bereichen der Sinnesorgane und Sinnestätigkeit (Seh-, Hörvermögen, Bereich der taktil-kinästhetischen Wahrnehmung) etc.
▶ **Psychische Faktoren:** insbesondere Mutter-Kind-Interaktion, mangelnde oder unpassende Zuwendung im Säuglings- und Kleinkindalter, Vernachlässigung und gestörte Bindung an Bezugspersonen, Traumatisierung etc.
▶ **Soziale und Umweltfaktoren:** kulturelle Bedingungen und Erwartungen, Reizüberflutung im Sinne einseitiger Überstimulierung (materielle Übersättigung – Kind als Konsument – Animation), Mangel an strukturierenden Reizen etc.

Je höher die Anzahl der Risikofaktoren bei einem Kind ist, desto höher ist auch die Wahrscheinlichkeit, dass sich eine Verhaltensauffälligkeit ausprägt und entwickelt.

Der Entwicklungsprozess unterliegt vielfältigen sozialen Risiken, die von der Mehrzahl der Kinder ohne daraus entstehende Entwicklungsschwierigkeiten bewältigt oder kompensiert werden (vgl. Beelmann & Raabe 2007, S. 51). In der Entwicklung eines Kindes können folglich sowohl risikoerhöhende als auch risikomildernde Faktoren bestimmt werden. Dabei beeinflussen die persönlichen Anlagen und die jeweilige – insbesondere soziale – Umgebung, wie und in welcher Intensität die Faktoren ausgeprägt sind.

Die Faktoren können sich belastend oder unterstützend auf die Entwicklung eines Kindes auswirken. Somit können sie als Belastungen oder Ressourcen verstanden werden. Zwei wichtige Fachbegriffe sind in diesem Zusammenhang die kindbezogenen Faktoren **Resilienz** und **Vulnerabilität.**

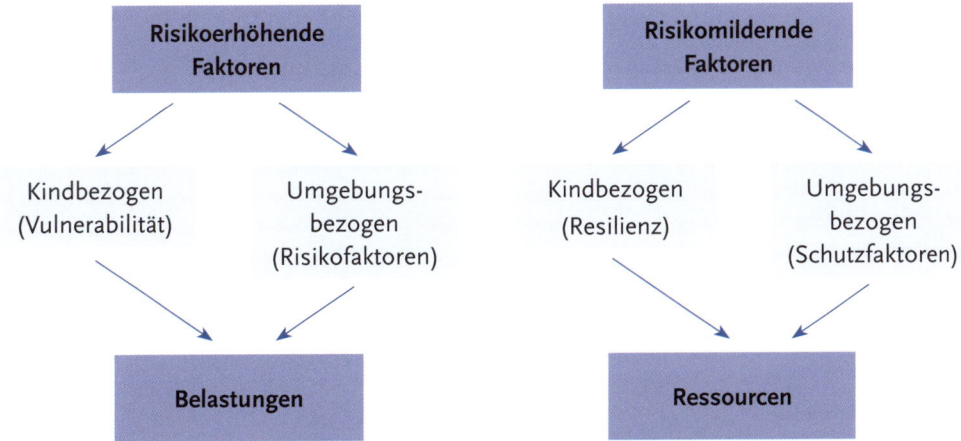

Abbildung 6: Risiko- und Schutzfaktoren in der Entwicklung (vgl. Leyendecker 2008 in: Greving & Ondracek 2009, S. 199)

Als **Schutzfaktoren** (risikomildernde Faktoren) werden **personale Ressourcen** wie gute Impulskontrolle, das Verkraften von Belohnungsaufschub, ausgeprägtes Neugierverhalten, Aufmerksamkeit – auch in unstrukturierten Situationen –, positives Selbstwertgefühl, aktives Bewältigungsverhalten und stabile Selbstwirksamkeitsüberzeugung ausgemacht.

Zu den **sozialen Ressourcen** zählen zum Beispiel stabile emotionale Beziehung zu mindestens einer Bezugsperson, offenes, unterstützendes Erziehungsklima und familiärer Zusammenhalt. Modelle positiver Konflikt- oder Krisenbewältigung sowie soziale Unterstützung, positive Freundschaftsbeziehungen und positive Schulerfahrungen können als umfeldbezogene Ressourcen identifiziert werden. Als **bedeutendster Schutzfaktor** gilt eine verlässliche, stabile, emotional warme, wertschätzende Beziehung zu mindestens einer (erwachsenen), idealerweise elterlichen Bezugsperson.

Untersuchungen der modernen Resilienzforschung zeigen, dass sogenannten kompensatorischen Bezugspersonen, wie Fürsorgepersonen aus dem Familien- oder Bekanntenkreis, Pflege- bzw. Adoptiveltern, aber auch pädagogische Fachkräfte, Betreuerinnen und Lehrerinnen eine große Bedeutung in der Resilienzentwicklung eines Kindes zukommt. Dabei ist v.a. entscheidend, *wie* die Beziehung gestaltet ist.

Resilienz

Heute existieren mehr als einhundert verschiedene Definitionen von Resilienz. Im Wortstamm abgeleitet vom lateinischen „resilire" (zurückspringen, abprallen), bezeichnet Resilienz - in der Medizin, Psychologie und Heilpädagogik – den Prozess und die Fähigkeit der Aufrechterhaltung oder Wiedergewinnung seelischer Gesundheit während oder nach belastenden oder krisenhaften Lebensumständen. So wird Resilienz als seelische Widerstandskraft und Fähigkeit des Menschen verstanden, Krisen und Belastungen so zu bewältigen, dass er an diesen nicht zerbricht, sondern gestärkt daraus hervorgeht.

Resilienz ist kein angeborenes Persönlichkeitsmerkmal, sondern wird im Laufe eines Menschenlebens aus der Interaktion mit seinen Bezugspersonen und realen positive Bewältigungserfahrungen entwickelt. Von besonderer Bedeutung sind dafür die ersten Lebensjahre.

Die positive Bewältigung von Entwicklungsaufgaben, Krisen und Belastungen, unter anderem von besonders herausfordernden Alltagssituationen oder Übergängen (z.B. vom Elternhaus in die Kindertagesstätte, von der Kita in die Schule) wirkt sich stärkend auf die kindliche Entwicklung aus. Zur Bewältigung stehen einem Kind optimalerweise die genannten Schutzfaktoren als Kompetenzen zur Verfügung. Dabei sind für die Bewältigung krisenhafter, herausfordernder oder belastender (Alltags-)Situationen sechs personale Kompetenzen besonders bedeutsam:

2.1 Ursachenanalyse: Risiko- und Schutzfaktoren in der Entwicklung

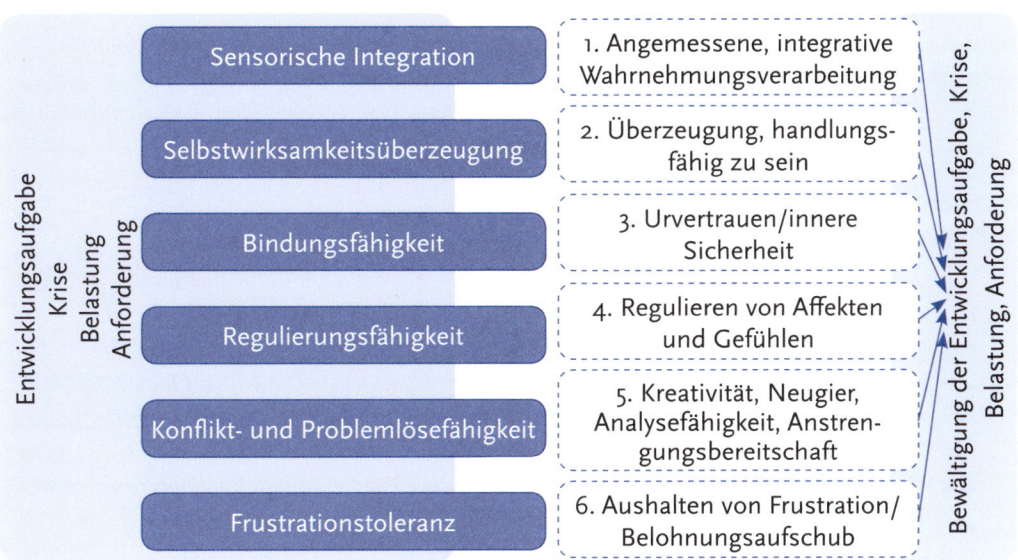

Abbildung 7: Personale Kompetenzen zur Bewältigung krisenhafter Erfahrungen

Resilienz bezeichnet zudem die Fähigkeit eines Menschen, sich mit psychischer Robustheit und Elastizität an veränderte Bedingungen anzupassen (Anpassung als Assimilations- und Akkomodationsprozess). Resilienz wird auch als dynamischer Prozess positiver Entwicklung unter nachteiligen Bedingungen verstanden (vgl. Beelmann & Raabe 2007, S. 53).

Insbesondere in der Auseinandersetzung mit kindlicher Entwicklung bedeutet dieser Prozess, die psychische Widerstandsfähigkeit gegenüber biologischen, psychologischen und psychosozialen Entwicklungsrisiken zu erhöhen. Dabei sind folgende Faktoren entscheidend:

- Resilienzförderliche Haltung des erwachsenen Gegenüber
- Tragfähige, entwicklungsförderliche Beziehung mit einer verlässlichen Bezugsperson
- Stärken- und ressourcenorientierte Wahrnehmung des Kindes (Stärken stärken)
- Unterstützende, ermutigende Begleitung
- Über- und Unterforderung vermeiden
- Alltags- und Lebensweltbezogenheit
- Positive Selbstwirksamkeitserfahrungen ermöglichen

Die Qualität der persönlichen Resilienz entwickelt sich aus dem Zusammenspiel genetischer Faktoren und den jeweils vorhandenen Umweltbedingungen. Zu den wesentlichen Schutzfaktoren zählt neben der entsprechenden genetischen Disposition (kindbezogen) eine stabile emotionale Bindung zu mindestens einer Bezugsperson (umgebungsbezogen). Den regulierenden frühen Bindungsbeziehungen kommt dabei eine hohe kompensatorische Bedeutung zu, gerade bei genetisch schwächerer Disposition (vgl. Rass 2011, S. 38).

Eine hohe Resilienz wirkt risikomildernd und senkt damit die Wahrscheinlichkeit der Ausprägung oder den Grad der Schwere einer Verhaltensauffälligkeit. Jedoch genügt Resilienz nicht, wenn (mittel- oder langfristig) entwürdigende, "unmenschliche", unaushaltbare Lebensbedingungen und –zustände vorliegen. Hier gilt es die Bedingungen zu verändern.

> ### Fallbeispiel für Resilienz
> *Der fünfjährige Sami besucht seit seinem zweiten Lebensjahr eine integrative Kindertagesstätte. Er ist ein freundlicher, ausgeglichen und zurückhaltend wirkender, begeisterungsfähiger, interessierter Junge. Sami ist das siebte und jüngste Kind einer alleinerziehenden Mutter. Das sechste Kind starb bei einer unbegleiteten Hausgeburt. Die drei ältesten Geschwister sind in einer Wohngruppe untergebracht. Die Mutter lebt aufgrund der Alkoholsucht und Gewalttätigkeit des Vaters seit vier Jahren von ihm getrennt. Er meldet sich nur sporadisch.*
> *Die schulpflichtigen Kinder der Familie besuchen eine Förderschule (für Kinder mit Lernbehinderung und für Kinder mit Sprachentwicklungsstörungen). Die Familie wird dreimal pro Tag von Mitarbeiterinnen der Familienhilfe unterstützt und begleitet. Sami erhält nun seit einem dreiviertel Jahr Frühförderung und Logopädie. In dieser Zeit konnte er seinen allgemeinen Entwicklungsrückstand (in den verschiedenen Entwicklungsbereichen von 9–18 Monaten) in allen Bereichen um sechs bis acht Monate verringern.*

Resiliente Kinder verfügen häufig über eine gute Rhythmizität biologischer Funktionen (Schlaf-Wach-Rhythmus), eine gute taktil-kinästhetische Wahrnehmungsfähigkeit, ein hohes Arousal (physiologische Ansprechbarkeit auf Reize, Aktivierung, Erregbarkeit) und ein einfaches oder ausgleichendes Temperament. Der Begriff Temperament beschreibt die angeborene oder früh erworbene, physiologisch bedingte emotionale Reaktivität (Freude, Furcht, Ärger, Ekel etc.) eines Menschen auf interne oder externe Reize.

Zudem haben resiliente Kinder ein vergleichsweise starkes Kohärenzgefühl, was bedeutet, dass Herausforderungen von ihnen als verstehbar und bewältigbar und die Auseinandersetzungen mit ihnen als bedeutsam wahrgenommen werden. Dies ermöglicht ihnen, einen Sinn in dem zu erkennen, was sie erleben und was ihnen geschieht. Kohärenzgefühl ist im gesamten Lebensverlauf eine wichtige Ressource und Voraussetzung für ein sinnerfülltes, glückliches, gesünderes Leben.

Krisen und Schicksalsschläge werden insbesondere im Erwachsenenalter dann eher als erklärbar erlebt. Resiliente Menschen haben darüber hinaus häufiger ein größeres Vertrauen in die eigenen Ressourcen, um Belastungssituationen zu bewältigen, und zeigen sich stressresistenter und kognitiv flexibler. Das hat zur Folge, dass sie das Erlebte rascher akzeptieren oder darin sogar eine Chance erkennen können. Das wiederum stärkt ihre seelische Widerstandsfähigkeit.

Resiliente Menschen zeigen eine höhere Fähigkeit zum Einsatz problemorientierter Lösungsstrategien, um Unterstützung zu erbitten und diese anzunehmen, ohne ihre Handlungskompetenzen grundsätzlich anzuzweifeln. Sie achten in aller Regel stärker auf eine gesunde und befriedigendere Lebensführung.

Vulnerabilitätsfaktoren

Mit Vulnerabilität sind bestimmte genetische Dispositionen (z. B. im kindlichen Erbgut liegende Prädispositionen zur Ausprägung einer psychischen Erkrankung, einer Störung aus dem autistischen Formenkreis oder einer Verhaltensstörung, einer ADS oder ADHS), bestimmte zum Teil angeborene Temperaments- und Persönlichkeitsmerkmale wie Erregbarkeit, Impulsivität, Antriebsstärke, Introvertiertheit, Ängstlichkeit, soziale Unsicherheit, Schüchternheit, Höhe der Reizschwelle (Irritierbarkeit), aber auch depressive Grundstimmung, chronische Erkrankungen, unsichere Bindungsmuster oder geringe Selbstregulationsfähigkeit gemeint. Diese Kinder scheinen „verletzlicher" zu sein – Jungen deutlicher häufiger als Mädchen – und entwickeln öfter eine Verhaltensauffälligkeit als andere Kinder mit einer geringeren Vulnerabilität.

Als **Risikofaktoren** sind zum Beispiel auch lebensweltliche Problemlagen, wie die finanzielle Belastung der Familie, die Abwesenheit eines Elternteils oder die psychische Erkrankung eines oder beider Elternteile, zu nennen. Ein einzelner Risikofaktor oder eine kurzfristige Verstärkung einer durch Bezugspersonen gut begleiteten Problemlage führt nicht zwangsläufig zur Entstehung einer Verhaltensauffälligkeit. Treten jedoch lang andauernd und stark wirkende belastende Einflüsse (risikostärkende Faktoren) aus den verschieden Lebenssystemen wie Familie, Kindertageseinrichtung, Peer-Group und Gesellschaft auf, ist die Wahrscheinlichkeit erhöht, dass sich Verhaltensauffälligkeiten entwickeln.

In der pädagogischen Praxis der Kindertagesstätten (Kinderkrippe, Kindergarten) und Grundschulhorte fallen insbesondere (scheinbar zunehmend) Kinder mit **extrovertierten,** aggressiv-ausagierenden oder verweigernden, sozial unreifen Verhaltensweisen auf und fordern die Pädagogen und Pädagoginnen offensiv heraus. Mit ihrem Verhalten gefährden sie Abläufe und das Wohl aller Beteiligten. Gleichzeitig laufen Kinder, die ihre Not (unbewusst) durch **introvertierte** Verhaltensweisen wie **soziale Überangepasstheit** zeigen, Gefahr, „übersehen" zu werden: „War Johanna heute überhaupt im Kindergarten?" „Frieder ist immer so hilfsbereit und unterstützt mich sehr."

Grundsätzlich ist davon auszugehen, dass die Entstehung von herausforderndem Verhalten im Kindesalter multikausal bedingt ist. Das bedeutet, dass eine Vielzahl an Faktoren (kulturelle, kind- und milieubezogene) die Verhaltensentwicklung beeinflussen. Zudem müssen belastende Faktoren aus den verschiedenen Bereichen über einen längeren Zeitraum und stark ausgeprägt zusammenwirken, bevor es zu einer pathologischen Entwicklung eines Kindes und damit zur Ausprägung einer Verhaltensauffälligkeit oder gar Verhaltensstörung kommen kann (vgl. Biewer 2010, S. 56). Das rechtzeitige und frühe Erkennen des Zusammenspiels kindlicher und anderer Risiko-, aber auch Schutzfaktoren ist entscheidend.

Die **Suche nach Schutz- und Risikofaktoren** kann durch systematisches Vorgehen erfolgen, indem die Faktoren (biologische, psychische, soziale und Umweltfaktoren) nach bestimmten Bereichen analysiert werden. Martin R. Textor (2008) unterscheidet folgende Bereiche:

> **Checkliste zu den Bereichen der Ursachenanalyse**
>
> ▶ **Ursachen im Kind:** Temperament, erbliche Prädispositionen, selbstregulierende, auch kognitive Fähigkeiten, Bewältigung neuer Lebenssituationen etc. (vgl. ebd., S. 28ff.)
> ▶ **Ursachen in der Familie:** pathogene Familienstrukturen, Belastung der Eltern aus eigener Kindheit, Partnerschaft, Krankheit, ungünstige Erziehungsstile, Qualität der Eltern-Kind-Beziehung und Interaktion, familiäre Krisen, Stress- und Konfliktbewältigungsmuster der Familienangehörigen etc.
> ▶ **Ursachen im größeren System:** Spezifik heutiger Kindheit, Bildungs-, Wohn- und Lebensbedingungen, Tagesstätte als Sozialisationsraum, Wertewandel- und Wertepluralität in der Gesellschaft, Medien etc.
> ▶ **Ursachen in der Kindertageseinrichtung:** Erziehungsstil, Kenntnisse und Kompetenzen des Erziehungspersonals, Qualität und Quantität der Gestaltung des Kindergartenalltags, Arbeitsbedingungen, Organisation und Zeitstrukturen etc.
> ▶ **Ursachen in der Peer-Beziehung:** Ablehnung, Desinteresse oder Diskriminierung durch andere Kinder aufgrund bestimmter Aspekte wie unzureichendes Sprachvermögen, Tollpatschigkeit, Körpermerkmale, Nichtteilnahme an Festen und Aktivitäten etc. (vgl. ebd., S. 16ff.).

2.2 Biophysische und psychologische Erklärungsmuster

Die verschiedenen Denk- und Erklärungsansätze werden im Folgenden durch kurze Aussagen verdeutlicht, die jeder, der mit Kindern oder Jugendlichen arbeitet, schon gehört oder vielleicht auch selbst formuliert hat. Dabei wird versucht, die jeweiligen Grenzen der Ansätze aufzuzeigen.

Biophysischer Ansatz

„Leons Vater war auch schon hyperaktiv. Das liegt bei denen in der Familie."
Bei diesem medizinischen, humanethologischen Erklärungsmuster werden biologische Ursachen (vgl. Kapitel 2.1) herangezogen. Ein Beleg dafür ist, dass sich auffälliges Verhalten von Kindern mit spezifischen neurologischen Komponenten, wie der Hirnaktivität, in Verbindung bringen lässt. Waren Kinder als Säugling unruhig, leicht irritierbar, reizoffen oder in der Regulierung des Schlaf-Wach-Rhythmus und in ihrem Trinkverhalten auffällig (Komponenten, die auch in der Diagnostik einer ADHS bedeutsam sind) oder antriebsarm,

2.2 Biophysische und psychologische Erklärungsmuster

lässt sich das hirnorganisch nachweisen. Dazu kann die Messung der Hirnaktivität und der Botenstoffmenge dienen (hemmende und anregende Botenstoffe wie Adrenalin, Noradrenalin, Dopamin und Serotonin). Sie sind „dem Kind gegeben". Auch eine genetische Disposition (Vulnerabilität) für die Ausprägung einer Hyperaktivität, eines ADS oder ADHS, einer Depression, Hirnreifungsverzögerung oder von Verhaltensweisen aus dem autistischen Spektrum ist mittlerweile nachgewiesen. Folglich kann eine medizinische Erklärung für hyperaktive, unkonzentrierte, leicht ablenkbare und reizoffene oder „verträumte" Kinder herangezogen werden.

Wird kindliches Verhalten rein biophysisch betrachtet, liegt der Defekt jedoch im Kind selbst, und es besteht die Gefahr, seine Gesamtpersönlichkeit und Einzigartigkeit aus dem Auge zu verlieren. Das Vorliegen einer Diagnose kann durchaus erleichternd und entlastend auf Eltern, Pädagoginnen und Pädagogen wirken, denn die Störung liegt nachweislich im Kind begründet und ist nicht auf sie zurückzuführen. Doch ist dies zu einseitig betrachtet: Häufig ist nicht die Schädigung oder Funktionsstörung selbst das Problem, sondern die Art und Weise, wie die Umwelt damit umgeht und darauf reagiert. Oft geht mit einem Untersuchungsprozedere und einer Diagnosestellung eine Stigmatisierung einher. Sätze wie „Der kann nicht anders, der hat eine Krankheit." wirken nur selten stärkend auf das Kind, das bald gegenfragt: „Mama, was ist falsch an mir?".

Solche Aussagen können dazu führen, dass das Kind sich als defizitär, „nicht ganz" erlebt, dadurch entmutigt wird und ein negatives Selbstkonzept entwickelt. Häufig zeigen sich diese Kinder misserfolgsorientiert, da sie glauben, Leistungs- und Verhaltensansprüche nicht erfüllen zu können. Nicht selten agieren sie Druck und Anspannung wiederum über unangemessen aktives, aggressives oder in anderer Weise destruktives Verhalten aus.

„Tabea ist von Natur aus aggressiv."

Über das, was „in der Natur des Menschen" liegt, und inwieweit er ein instinkt- und triebgesteuertes Wesen ist, wurde und wird anhaltend diskutiert. In der Verhaltensforschung werden Angst und Aggression als Primäraffekte (Schutzmechanismen zur Selbsterhaltung) verstanden.

Diese Sichtweise könnte eindimensional betrachtet zu der Erkenntnis führen, das Instinkte und Triebe naturgegeben und nur wenig veränderbar, somit also auch kaum durch pädagogische Interventionen zu beeinflussen sind. Die „Störung" ist demnach hauptsächlich im Kind begründet und folglich wären pädagogische Maßnahmen wirkungslos und überflüssig. Versteht man diese Affekte oder Emotionen jedoch als sinnvolle und für den Menschen und seinen Erhalt notwendige Grundausstattung, wird deren Bedeutsamkeit für die (heil-)pädagogische Arbeit durch folgendes Bild greifbarer.

> ### Bild aus der Steinzeit
>
> Bereits unsere Vorfahren wie Homo erectus, Homo neanderthalensis, Homo habilis und Homo sapiens besaßen diese Grundausstattung primärer Affekte als Überlebensstrategie. Sah sich vor 40.000 Jahren ein Homo sapiens (der moderne, wissende Mensch) einer Säbelzahnkatze oder einem Mammut gegenüber, bestand für ihn Lebensgefahr. Instinktiv galt es nun, die richtige Entscheidung zu treffen: weglaufen, erstarren oder kämpfen. Dabei waren Angst und Aggression seine zur Verfügung stehenden, gegebenen Waffen.
>
> Im vegetativen (unwillkürlichen) Nervensystem aller Lebewesen existieren zwei Gespielen, die intuitiv und automatisch in Aktion treten: Sympathikus und Parasympathikus. Sie sind dafür zuständig, dass der menschliche Organismus und somit der Mensch in Bewegung (bei Angriffs- und Fluchtaktionen werden vielfältige Sinnes-, Organ- und Hormonsysteme angeregt) oder in Ruhe (bei Erholungsaktion finden Reparatur- und Regenerationsvorgänge statt) versetzt wird. Ein Steinzeitmensch ohne das Grundbedürfnis, sich zu erhalten – also ohne einen guten Teil Aggression –, wäre verhungert, verdurstet, erfroren oder von der Säbelzahnkatze gefressen worden.

Heute muss der moderne, zivilisierte Mensch nicht mehr gegen Säbelzahnkatzen oder andere Gefahren der Steinzeit (z.B. Nahrungssuche, Kälte) kämpfen. Doch zeigen sich diese existenziellen Gefahren in anderer Gestalt, wie in häufigen Beziehungswechseln, Mangel an Anregung, wenig Zeit, Raum und Ruhe, um dem eigenen Rhythmus zu folgen und sich selbst zu entdecken und eigene Lernprozesse gestalten zu können. Daraus entstehen oft Unter- oder Überforderungen, gegen die sich ein Kind („im Notfall") mit aggressiven Verhaltensweisen zur Wehr setzt bzw. versucht, sie auf diese Weise aufzulösen. Dieses Kind besitzt die notwendige Energie, mit der es sich weiterentwickeln könnte und will – auch, wenn sie als fehlgeleitet, zerstörerisch oder destruktiv wirksam wird. Es zeigt an, dass es in Not oder Gefahr ist und nach (Ab-)Änderung sucht.

Nun ist es die Aufgabe des Erwachsenen, entweder sozusagen das Mammut aus dem Weg zu räumen oder sich dem Kind an die Seite zu stellen und gemeinsam der Gefahr zu trotzen und Lösungswege zu finden, also die destruktiv wirkende Energie in positive, produktive umzuwandeln.

In der (heil-)pädagogischen Praxis zeigt sich, dass Kinder mit großem Bewegungsdrang, großer Sensibilität und hoher Ablenkbarkeit in besonderem Maße profitieren von klar definierten Strukturen und Aufgaben (räumlich und thematisch) oder von Aufträgen, die der Gemeinschaft bzw. Gruppe nutzen (z.B. „Botengänge", Assistenzaufträge mit Nähe zur erwachsenen Bezugsperson).

Wird aggressives Verhalten eines Kindes als Versuch verstanden, das eigene Leben zu erhalten und sich weiterzuentwickeln, und Aggression als lebens- oder selbsterhaltende Kraft, als Lebensenergie, interpretiert, erhält es eine ganz andere, eine positive Bedeutung. Gegenpart ist die Depression, das Verstummen, der Rückzug des Kindes aus dem Leben. Ihr ist wesentlich schwieriger zu begegnen, unter anderem, weil sie zu-vorderst als solche erkannt werden muss.

Psychologischer Ansatz

„Marie hatte eben eine schwere Kindheit."
Diesem Erklärungsmuster liegen Ansätze aus der Psychoanalyse, der Individualpsychologie, der humanistischen Psychologie und der Lerntheorie zugrunde. Inzwischen sind diese Erklärungsmuster für Pädagoginnen und Pädagogen selbstverständlich, insbesondere der psychoanalytische Ansatz, der sich mit Phänomenen und Erfahrungen in der frühkindlichen Entwicklung und ihrer Bedeutung für die weitere (psychische) Entwicklung eines Menschen befasst. Ungünstige, verstörende Erfahrungen und Erlebnisse können ein Leben lang nachwirken und erscheinen oft an der Oberfläche als unangemessenes, auffälliges oder herausforderndes Verhalten.

> ### Beispiele für psychologische Faktoren als Ursache für auffälliges Verhalten
> - mangelnde oder unpassende Zuwendung im Säuglings- und Kleinkindalter
> - Vernachlässigung und gestörte Bindung an Bezugspersonen
> - Traumatisierung durch langwierige, chronische Erkrankungen oder Krankenhausaufenthalte
> - Leistungsanspruch der Eltern an das Kind (Leistungsdruck)
> - Verlust von Bezugspersonen
> - Gewalterfahrungen, Misshandlungen und Missbrauch

Auch diese Sichtweise lässt die Umgebungsbedingungen – Orte, Menschen etc., die das kindliche Verhalten beeinflussen – außer Acht und „verstellt den Blick auf den Sinn des Verhaltens im Hier und Jetzt" (Bergsson & Luckfiel 1998, S. 19). Sie stellt das Kind als Inhaber der Störung in den Vordergrund, ermöglicht aber zugleich ein Verständnis für das Kind und versteht die auffälligen Verhaltensweisen als Zeichen innerer Not und nicht als Unwillen oder Bösartigkeit.

Das Kind kann „nicht wollen", ihm stehen keine alternativen Verhaltensmuster und Bewältigungsmechanismen zur Verfügung. Psychische Ursachen sind nie direkt und objektiv beobachtbar. Die Schlussfolgerungen auf die in der Vergangenheit liegenden Ursachen bleiben spekulativ. Eine konkrete Bearbeitung kann therapeutisch geschehen. Sie sind pädagogisch nicht beeinflussbar. Doch ergeben sich aus diesem Ansatz (heil-)pädagogische Handlungsmöglichkeiten, nämlich die (Unter-)Stützung und Stärkung des Selbstwertgefühls und der Persönlichkeit des Kindes durch ermutigende Erziehung, basierend auf einer wertschätzenden und verständnisvollen Haltung.

„Der kleine Prinz Hannes hat eben gelernt, dass er damit durchkommt."
Diese verhaltenstheoretische Sicht betont, dass menschliches Verhalten gelernt ist. Dabei gelten für jedes Verhalten die gleichen Gesetzmäßigkeiten. Sie beruhen auf den gleichen Lernprozessen. Ein positiver Aspekt zeigt sich an diesem Erklärungsmuster: Jedes Verhalten – auch auffälliges Verhalten –, das gelernt wurde, kann auch wieder verlernt werden, indem es durch ein anderes (erfolgreicher erscheinendes) ersetzt wird. Auf dieser Erkenntnis bauen alle verhaltensmodifikatorischen Maßnahmen auf.

Über sogenannte Fremdsteuerung (Verstärkerpläne, Lob etc.) durch außen kann das Kind zur Selbststeuerung gelangen. Jedoch müssen diese Maßnahmen überaus kritisch und reflektiert betrachtet und eingesetzt werden, da ein Abhängigkeitsverhältnis oder Gewöhnung entstehen kann. Falsch verstanden eingesetzt, führen sie zur Konditionierung des Kindes.

2.3 Soziologische Erklärungsmuster

Gesellschaftliche Rahmenbedingungen

Grundlage des soziologischen Ansatzes zur Erklärung von auffälligem Verhalten ist folgende Annahme: „Das Verhalten einer Person ist Ergebnis und Ausdruck situativer Bedingungen, Strukturen, Prozesse und Spielregeln und ist nicht in seiner Person begründet" (Palmowski 1996, S. 198).

„Fußballspielen und Klettern verboten."
Auf vielen Wiesen und in Parks oder auf öffentlichen Plätzen ist es ausdrücklich untersagt, auf Bäume zu klettern oder Fußball zu spielen. Stark befahrene Straßen, enge, bebaute, unübersichtliche Lebensräume, verschmutzte oder defekte Spielplätze, begründete Ängste der Eltern vor den alltäglichen Gefahren für ihre Kinder, straff durchgeplante Tagesabläufe, große Gruppen, kleine Gruppenräume und, insbesondere für (Grund-)Schulkinder und Jugendliche, bewegungs- und erfahrungsreduzierte Gestaltungen der Außenanlagen (nicht selten müssen auch Klassenräume durch den Hort oder gar von mehreren Klassen mitgenutzt werden) sind die üblichen Umgebungsbedingungen einer Kindheit heute Schlussfolgerung wäre, dass die heutige Gesellschaft die Kinder geradezu auffällig machen muss.

Kinder haben ein Recht auf kindliche Lebensäußerung, was auch von Gerichten immer wieder bestätigt wird (Grundlage ist ein Bundesgerichtsurteil von 1993: Az: V ZR 62/91).

Die gerichtlichen Auseinandersetzungen legen Zeugnis ab von den immer wiederkehrenden Diskussionen über die Lebensbedingungen von Kindern in Deutschland. Verschiedene Befragungen, Erhebungen und Studien zur Kinder- und Familienfreundlichkeit, zum Lebensstandard und Bildungssystem sowie zu Entwicklungsperspektiven zeigen, dass Deutschland trotz oder vielleicht auch wegen des hohen materiellen, wirtschaftlichen Standes in puncto Kinderfreundlichkeit weit hinter anderen (europäischen) Ländern wie Finnland, Norwegen oder der Schweiz liegt.

Wird der soziologische Ansatz jedoch allein genutzt, um auffälliges Verhalten von Kindern und Jugendlichen zu erklären, gerät das Kind und seine eigenen, individuellen Anteile an der Problemlage aus dem Blick. Der Perspektivwechsel vom Kind auf die gesellschaftlichen Bedingungen ist dennoch notwendig und kann dazu beitragen, das Leben in Kindertageseinrichtungen (Krippe, Kindergarten, Hort) und (unserer) Gesellschaft lebenswerter zu gestalten.

Einfluss der Medien

In den letzten Jahrzehnten haben sich Gesellschaft und Kultur stark gewandelt. Der Mensch wird modelliert durch das mediale Angebot und den Stellenwert, der den Massen- und Kommunikationsmedien in der heutigen Zeit zugesprochen wird – insbesondere den Bildschirmmedien Fernsehen, Computer und Internet mit seinen sozialen Netzwerken wie Facebook, Twitter, WhatsApp etc. Die Inhalte und die Präsenz der genannten Medien sowie die ihnen zugesprochene Bedeutsamkeit nehmen Einfluss auf die Entwicklung des Menschen. Manfred Spitzer (2005, 2014) und Peter Winterhoff-Spurk (2005) haben diesen gesellschaftlichen Wandel weitreichend analysiert und sind kontrovers diskutiert worden.

Mediale Erfahrungen machen den Menschen weder glücklicher noch intelligenter. Sie haben oft ungesunde Lebensweisen zur Folge – nicht zuletzt durch Bewegungsmangel –, wirken sich ungünstig auf die Ausbildung von internen Wahrnehmungsstrukturen aus und können damit zu Aufmerksamkeitsstörungen führen. Sie beeinflussen unsere Bewertungen und Bedürfnisse bereits in der frühesten Kindheit und beeinträchtigen schulische Leistungen, können zu Lese-Rechtschreibschwäche, selteneren sozialen Kontakten bis hin zum sozialen Rückzug und zur Vereinsamung, zu Regression und Angst führen. Das belegen unter anderem Studien zum Konsum von Fernsehen im Kindergartenalter und späterer Lesefähigkeit in der Schule. Fernsehen wirkt als Verstärker – nicht als alleiniger Verursacher – individueller und gesellschaftlicher Fehlentwicklungen (vgl. Winterhoff-Spurk 2005, S. 245).

Systemtheoretisches Erklärungsmuster

Menschliche Entwicklung wird verstanden als ein lebenslanger Prozess der Wechselwirkung zwischen naturgegebenen Anlagen, aktivem Subjekt und einer in ihren Elementen interagierenden Umwelt. Die Umwelt ist eine komplexe Struktur ineinander verschachtelter Systeme. Dabei ist entscheidend, wie die Umwelt durch die Person wahrgenommen wird und nicht,

wie sie in der objektiven Realität sein könnte (vgl. Bronfenbrenner 1981, S. 20). Dieser Ansatz ist insofern einer Vielzahl wissenschaftlicher Disziplinen verpflichtet, da er aufbaut auf
- biologischem bzw. neurologischem Wissen,
- einer konstruktivistischen Entwicklungspsychologie und
- den Erkenntnissen einer systemisch orientierten Soziologie.

Alle an der Entwicklung eines Kindes beteiligten Personen (Privat- und Fachpersonen) sind zum Teil eingebunden in identische und doch verschiedene Mikrosysteme. Das ökosystemische Mehrebenenmodell nach Urie Bronfenbrenner (1981) verdeutlicht, wie die Person und die einzelnen Systeme in das umgebende Makrosystem involviert sind (vgl. Cloerkes & Markowetz 2001, S. 189).

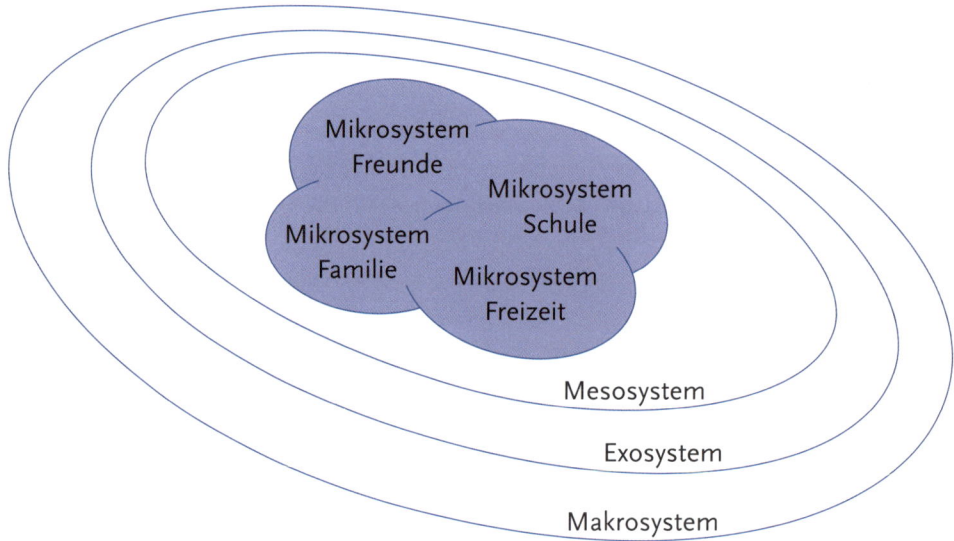

Abbildung 8: Das Mehrebenenmodell nach Urie Bronfenbrenner
(Grundmann & Kunze 2008, S. 172ff.)

Das **Makrosystem** beinhaltet alle durch eine Gesellschaft und Kultur bestimmten Einflüsse in ihrer geschichtlichen Entstehung, politische und gesetzliche Normvorstellungen und Werte, ethisch-moralische Weltanschauungen, auch künftige Konstruktionsmuster und bestimmt das Wirtschafts-, Sozial- und Bildungssystem.

Als **Exosystem** werden das soziale Netz- und Stützsystem (außerfamiliäre Situation) sowie formell und informell wirkende Umwelteinflüsse (Bund, Land, Kommune, Stadt/Dorf, Ämter, Behörden, Kirchen, Geschäfte/Läden, aber auch Nachbarschaft, Verwandtschaft und Freunde) bezeichnet. „Unter Exosystem verstehen wir einen Lebensbereich oder mehrere Lebensbereiche, an denen die sich entwickelnde Person nicht selbst beteiligt ist, in denen aber Ereignisse stattfinden, die beeinflussen, was in ihrem Lebensbereich geschieht, oder die davon beeinflusst werden" (Bronfenbrenner 1981, S. 42).

Makro- und Exosystem: Gesellschaftliche Bilder von der Kindheit

- **Airbag-Kindheit:** Viele Kinder sind heute hinsichtlich Versorgung, Wohnsituation, Spielzeug und Lebenschancen außergewöhnlich gut ausgestattet.
- **Medien-Kindheit:** Das Medien- und Freizeitverhalten der Kinder gleicht sich zunehmend dem der Erwachsenen an.
- **Ungewisse Kindheit:** Mögliche Berufschancen, die Entwicklung des Weltklimas, die Generationengerechtigkeit oder die Rente wird die heutigen Kinder in der Zukunft mit vielen Fragen konfrontieren.
- **Gefährdete Kindheit:** Viele Kinder sind heute zunehmend in psychosozialen Spannungssituationen gefangen, das äußerst sich zum Beispiel in psychosomatischen Beschwerden.
- **Karriere-Kindheit:** Kinder sollen möglichst früh einen komfortablen Platz im
- „Bildungskarussell" ergattern.
- **Insel-Kindheit:** Die Wohn- und Lebenssituation von Familien befindet sich überwiegend in unterschiedlichen „vorstrukturierten Sozialräumen". Freizeiteinrichtungen, Arbeitsstätten der Eltern, Einkaufsparks, Mittelpunktschulen, Spielflächen, Bewegungsräume etc. sind immer stärker voneinander getrennt.
- **Konsum-Kindheit:** Wie nie zuvor werden Kinder als Kunden umworben und beeinflusst.
- **Erste-Reihe-Kindheit:** Kinder sind von keinem Lebensbereich mehr ausgeschlossen. Sie erleben und erfahren in immer jüngeren Alter Geschehnisse wie Krieg oder Naturkatastrophen. Sexualität wird offen in Medien thematisiert; die „weite Welt" wird auf Fernreisen erlebt.
- **Multikulturelle Kindheit:** Kinder erleben die Chancen und Risiken einer multikulturellen Gesellschaft.
- **Entsinnlichte Kindheit:** Kinder greifen häufiger zu einer medial aufbereiteten
- „Pseudorealität" und machen weniger direkte, sinnliche Erfahrungen in der Natur etc.
- **Individualisierte Kindheit:** Kinder erleben „Vereinzelung in der Masse Gleicher" durch den sozialen Wandel. Eine Orientierung in einer Gesellschaft mit sich wandelnden Werten wird erschwert und damit auch die Entwicklung der Persönlichkeit.

Das **Mesosystem** ist das System zwischen den verschiedenen Mikrosystemen, die sich wechselseitig bedingen und beeinflussen (z.B. Familie und Beruf, Familie und Kindergarten). „Ein Mesosystem umfasst die Wechselbeziehungen zwischen den Lebensbereichen, an denen die sich entwickelnde Person aktiv beteiligt ist (für ein Kind etwa die Beziehungen zwischen Elternhaus, Schule und Kameradengruppe in der Nachbarschaft; für einen Erwachsenen die zwischen Familie, Arbeit und Bekanntenkreis)" (Bronfenbrenner 1981, S. 41).

> ### Bedeutung des Mesosystems in der kindlichen Entwicklung
>
> Um die Entwicklung eines Kindes zu fördern, müssen verschiedene Bedingungen auf der Ebene der Mesosysteme erfüllt sein. So ist es zum Beispiel günstig, wenn eine Person den Übergang in einen neuen Lebensbereich (Mikrosystem) nicht allein vollziehen muss (so begleitet ein Elternteil das Kind in der Eingewöhnung) oder die Arbeitsbedingungen einer Mutter bzw. eines Vaters so gestaltet sind, dass die verschiedenen Lebensbereiche (Familie, Partnerschaft und Beruf) und die damit verbundenen Rollenanforderungen gut miteinander zu vereinbaren sind.

Mikrosysteme sind in sich auf ihre spezifische Weise organisiert und funktional. „Ein Mikrosystem ist ein Muster von Tätigkeiten und Aktivitäten, Rollen und zwischenmenschlichen Beziehungen, das die in Entwicklung begriffene Person in einem gegebenen Lebensbereich mit seinen eigentümlichen physischen und materiellen Merkmalen erlebt. Ein Lebensbereich ist ein Ort, an dem Menschen leicht direkte Interaktion mit anderen aufnehmen können" (Bronfenbrenner 1981, S. 38). Das Mikrosystem Familie zum Beispiel betrifft die intrafamiliäre Situation, die Interaktion im unmittelbaren familiären Umfeld.

Weitere Lebenssysteme sind der Kindergarten, die Kindergartengruppe, die Schule und der Arbeitsplatz der Eltern, Vereine (Freizeit und Hobby), aber auch familienentlastende Dienste, Therapeuten, Ärzte, Krankenhaus oder Selbsthilfegruppen. Mit den Tätigkeiten und Aktivitäten, die zu einem Lebensbereich gehören, den Beziehungen zwischen den Personen und den Rollen, die in diesem Lebensbereich ausgeübt werden, bildet dieser Lebensbereich ein Mikrosystem. Entscheidend sind dabei die von der Person wahrgenommenen Eigenschaften der Umwelt.

Nach dem systemtheoretischen Ansatz besteht die Familie aus verschiedenen Subsystemen wie Eltern – Kind, Geschwister, Mutter – Vater etc., zugleich ist sie Teil größerer Systeme wie der Großfamilie, Verwandtschaft, des Freundeskreises sowie weiterer sozialer Netzwerke. Alle Systeme agieren untereinander und wirken aufeinander. Jedes System strebt nach Erfüllung und nach Wahrung seiner Ganzheit und des Gleichgewichts.

Beispiel für Irritationen im Mikrosystem Familie

Es kann im Mikrosystem Familie zu Irritationen kommen, wenn etwa ein Elternteil nach der Elternzeit wieder zu arbeiten beginnt. Eine andere Problemquelle kann der Umgang mit Interaktionsmustern sein. In jeder Familie herrschen bestimmte Rollen (z.B. Vater macht die handwerklichen Dinge, Mutter macht den Haushalt) und Familienregeln (z.B. „Alle unsere Kinder gehen um 19 Uhr zu Bett"), die manchmal in ihrer Rigorosität auch zu auffälligem Verhalten führen können.

Ist die Abgrenzung zur Außenwelt zu strikt, kann das Intrasystem Familie pathogen werden, weil notwendige Veränderungen oder Anpassungen ausbleiben – zum Beispiel: Die Mutter möchte sich beruflich verwirklichen, es ist ihr aber aufgrund ihrer Rollenzuschreibung erst einmal nicht möglich. Eine andere Variante ist die zu große Offenheit des Systems Familie; dann fehlen konstante Regeln, es herrscht Chaos und Unruhe. Es können sich Symbiosen und Bündnisse nach außen schließen, die einzelne Familienmitglieder ausgrenzen: Ist zum Beispiel die Rolle des Vaters oder der Mutter nicht verlässlich definiert, sucht sich das Kind stellvertretend eine väterliche bzw. mütterliche Bezugsperson außerhalb der Familie, etwa die (Heil-)Pädagogin.

Folgende **Belastungsfaktoren im Mikrosystem Familie** können darüber hinaus zu herausforderndem Verhalten bei Kindern führen:
- Intrafamiliäre Belastungsfaktoren (z.B. finanzielle oder existenzielle Sorgen, Abwesenheit eines Elternteils, Krankheit, Partnerkonflikte und daraus folgend die Rolle des Kindes als Verbündeter, Schiedsrichter, Sündenbock oder Partnerersatz)
- Psychische Erkrankungen (z.B. Psychosen, Depressionen, Angststörungen, Suchterkrankungen, chronische Erkrankungen der Eltern)
- Pathogene Familienstrukturen (Hierarchien, „Schwarzes Schaf")
- Gewalterfahrungen (körperlich, seelisch, sexuell; Missbrauchserfahrungen)
- Erziehungsstil der Eltern (z. B. feindselig-ablehnend, verwöhnend-überbehütend, autoritär, laissez-faire, vernachlässigend, inkonsistent)
- Vorhersehbare und unvorhersehbare Krisen im Lebens- und Familienzyklus (z.B. Geburt eines Geschwisterkindes, Arbeitslosigkeit, Schulschwierigkeiten, Pubertät, Todesfall, Unfall, schwere Erkrankung eines Familienmitgliedes)

> ### Fallbeispiel für das Mikrosystem Kindertagesstätte
>
> *Der achtzehn Monate alte Felipe ist das dritte Kind seiner Eltern und besucht seit seinem ersten Geburtstag eine Kinderkrippe. Die Eingewöhnung in den Kinderkrippenalltag gestaltet sich schwierig. Bei einem Ausflug in den nahegelegenen Park läuft er von der Gruppe weg und will zu seiner Schwester, die den Kindergarten derselben Einrichtung besucht. Erst mit der Öffnung der Zwischentür zur Nachbargruppe und über die gemeinsame Gestaltung des Kinderkrippentages mit der Nachbargruppe sowie dem direkten Kontakt zu den beiden pädagogischen Fachkräften der Nachbargruppe – seinen selbsternannten Bezugserzieherinnen – „kommt Felipe in der Kinderkrippe an".*
>
> *In diesem Beispiel wird deutlich, dass Felipe die Bedingungen (strukturell und personell), die er zu Beginn seiner Eingewöhnungszeit in der Krippe vorfand, und die zwischenmenschlichen Beziehungen zu seinen Gruppenerzieherinnen als stark irritierend und verunsichernd wahrnahm. Erst durch die Zuwendung und Beziehung zu den pädagogischen Fachkräften der Nachbargruppe, einer Anknüpfung an das Mikrosystem Familie und die Veränderung der Gruppensituation findet er Bedingungen, um sich auf die neue Situation einlassen zu können.*

Weitere **Belastungsfaktoren für Kinder mit auffälligem Verhalten im Mikrosystem Kindertagesstätte** können sein:

- Arbeitsbedingungen in den Einrichtungen
- Raumkonzept und -ausstattung
- Defizit an Wissen und didaktischem Repertoire des Fachpersonals im konkreten Umgang mit „schwierigen" Eltern und Kindern (z.B. Kenntnisse aus Heilpädagogik, Techniken der Gesprächsführung, Ansprech- und Kooperationspartner, Erziehungsstil, Umgang mit Regeln)
- Mangel an geeigneten Fort- und Weiterbildungen
- Fehlen von Supervision (Fall- und Teamsupervision)
- Fehlende Zeit für Fallbesprechungen
- Große Kindergruppen, zum Teil Doppelbelegung, konzeptionelle Unklarheiten mit der Folge eines hohen Krankenstandes bei Erzieherinnen und Erziehern
- Personalsituation (häufiger Wechsel, Unterbesetzung, Stress, Überbelastung und damit Verlust von Kontinuität und Beziehung)
- Fehlende (persönliche, gesellschaftliche) Wertschätzung und Kommunikation, ungelöste Konflikte, Ungereimtheiten, Unzufriedenheit im Team

Zeit und Lebenslauf

Für die Entwicklung bedeutsam ist nicht nur der scheinbar „objektive Tatbestand" einer Sache, Beziehung oder Begebenheit, sondern vielmehr die Wahrnehmung des-selben und die Bedeutung im sozialen Kontext für die betreffende Person. Dabei kommen zwei Faktoren, welche im Basismodell noch nicht berücksichtigt sind, zum Tragen: die Zeit und der Lebens(ver-)lauf.

2.3 Soziologische Erklärungsmuster

Das Hauptaugenmerk liegt hier auf dem Prozess. Es sind bestimmte Formen der Wechselwirkung zwischen Organismus und Umwelt, welche die menschliche Entwicklung beeinflussen. Die Intensität und Kraft der Prozesse ist abhängig von der Person selbst, den Umweltbedingungen, dem sozialen und materiellen Kontext sowie dem Zeitpunkt, an dem sich diese Prozesse entfalten. Jeder Lebensabschnitt hält biologische und kontextbezogene Aufgaben und Prozesse bereit. Bronfenbrener veranschaulicht die Zusammenhänge und Wechselwirkungen der vier Systemebenen – ergänzt durch das Chronosystem – im „Person-Process-Context-Time-Modell" (PPCT-Modell, vgl. Bronfenbrenner 1981). Neben personalen und Kontextfaktoren werden darin entwicklungsrelevante Prozesse und zeitliche Faktoren wie Lebensphase oder historische Zeit berücksichtigt, in denen die zeitliche Veränderung oder Stabilität nicht nur der sich entwickelnden Person, sondern auch des Umweltsystems in Betracht gezogen wird (vgl. Walper 2014).

> ### Beispiel für den Faktor Lebenslauf
> Für das Kind beginnt beim Übergang in die Kinderkrippe oder den Kindergarten ein neuer Lebensabschnitt. Starten auch die Mutter oder der Vater zeitgleich wieder in die Arbeitswelt, so ist die gesamte Familie doppelt betroffen. Alle Beteiligten müssen wichtige Aufgaben bewältigen. Das Mikrosystem Familie erfährt wesentliche Veränderungen und muss neu organisiert werden; dasselbe gilt auch für die Mikrosysteme der Arbeitswelt der Eltern und der Kindergartengruppe des Kindes.

Die Mikrosysteme und ihre Elemente sind unterschiedlich bedeutsam, je nachdem, wo sich eine Person in ihrem Lebenslauf befindet. Also kann dasselbe Mikrosystem zu unterschiedlichen Zeitpunkten mal mehr, mal weniger prägend sein. Wesentlich sind hier die Bedeutung von Sprache, die Rollenwechsel bei Übergängen von einem Lebensabschnitt in den nächsten (vom Säugling zum Kleinkind, vom Kleinkind zum Vorschulkind, vom Vorschulkind zum Schulkind, zum Heranwachsenden, zum jungen Erwachsenen, zu Vater bzw. Mutter, zu Großvater bzw. Großmutter); es bilden sich immer weiter differenzierte intellektuelle Fähigkeiten und ein daraus resultierendes vertiefendes Verständnis heraus.

Die menschliche Entwicklung im Generationszusammenhang zu verstehen, aber auch die individuelle Entwicklung in den Systemebenen nicht zu vernachlässigen ist besonders dann wichtig, wenn es um gesellschaftliche Fragestellungen und besondere Bildungsbedürfnisse von Kindern geht (vgl. Kapitel 4).

2.4 Das biosozial-interaktionistische Erklärungsmodell

In der Entwicklungspsychologie geht man heute davon aus, dass die individuelle Entwicklung eines Menschen bestimmt wird,
- zum einen durch den **persönlichen Kontext,**
- zum anderen von den **kulturellen Gegebenheiten der Gesellschaft,** in der er aufwächst.

Das Kind sammelt im Laufe seines Lebens eine Vielzahl an Erfahrungen, die es – meist unbewusst – als bedeutsam für sich bewertet, seien sie gut, beängstigend oder auch verwirrend. Um das herausfordernde Verhalten eines Kindes annähernd zu ergründen und zu verstehen, genügt es deshalb nicht, auf nur eines der bereits dargestellten Erklärungsmuster zurückzugreifen.

> **Biosozial-interaktionistisches Erklärungsmodell**
>
> Der (heil-)pädagogische Ansatz verbindet die Erkenntnisse aus den unterschiedlichen Erklärungsansätzen und basiert auf einem biosozial-interaktionistischen Erklärungsmodell (vgl. Myschker & Stein 2014, S. 153). Demnach hat jedes Kind seine ganz eigene, einzigartige biologische Ausstattung, mit der es in einem spezifischen sozialen Umfeld und Gefüge mit der Aufgabe der Anpassung (Akkomodation/Assimilation) konfrontiert ist. Es entsteht zwangsläufig ein Prozess der Interaktion. Umgebungsbedingungen und Anlage des Kindes wirken aufeinander.

Der russische Psychologe Vygotskij beschreibt das anschaulich: „Alle ‚psychologischen Besonderheiten' eines Menschen sind nicht allein biologischer, sondern sozialer Natur" (Vygotskij in: Störmer 2013, S. 217). Der Mensch ist ein soziales Wesen und auf Gemeinschaft hin angelegt. Er wird verstanden als unauflösbare, einzigartige Körper-Geist-Seele-Einheit. Daraus resultiert das **Individuationsprinzip**. Danach steht jeder Mensch für sich selbst und ist als einmalig und unverwechselbar in seinen subjektiven und inter-subjektiven Bezügen zu verstehen und zu respektieren.

Orientieren sich die Erwartungen, Forderungen und Angebote nicht an den Fähigkeiten und Bedürfnissen des Kindes, kommt es unweigerlich zu einem Ungleich-gewicht, die Balance wird gestört. Folglich ist eine Analyse der Zusammenhänge und Voraussetzungen unabdingbar, um das Gleichgewicht wieder herzustellen (Krenz 2012, S. 23; siehe dazu auch Kapitel 1 und 6).

2.4 Das biosozial-interaktionistische Erklärungsmodell

> ### Fallbeispiel Renée I
>
> *Renée besuchte seit ihrem ersten Geburtstag eine Gruppe bei einer Tagesmutter. Ab ihrem zweiten Geburtstag wurde sie dort als „schwierig" erlebt. Seit ihrem dritten Geburtstag besucht sie nun einen integrativen Kindergarten auf dem Land. Etwa zehn Monate nach Beginn ihrer Kindergartenzeit sagt ihre Erzieherin in der Abholsituation zur Mutter: „Renée macht uns schon seit längerer Zeit Sorgen. Sie erzeugt einen so großen Betreuungsaufwand. Zum Beispiel heute schwamm das Bad in einem Schaumhaufen, nachdem Renée während des Mittagessens verschwunden war. Sie ist so aggressiv, unruhig, hyperaktiv und kann sich auf nichts einlassen. Wir glauben, sie hat ADHS und wollen sie als Integrationskind."*
>
> **Erklärungsmuster nach dem Individuationsprinzip**
>
> *Renée war ein Wunschkind ihrer Eltern. Bereits in den ersten Wochen fiel auf, dass sie einen ganz eigenen Schlaf-Wach-Rhythmus und ein ebensolches Trinkverhalten zeigte. In den ersten Monaten trank sie tagsüber und nachts im Rhythmus von zwei bis drei Stunden, ungeduldig und hektisch. Zugleich schien sie ein geringes Schlafbedürfnis zu haben. Sie erschien sehr sensibel und reizoffen. Von Beginn an wurde sie getragen. Renée war sehr an ihrer Umwelt interessiert, sie begriff rasch und gab sich nicht mit ungenauen Antworten zufrieden. Im Alter von elf Monaten lief sie selbstständig, sprach mit dreizehn Monaten situationsangemessene Drei- Wort-Sätze. Mit etwa drei Jahren konnte sie den Struwwelpeter auswendig sinn-gemäß wiedergeben. Sie liebt die Oper und das Schauspiel, das Wasser und das Leben in der Natur und Kontakte mit bzw. zu authentischen Menschen.*
>
> *Eine kinderpsychologische Abklärung ergibt keinen Beweis für ADHS oder ADS, sondern einen IQ-Wert von 142 im sozial-emotionalen, sprachlichen und kommunikativen Bereich. Der mathematisch-logische Bereich liegt im durchschnittlichen, die anderen Bereiche im leicht überdurchschnittlichen Spektrum. Renées psychologische Diagnose lautet Hochbegabung. Ihre große intellektuelle Leistungsfähigkeit, verbunden mit einer hohen Sensibilität im genannten Bereich, und Reizoffenheit stellen für Renée in diesem jungen Alter gleichzeitig immer wieder Überforderung wie auch Unterforderung dar. Um diese Ungleichgewichte auszugleichen, reagiert sie hyperkinetisch.*

Auch sogenannte hochbegabte Kinder können auffälliges, störendes oder herausforderndes Verhalten zeigen, werden ihre Fähigkeiten und Potenziale nur unzureichend ausgeschöpft. Anders als in angloamerikanischen Ländern wird im deutschsprachigen Raum Hochbegabung noch nicht als sonder- bzw. heilpädagogische Kategorie betrachtet (vgl. Biewer 2010, S. 57).

Dieses Erklärungsmuster verdeutlicht, dass nicht der Einzelne oder das Gefüge, die Umgebung bzw. die Umgebungsbedingungen „schuld" sind, sondern dass sein Verhalten – scheint es dem Beobachter noch so seltsam, auffällig, unangemessen – für das Kind in einer bestimmten Situation, zu dieser Zeit, in den bestehenden sozialen Zusammenhängen und unter bestimmten weiteren Bedingungen sinnvoll ist und eine Funktion hat.

Folglich ist es notwendig, das Kind, das als verhaltensauffällig wahrgenommen wird, zu verstehen, damit mögliche Erklärungen für sein unangemessenes, seine Umwelt herausforderndes Verhalten und Ansatzpunkte für ein unterstützendes pädagogisches Handeln gefunden werden können, mit deren Hilfe das Kind seine Not wenden kann.

3.
Heilpädagogik – Erziehung unter „erschwerten Bedingungen"

> **In diesem Kapitel erfahren Sie**
>
> – welche Annahmen für die Heilpädagogik wesentlich sind
>
> – welches Berufsbild und berufliche Selbstverständnis sich daraus ergeben
>
> – wie sich ein heilpädagogisches Handlungskonzept zusammensetzt

Im Folgenden werden auf der Grundlage der Erkenntnisse aus den vorangegangenen Kapiteln das Selbstverständnis und wesentliche Grundfragen der Heilpädagogik – als Handlungswissenschaft und integraler Bestandteil der Pädagogik – vorgestellt und ein Konzept des heilpädagogischen Handelns für die Arbeit mit verhaltensauffälligen Kindern entwickelt. Die theoretischen und ethischen Grundlagen heilpädagogischen Handelns orientieren sich an Dieter Gröschke (1997), der diese in den letzten 25 Jahren entwickelt hat. Das Handlungskonzept der „Heilpädagogischen Erziehungshilfe und Entwicklungsförderung (HpE)" stammt von Wolfgang Köhn (2001). In einem ersten Verständnis von Heilpädagogik schließen wir uns der Definition des Schweizer Pädagogen Paul Moor an, der Heilpädagogik als die Theorie und Praxis der Erziehung unter „erschwerten Bedingungen" bezeichnet hat (Moor 1965, S. 15).

3.1 Heilpädagogik – Ethos, Beruf und Handlungswissenschaft

Dem Berufsbild der (Heil-)Pädagogik liegt ein ethisches Fundament zugrunde. (Heil-) pädagogisches Handeln ist ein moralisches, das heißt, ethisch reflektiertes Handeln, und bezieht sich nicht ausschließlich auf das methodische Repertoire der Heilpädagogik im Sinne einer funktionalen Sozialtechnologie (vgl. Gröschke 1997, S. 170).

Gegenstand einer Berufsethik sind in diesem Sinne die Handlungen der Menschen, die Vertreter einer bestimmten Profession bzw. eines Berufsstandes sind. Dabei sind „die beiden entscheidenden Bestimmungsgründe für das moderne Verständnis von Beruf" (Gröschke 1993, S. 127):

▶ Zuständigkeit im funktionellen Sinne der gesellschaftlichen Arbeitsteilung
▶ Verantwortung als sittliches Prinzip der Ausübung der Berufstätigkeit

Das bedeutet für den Beruf oder das Berufsethos zum einen ein spirituelles Verständnis als Berufung und zum anderen die Bewahrung des „Moments authentischer Selbstgestaltung und Selbstverwirklichung im Beruf" (Gröschke 1993, S. 127).

Das gemeinsame Ziel der Angehörigen eines Berufes, ihre Haltungen, Einstellungen und Prinzipien finden sich teilweise in der sogenannten Minimalethik des Berufes, die für jeden, der diese Berufsrolle ausübt, „strikt verbindlich" (Gröschke 1993, S. 127) ist. Gerade im Gesundheits- und Sozialwesen ist es unerlässlich, dass jede Pro- fession ihr Berufsbild und Selbstverständnis – ihre berufsethische Haltung und ihr spezifisches Menschenbild – eindeutig definiert und beides verbindlich anerkennt. Heilpädagogik beinhaltet den ethischen Anspruch, jeden in seinem Sein, seiner Einmaligkeit und seinem sozialen Status zu achten und zu fördern (Gröschke, 1997, S. 40ff.).

Aber was ist nun genau mit Heilpädagogik gemeint? Wie bettet sich diese Disziplin in die übrigen ein? Die Heilpädagogik besitzt eine lange und bewegte Geschichte verschiedener Theorien und unterschiedlicher Praxis mit wechselnden Bezügen zu ihren Grundlagenwissenschaften und Rahmentheorien. Die Zusammenhänge zeigt folgende Abbildung:

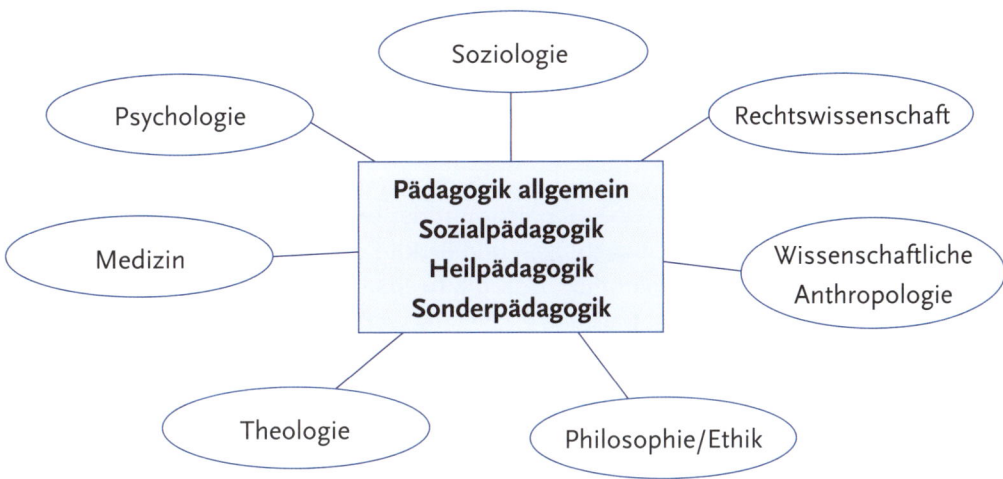

Abbildung 9: Heilpädagogik im Zusammenspiel mit anderen Wissenschaften

Heilpädagogik versteht sich demnach als integraler Teil der Pädagogik: „Heilpädagogik ist Pädagogik und nichts anderes" (Moor 1965, S. 273) sowie **individuelle Erziehungshilfe und Entwicklungsförderung (HpE)** für Menschen, die unter erschwerten Bedingungen leben. Sie befasst sich mit der Erziehung und Bildung in menschlichen Beziehungs-und Lernverhältnissen, die als Behinderungen, Störungen oder Gefährdungen die Entwicklung des Menschen beeinträchtigen.

Heilpädagogisches Handeln wird zum Beispiel dann neben der therapeutischen Behandlung durch die medizinischen und psychologischen Professionen notwendig, wenn die Beeinträchtigung der psychischen Funktionen ein Ausmaß erreicht hat, durch das ein glückliches, sinnerfülltes und sicheres Leben (im Sinne der Bewältigung und Erfüllung wesentlicher, existenzieller Lebensanforderungen) vorerst ohne Unterstützung nicht mehr möglich ist. In diesem Bereich entstand in den letzten Jahrzehnten ein großes Arbeitsfeld für Sozialberufe (vgl. Schmutzler 1994; Strobel 2009).

> ### Beispiel für heilpädagogische Unterstützung
>
> Geraten Entwicklungsprozesse eines Kindes aufgrund verschiedener Faktoren, zum Beispiel einer gestörten Interaktion zwischen Mutter und Kind sowie eines unzureichender Angebots an strukturierenden Reizen, über einen längeren Zeitraum ins Stocken, stagniert das Kind in seiner Entwicklung. Ein Entwicklungsrückstand entsteht. Über das gemeinsame Spiel, die gemeinsame Alltagsbewältigung und die (vor allem indirekte) Anleitung der Mutter durch die (Heil-)Pädagogin können diese ins Stocken geratenen Entwicklungsprozesse angeregt und unterstützt werden.

> ### Berufliches Selbstverständnis
>
> „Die Hauptaufgabe der Heilpädagogik besteht darin, nach den Möglichkeiten der Erziehung dort zu suchen, wo etwas Unheilbares vorliegt" (Moor 1965, S. 259). Gegenstand heilpädagogischer Arbeit ist nicht nur der beeinträchtigte Mensch selbst, sondern es sind zugleich die Erziehungs- und damit Beziehungsverhältnisse, die so bedrohend und eingeschränkt sind, dass die heilpädagogisch Tätigen häufig erst einmal bemüht sein müssen, tragende Beziehungsverhältnisse zu stiften, damit Erziehung überhaupt möglich wird.

Insofern sind die Begriffe **Heil** und **heilen** in der Fachbezeichnung „Heilpädagogik" und in der Berufsbezeichnung des heilpädagogisch Tätigen nicht als eine Art des Gesundmachens im Sinne einer Reparatur physischer oder psychischer Störungen zu verstehen. Sie sind als umfassende Hilfe zur Erziehung und Förderung der Entwicklung der gesamten Persönlichkeit – sowohl sensomotorischer, emotionaler, sozialer und intellektueller Fähigkeiten – zu verstehen, um so zu größtmöglicher Autonomie und Selbstverwirklichung in sozialer Mitverantwortung zu gelangen (vgl. Köhn 2001).

Heilpädagogik versteht sich als wertgeleitete, **anwendungsbezogene Handlungswissenschaft** mit dem Auftrag der Erziehung, Bildung und Förderung jener Menschen, die
- sich in den gegebenen soziokulturellen Verhältnissen nicht altersgerecht entwickelt haben oder als fehlentwickelt gelten,
- durch ihre Beeinträchtigungen nicht zu einer altersgemäßen Lebensgestaltung fähig sind (Enkulturation, Sozialisation, Personalisation),

- sich in ihrem Erleben anders und ausgegrenzt fühlen (vgl. Köhn 2001).

Aus dem „Verständnis von Heilpädagogik lassen […] sich als notwendige Ziele heilpädagogischer Arbeit folgende Schwerpunkte ableiten. Die Voraussetzung dazu ist die Analyse gesellschaftlicher Zustände und Bedingungen:
- Die Hilfe zur Stärkung der beeinträchtigten körperlichen, geistigen und seelischen Kräfte;
- die Hilfe zur Selbsterziehung und Lebensentfaltung sowie
- die Hilfe bei der Eingliederung in die Gesellschaft" (Gröschke 1997, S. 40ff.).

> **Heilpädagogisches Verständnis von Verhaltensauffälligkeit**
>
> Verhaltensauffälligkeit oder Behinderung ist kein Merkmal der Persönlichkeit eines Menschen, sondern das Produkt eines gestörten Beziehungsverhältnisses – etwa in Bezug auf Interaktion und Kommunikation – zwischen individuellen (z.B. genetisch disponierten) und gesellschaftlichen, das heißt sozial-kulturellen Bedingungen.

3.2 Grundlagen des heilpädagogischen Handlungskonzepts

Dem Versuch, das verhaltensauffällige Kind zu verstehen, liegt das Wissen zugrunde, dass Störungen dazu dienen, Fragen nach Zuständen, Verhältnissen und Beziehung(en), aber auch nach Grundbedürfnissen, Stärken und Schwächen, Ressourcen und Defiziten zu klären.

Grundfragen des (heil-)pädagogischen Handelns

Die Grundfragen (heil-)pädagogischen Handelns bilden eine wertvolle Basis, um spezifische (heil-)pädagogische Fragestellungen zu ergründen und zu bearbeiten. Will man das Verhalten eines Kindes erklären und verstehen, um mit diesem förderlich um- und mitzugehen, es unterstützend zu begleiten, können folgende Fragen, die sich an die bekannte W-Regel halten, hilfreich sein:

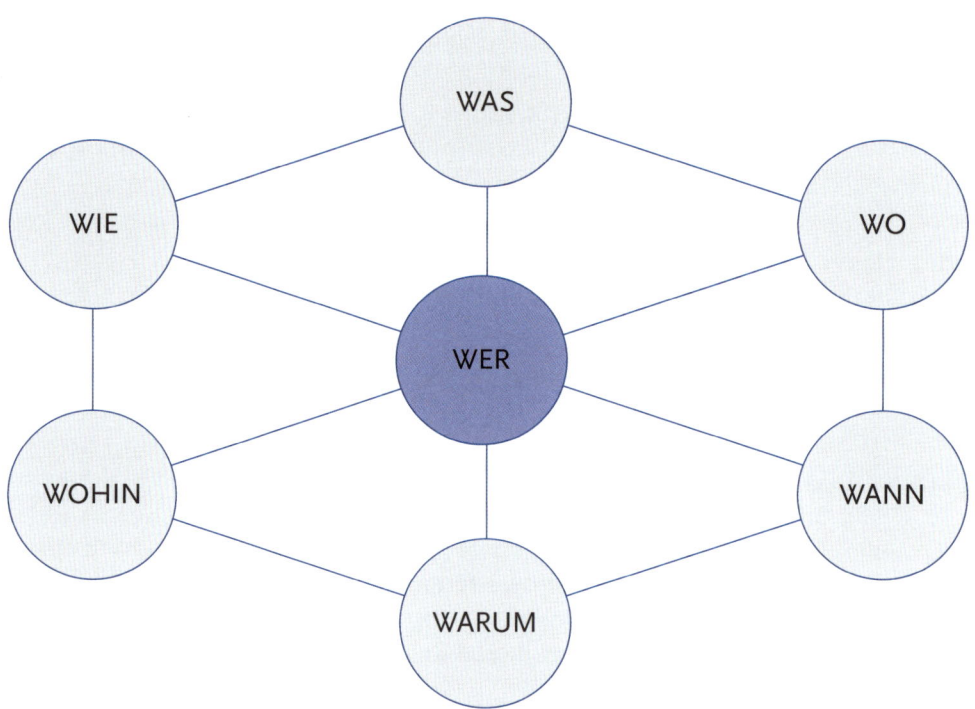

Abbildung 10: Grundfragen (heil-)pädagogischen Handelns (vgl. Kobi 1993) in Greving & Ondracek 2014, S. 70ff.)

> ## Checkliste Grundfragen
> ▶ **Wer** ist dieses Kind (Stärken, Schwächen, Ressourcen, Fähigkeiten, Fertigkeiten, Lebensbedingungen wie Familie, Geschwisterkonstellation, Stellung in der Kindergruppe, Freunde)?
> ▶ **Was** genau fällt auf? Was tut das Kind, sodass es in seinem Verhalten als auffällig oder störend erscheint? Was ist es, was die pädagogische Fachkraft herausfordert? Was geht dem voraus? Was hält dieses Verhalten aufrecht? Was verändert es?
> ▶ **Wie** genau zeigt sich das „Störverhalten"?
> ▶ **Wo** ist dieses Verhalten zu beobachten? Wo nicht?
> ▶ **Wann** ist diese Verhalten zu beobachten? Wann besonders? Wann nicht?
> ▶ **Worauf** weist dieses Verhalten?
> ▶ **Warum?**

Die Frage danach, warum sich ein Kind auffällig, unangemessen oder herausfordernd verhält, und welche Bedeutung dieses Verhalten hat, kann nur im speziellen Einzelfall ergründet werden. Bereits hier wird deutlich, dass es keine allgemeine Lösung für herausforderndes Verhalten geben kann. Verhalten ist subjektiv immer sinn-und bedeutungsvoll.

Durch aufmerksames, differenziertes Hinschauen und Beobachten kann ergründet werden, ob es sich um ein vorübergehendes, entwicklungsabhängiges Verhalten handelt.

> ### Beispiele zur Klärung von zeitweise auffälligem Verhalten
> Beißen Kleinkinder, kann es ein Versuch sein, zu kommunizieren, Nähe und Distanz zu regulieren, sich als selbstwirksam zu erleben oder sich und den anderen zu begreifen („Ich verleibe dich mir ein"). Erschöpftheit, Rückzug, hyperaktive Verhaltensweisen oder nächtliches Einnässen können vorübergehend in den ersten Tagen bzw. Wochen nach der Einschulung oder der Geburt eines Geschwisterkindes auftauchen. Auch Sprach- und Sprechauffälligkeiten wie Stammeln, Stottern oder Stolpern können sich vorübergehend in spezifischen Phasen der Sprachentwicklung zeigen.

Handelt es sich um ein nicht vorübergehendes Verhalten, also um den Ausdruck tiefgreifender innerer Not, die das Kind nicht alleine bewältigen kann, so ist Hilfe vonnöten. Zudem können durch das achtsame Beobachten Wirkmechanismen und Bedingungsgefüge sowie verstärkend und hemmend wirkende Faktoren, aber auch Ressourcen des Kindes erkannt werden, die wiederum für die weitere Begleitung und Bewältigung der Notsituation bedeutsam sind.

Das heilpädagogische Handlungskonzept

In den letzten Jahrzehnten sind verschiedene Konzepte entwickelt worden, um Menschen, die unter erschwerten Bedingungen leben, zu begleiten und zu fördern. Diese Konzepte konzentrieren sich auf die Person und die ihr gegebenen, sogenannten Phänomene menschlicher Existenz wie Leiblichkeit, Bewegung, Entwicklung, Lernen, Spielen, Tätigkeit und Sprachlichkeit (vgl. Gröschke, 1997, S. 194ff.).

Grundsätzlich ist ein Konzept eine gedankliche Konstruktion eines eindeutig definierten Handlungsplans, inklusive seiner zugrunde liegenden Leitgedanken und Aufgaben (Absichten, Zielsetzungen, Begründungen). Konzepte sind nach Gröschke (ebd.) wie Brücken zwischen Theorie und Praxis, sie verbinden an Personen gebundenes Fachwissen, Werte, Stellungnahmen, Absichten, Ziele und Interaktionsbeziehungen zwischen mindestens zwei Personen. Sie sind auf die Person und ihre konkrete Lebenssituation bezogen. Ihre Wirksamkeit ist von den Möglichkeiten und Voraussetzungen der handelnden Personen abhängig. Die Umsetzung und Anwendung von Konzepten darf nicht wertabstinent erfolgen, sondern muss die konkrete Lebenssituation der beteiligten Handlungspartner verstehen und erfassen, da heilpädagogisches Handeln ziel- und wertgeleitet sein muss.

> ## Heilpädagogische Konzepte
>
> ...sind charakterisiert durch:
> - Werte (Menschenbild, berufliches Selbstverständnis)
> - Ziele (Zielgerichtetheit)
> - Legitimationen (Doppelmandat aus der Verpflichtung gegenüber dem zu begleitenden Menschen einerseits und andererseits dem Auftraggeber gegenüber)
> - Wissen und Methodik

Nach Gröschke (1997) **bestehen Konzepte aus den drei Elementen:**
- **Person** (Grundhaltungen der Heilpädagogin bzw. des Heilpädagogen),
- **Milieu** (entwicklungsförderlich) und
- **Methodik** (spezifische Verfahren und Methoden zur Gestaltung und Strukturierung der Interaktion und Kommunikation).

Sie sind jeweils zentriert um ein Grundphänomen menschlich-personaler Existenz wie Leiblichkeit und Wahrnehmung, Bewegung, Entwicklung, Spielen, Lernen, Tätigkeit und Sprachlichkeit. Diese Grundphänomene werden zum Ausgangs- und Bezugspunkt heilpädagogischen Handelns. Sie sind mit einer Haltung, einem Blick auf den Menschen verbunden, der genauer in Kapitel 5 „Welche Phänomene menschlicher Existenz betrachtet die Heilpädagogik?" erläutert wird. Der Versuch, in einem dialogischen Prozess mit dem betroffenen Menschen die Entwicklung, Stabilisierung und Wahrung der seelischen Funktionen, letztlich die Entwicklung, Differenzierung und Integration seiner Persönlichkeit zu eröffnen und zu realisieren, ist das Bemühen der heilpädagogisch Tätigen. Dazu nutzen sie die Zugangswege über die Grundphänomene menschlicher Existenz und über die Methoden entsprechender Konzepte.

3.2 Grundlagen des heilpädagogischen Handlungskonzepts

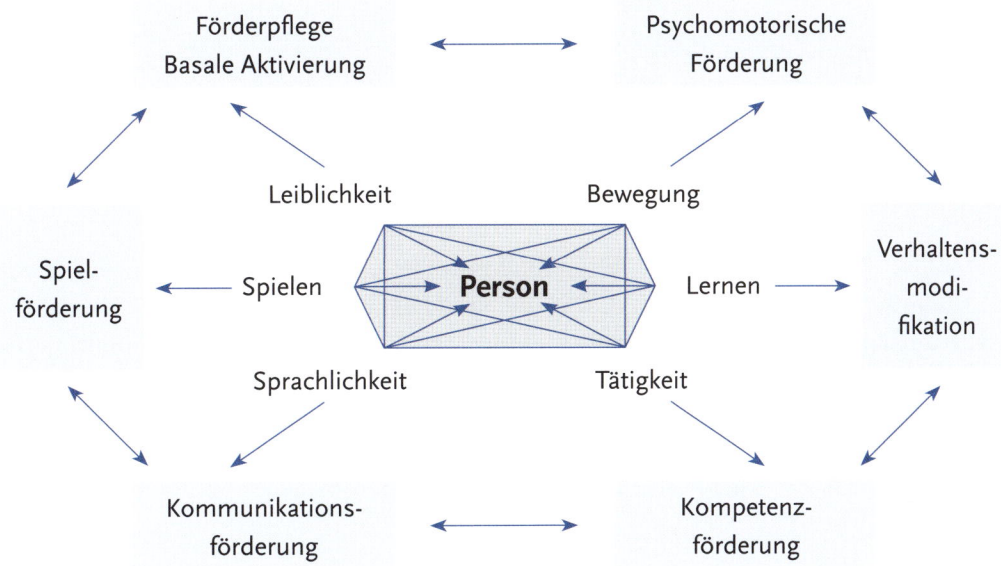

Abbildung 11: Systematik heilpädagogischer Förderkonzepte (Gröschke 1997, S. 278)

Beispiel für das Phänomen Sprachlichkeit mit Blick auf das Konzept der Kommunikationsförderung

Die sechsjährige Sofie lebt seit ihrer Geburt mit einer Tetraparese (Lähmung aller Gliedmaße). Die Spastik betrifft auch ihre Gesichts- und Mundmuskulatur. Mithilfe des Talkers (Sprachcomputer), den sie mit ihren Augen betätigt, kann sie sich im Kindergartenalltag organisieren, kann sagen, was sie braucht und möchte. Über viele Monate lernen Sofie, ihre Familie, Freunde und ihre Erzieherinnen, mithilfe des Talkers miteinander zu kommunizieren.

Ziel ist es, das menschliche Bedürfnis nach Kommunikation zu unterstützen. Dementsprechend werden in interdisziplinärer Zusammenarbeit Methoden ausgewählt, die für Sofie in ihrer individuellen Situation und Umgebung Förderung und Hilfe versprechen.

Hier einige Beispiele für **heilpädagogisch relevante Methoden** (vgl. Oy & Sagi 1997; Niehoff 2007):
- Wahrnehmungsförderung und sensorisch-integrative Förderung (vgl. Zimmer 1995)
- Basalpädagogische Aktivierung/Förderpflege
- Spielbegleitung/ spielförderung/heilpädagogische Spieltherapie
- Heilpädagogische Übungsbehandlung
- Biografiearbeit

- Verhaltensmodifikation
- Psychomotorik (vgl. Zimmer 2002)
- Rhythmik
- Werken, Gestalten, Musizieren
- Heilpädagogisches Reiten und Voltigieren
- Sprach- und Kommunikationsförderung

Ob und wie die heilpädagogisch Tätigen die Methoden einsetzen, ist immer abhängig von der gesamten Situation, in der sich das belastete Kind befindet. Das tatsächliche Handeln ist wiederum abhängig von Ethos, Berufs- und Menschbild. „Ein heilpädagogisch reflektiertes Praxiskonzept von Entwicklungsförderung konzentriert sich auf das erzieherische Moment und führt von daher zur Frage nach den handlungsleitenden Ziel- und Normvorstellungen, die im Begriff von Förderung immer mit enthalten sind. Es geht um die impliziten und expliziten Vorstellungen von Normalität und Optimalität menschlicher Entwicklungsverläufe" (Gröschke 1997, S. 270).

Heilpädagoginnen und -pädagogen benötigen „begründetes Erklärungs- und Veränderungswissen, um zu entscheiden, wo sie fördernd in das Entwicklungsgeschehen eingreifen können, damit sich die desynchronisierten Prozesse wieder selbst regulieren können und die betroffene Person zu dem ihr möglichen Maß an Selbstbestimmung und Selbstgestaltung finden kann" (ebd.). Ziel ist es, dem Kind zu einem selbstbestimmten und selbstgestalteten Leben zu verhelfen, entsprechend seiner Persönlichkeit, seiner Möglichkeiten und Ressourcen (vgl. Kapitel 6.3).

4.
Welche Bedeutung haben Bindung, Beziehung und Gesellschaft?

> **In diesem Kapitel erfahren Sie**
>
> – dass genetische Voraussetzungen durch Erfahrungen beeinflusst werden können
>
> – welche Rolle Bezugspersonen, Gesellschaft und Umwelt beim Aufbau von Beziehungen spielen
>
> – wie sich die Heilpädagogik die Erkenntnisse über Beziehung und Bindung zunutze macht

4.1 Bindung und Beziehung in der Entwicklung

Heute gilt als gesichert, dass die Lebenseinstellung und Lebensstimmung eines Menschen im Erwachsenenalter wesentlich von seinem vorherigen Lebensverlauf bestimmt werden (vgl. Rass 2011). Dieser Entwicklungsprozess verläuft in aufeinanderfolgenden Stufen und Phasen (vgl. Erikson, Piaget, Affolter). Die Bewältigung der Aufgaben der jeweiligen Phase ist unter anderem abhängig von den Vorerfahrungen des Menschen.

Entwicklungsstufen nach Erikson

Alter	Entwicklungsstufe/-krise	Angemessene Lösung	Unangemessene Lösung
0–1 ½ Jahre	Vertrauen vs. Misstrauen	Stabiles (grundlegendes) Sicherheitsbewusstsein	Unsicherheit, Angst
1 ½–3 Jahre	Autonomie vs. Selbstzweifel	Selbstwahrnehmung als Handelnder, als fähig zur Körperbeherrschung, als Verursacher von Geschehnissen	Zweifel an der eigenen Fähigkeit zur Kontrolle von Ereignissen
3–6 Jahre	Initiative vs. Schuld	Vertrauen auf eigene Initiative und Kreativität	Gefühl fehlenden Selbstwerts
6 Jahre bis Pubertät	Kompetenz vs. Minderwertigkeit	Vertrauen auf angemessene, grundlegende soziale und intellektuelle Fähigkeiten	Mangelndes Selbstvertrauen, Gefühle des Versagens

4.1 Bindung und Beziehung in der Entwicklung

Alter	Entwicklungs-stufe/-krise	Angemessene Lösung	Unangemessene Lösung
Jugend/Adoleszenz	Identität vs. Rollenkonfusion	Festes Vertrauen in die eigene Person	Wahrnehmung des eigenen Selbst als bruchstückhaft, schwankendes unsicheres Selbstbewusstsein
Junges Erwachsenenalter	Intimität vs. Isolierung	Fähigkeit zur Nähe und zur Bindung an jemand anderen	Gefühl der Einsamkeit, des Abgetrenntseins, Leugnung des Bedürfnisses nach Nähe
Mittleres Erwachsenenalter	Generativität vs. Stagnation	Interesse an Familie (Gesellschaft, künftigen Generationen), das über unmittelbar persönliche Belange hinausgeht	Selbstbezogene Interessen, fehlende Zukunftsorientierung
Höheres Erwachsenenalter	Ich-Integrität vs. Verzweiflung	Gefühl der Ganzheit, grundlegende Zufriedenheit mit dem Leben	Gefühl der Vergeblichkeit, Enttäuschung

Voraussetzung für Beziehungsfähigkeit sowie eine gesunde seelische und mentale Entwicklung ist die Ausbildung eines stabilen Sicherheitsbewusstseins und Vertrauens in die Welt im ersten Lebensjahr. Das wird durch das Erleben von Gebundensein, Beziehung und Bindung erreicht, indem die wesentlichen Grundbedürfnisse erfüllt und die sogenannten Mangelbedürfnisse befriedigt werden (siehe Kapitel 6.3 & 6.4).

Bindungsverhaltensweisen sind Bestandteil des evolutionären Erbguts des Menschen und von Geburt an präsent. Die Ziele dieses Verhaltens sind Nähe (körperlich) und Sicherheit (psychisch). Im Lauf der ersten Hälfte des ersten Lebensjahres differenzieren sich diese Bindungsverhaltensweisen aus und fokussieren sich auf eine Bezugsperson (Symbiose/Dyade), später auf eine weitere (Triade). Aus den entstehenden kommunikativen und interaktiven Erfahrungen entwickelt sich das

Gefühl der Bindung. Die Qualität der Bindung ist abhängig von der Konnotation der gemachten Erfahrungen (Bindungstypen; siehe auch Seite 78).

Entscheidend für die kindliche Entwicklung sind vielerlei Aspekte, wie die Fähigkeit zu gerichteter Aufmerksamkeit, das Interesse am Kind als eigenständige Persönlichkeit, Motivation und Neugier sowie wesentlich auch Aspekte wie die Qualität der Interaktion und früher Bindungsprozesse (bonding).

> **Bonding**
>
> Unter Bonding wird die erste Bindungsphase nach der Geburt verstanden, in der sich die Mutter fürsorglich (nährend und wärmend) – im besten Falle in Anwesenheit des Vaters oder einer entsprechenden zweiten Fürsorgeperson – als Bindungsperson anbietet und sich daraus eine hochaffektive, liebende Verbindung dieser drei Menschen entwickelt, die die Basis aller weiteren Entwicklung darstellt (vgl. Rass 2011).

Eine wichtige Rolle spielen hier die Feinfühligkeit der Mutter bzw. der primären Bezugsperson, die Affektabstimmung zwischen Mutter und Kind sowie das Containment, das bedeutet, Affekte und Gefühlszustände greifbar und aushaltbar werden zu lassen.

Entwicklung der sozial-emotionalen Kompetenz

Wie Kinder Beziehungen erleben können und wie sie sie gestalten, hängt entscheidend von ihrer sozial-emotionalen Kompetenz ab. Bereits in den ersten Lebensmonaten entwickeln sich die Basisemotionen Freude, Angst, Ärger, Traurigkeit, Interesse und Überraschung. Diese grundlegenden Gefühle zeigen sich weltweit – unabhängig von der Kultur oder Ethnie, einer Sinnesbeeinträchtigung oder Behinderung in gleicher Weise in einem übereinstimmenden mimischen Ausdrucksverhalten der Kinder (vgl. Hülshoff 2001).

Die Ausbildung komplexerer (sekundärer) Emotionen, wie Scham, Schuld, Stolz, Neid, Verlegenheit oder Mitleid, erfolgt im zweiten Lebensjahr. Um diese Gefühle empfinden und wahrnehmen zu können, muss ein Kind die sozial anerkannten Verhaltensweisen und -normen seiner Lebenswelt kennen und das eigene Verhalten dazu in Beziehung setzen können. Dies begründet die Fähigkeit zum emotionalen Perspektivwechsel. Zwischen dem dritten und fünften Lebensjahr können Kinder zunehmend zwischen den eigenen Gefühlen und denen anderer unterscheiden. Zudem erkennen sie, dass das Erleben von Gefühlen und der Ausdruck von Emotionen nicht untrennbar verwoben sind. Die Kinder entwickeln Strategien, mit denen sie ihre eigenen Emotionen regulieren können. Im Laufe der Entwicklung werden die Gefühle zunehmend komplexer und differenzierter.

> **Beispiel für die Ausdifferenzierung von Gefühlen**
>
> Ein Theaterbesuch kann bei einem Kind im Kindergartenalter verschiedene Gefühle zugleich erzeugen, nämlich unter anderem Interesse, (Vor-)Freude und Angst. Hier zeigt sich die Komplexität des Gefühlserlebens.

Entsprechend der jeweiligen Entwicklungsstufe müssen die Strategien, mit denen die Affekte reguliert werden, weiterentwickelt werden, analog zur Zunahme und Vielschichtigkeit der erlebten Gefühle (vgl. Pfeffer 2012, S. 17). Das Wissen über Emotionen und der Umgang mit den eigenen Gefühlen und denen der anderen (sozial-emotionale Kompetenz) ist sowohl aus der Perspektive des einzelnen als auch aus gesellschaftlicher Sicht in allen Lebensbereichen von großer Bedeutung. So ist es Grundlage für das Erleben und Gestalten von Beziehungen zu sich selbst, aber auch zu anderen Menschen, es bestimmt die zwischenmenschliche Kommunikation, den Umgang mit Anforderungen und Stress sowie die Entscheidungs- und Leistungsfähigkeit.

Verschiedene Untersuchungen belegen, dass eine hohe sozial-emotionale Kompetenz mit einer positiven Lebensbewältigung und Entwicklung einhergeht. Dagegen stellt eine geringe sozial-emotionale Kompetenz einen Risikofaktor in der weiteren Entwicklung eines Kindes dar (vgl. Pfeffer 2012, S. 14). Bei emotional und sozial weniger kompetenten Kindern finden sich geringere Kooperationsbereitschaft, Toleranz, Beziehungsfähigkeit und spätere Leistungsfähigkeit im schulischen Bereich sowie geringere Achtsamkeit gegenüber anderen Menschen, Dingen und sich selbst, häufiger herausfordernde Verhaltensweisen und Suchttendenzen.

> ### Sozial kompetentes Verhalten
>
> Sozial kompetentes Verhalten meint die Fähigkeit, die eigenen Bedürfnisse und Befindlichkeiten zu erkennen und zu befriedigen, in der Beziehung zu anderen Menschen die eigenen Interessen erfolgreich zu realisieren, sich gleichzeitig an die sozialen Bedingungen der Umwelt (Kultur, Gesellschaft, Peer-Group, Familie etc.) anzupassen und damit einen Ausgleich der Interessen aller zu schaffen (siehe Kapitel 1.1).

Sozial kompetentes Verhalten ist immer auch abhängig von der Situation und den beteiligten Personen. Ob das Verhalten eines Kindes als sozial kompetent, angemessen oder unangemessen, auffällig oder gestört bewertet wird, hängt immer von der bewertenden Person und der Beziehung, der jeweiligen Situation und den kulturell herrschenden Maßstäben (Normen und Werte) ab (vgl. auch Kapitel 1.4).

Beobachtbares adaptives Verhalten ist abhängig vom jeweiligen emotionalen Entwicklungsstand eines Menschen. Je nach Entwicklungsstand dominieren bestimmte emotionale Grundbedürfnisse, Motivationen und Selbstregulierungsstrategien (siehe Kapitel 1).

Emotionale Kernkompetenzen wie Belohnungsaufschub, Impuls- und Affektkontrolle, Frustrationstoleranz, Empathie und die Fähigkeit, Konsequenzen (auch die des eigenen Handelns) abzuwägen, müssen vielfach erprobt, geübt und überprüft werden. Über emotionale Konditionierung durch frühkindliche Bindungserfahrungen lernt der Mensch im nahen Kontakt, eigene Gefühle und die des anderen wahrzunehmen, zu erkennen, zu differenzieren und zu verstehen.

In der Beziehung zu sekundären Bezugspersonen, weiteren Familienangehörigen, Freunden etc. differenzieren sich diese Kernkompetenzen. Emotionale Entwicklung ist ein Prozess qualitativer Veränderungen, der neben emotionalen (z.B. Triangulierungsfähigkeit, Emotionsdifferenzierung und Affektregulierung) auch sensomotorische (Wahrnehmen und Umgang mit dem eigenen Körper, der personellen und dinglichen Umwelt), kognitive (gerichtete Aufmerksamkeit, Objektpermanenz und Kommunikation, Regelverständnis) und soziale Fähigkeiten (z.B. empathischer Umgang mit Mitmenschen) beinhaltet.

Das Interagieren und gegenseitige Stimulieren dieser verschiedenen Komponenten führt zur Reifung und optimalen Anpassung eines Menschen an seine Umgebung. Dies vollzieht sich in einem wechselseitigen Aufeinanderwirken genetisch determinierter Hirnreifungsprozesse, eigener Erfahrungen und Erlebnisse sowie Umgebungsbedingungen. Die altersentsprechenden Veränderungen bilden die Grundlage für die Entwicklung des Selbstkonzepts (siehe Seite 72 f.) und der Strukturen der Persönlichkeit eines Kindes.

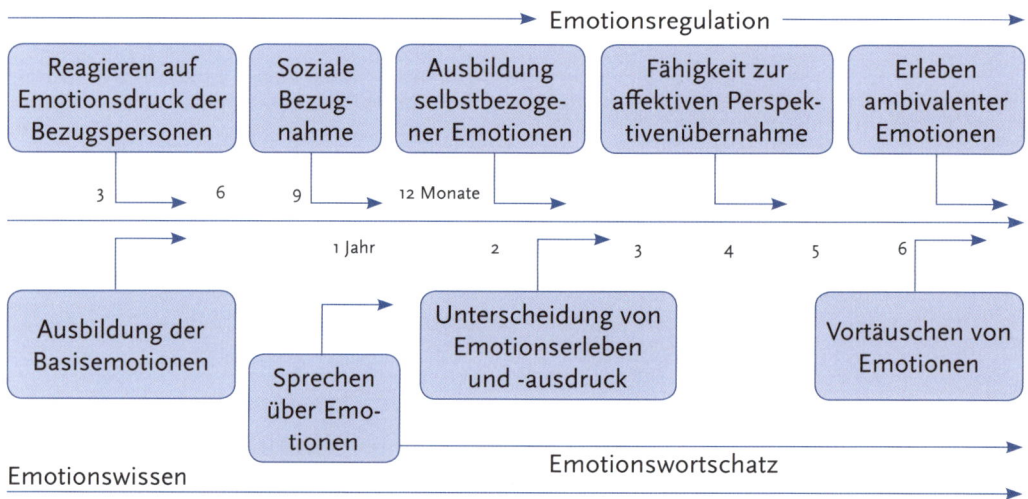

Abbildung 12: Prozess und Ausdifferenzierung emotionaler Entwicklung

Eine weitere Konkretisierung der Meilensteine emotionaler Entwicklung und der Fähigkeit zur (affektiven) Selbstregulierung nimmt Anton Dosen (vgl. Sappok 2019, S.208) mithilfe des folgenden Phasenmodells vor:

Phase 1 – Adaption (Lebensmonat 0–6)
In dieser Phase dominieren physiologische Grundbedürfnisse (angemessene Befriedigung von Schlaf, Hunger und Durst, Schmerzfreiheit, Schutz und Stimulation); innere und äußere Reize werden aufgenommen, verarbeitet und integriert (siehe Kapitel 4.1). Über Selbststimulation (z.B. durch autoaggressive Verhaltensweisen wie Beißen) oder externe Regulierung

(Wiegen, Halten, Ansprache/Singen/Summen) werden die Affekte reguliert. Hier dominiert der körperliche Reiz.

Störungen in der Phase der ersten Adaption können eine Kontakt- oder auch (Mutter-Kind-)Interaktionsstörung zur Folge haben. Dabei können sich folgende Verhaltensweisen zeigen: hohe Irritierbarkeit, Hyperaktivität oder Lethargie, Ablehnung von Körperkontakt oder Isolation, geringes Interessen an der Umwelt, an Spielmaterialien oder anderen Personen, ungerichtete Wutausbrüche oder Rückzug bei Bedürfnisaufschub, Wartezeiten, Veränderungen oder Wunschversagen, Fehlen verbaler oder non-verbaler Kommunikation und stereotype, häufig körperbezogene oder selbstverletzende Verhaltensweisen.

Phase 2 – Sozialisation (Lebensmonat 7–18)

Diese Phase ist geprägt von der Entwicklung von Beziehungen durch Bindungserfahrungen mit den primären Bezugspersonen. Das vorherrschende Grundbedürfnis ist das Sicherheitserleben. Verlassenwerden/Trennung von der primären Bezugsperson erzeugt Angst (Fremdeln). Zudem bildet sich in dieser Phase ein erstes differenzierteres Körperschema aus, und die Fähigkeit zur Objektpermanenz entwickelt sich. Die Regulierung der Affekte erfolgt interpersonell über den interaktiven Kontakt mit der (primären) Bezugsperson oder weiteren nahen Bezugspersonen. In dieser Phase werden häufig überbordende Affekte als Folge von Verunsicherung in aggressiver Weise gegen sich selbst oder die unmittelbare Umgebung ausagiert. Dies erfolgt aufgrund der alterstypischen geringen Impulskontrollfähigkeit und einer hohen Irritierbarkeit noch unkontrolliert.

Störungen in der Phase der Sozialisation können zu einer desintegrierten Verhaltensstörung führen. Diese äußert sich durch hohe Irritierbarkeit und eine übersensible Reaktion auf Unruhe oder Stress (jeglicher Art). Zudem können Affektlabilität, Impulsivität, Wutanfälle, Fremd- und Sachaggressivität und stereotype Verhaltensweisen (häufig an Objekte gebunden) beobachtet werden. Die Aggressionen richten sich besonders gegen die Bezugs- bzw. Versorgerperson. Insbesondere in auch scheinbar undramatischen Trennungssituationen von den Bezugspersonen oder in unbekannten, fremden Situationen bzw. der Konfrontation mit fremden Personen treten Wutanfälle auf. Ein plötzliches, scheinbar unverhältnismäßiges Weinen oder Schreien kann in verschiedenen Situationen beobachtet werden.

Phase 3 – Individuation (Lebensmonat 19 –36)

Die Triangulierung ist die vorherrschende Aufgabe in dieser Entwicklungsphase Der Prozess der Loslösung vom Hilfs-Ich bzw. die Loslösung aus der emotionalen, bis dahin untrennbar erlebten Einheit mit der primären Bindungsperson ist das Ergebnis und ermöglicht eine Ich-Du-Differenzierung. Die Sprache gewinnt als Mittler an Bedeutung, das Kind lernt das freie Laufen. Der eigene Wille wird entdeckt. Dies erzeugt im Kind einen Symbiose-Autonomie-Konflikt. In dieser Phase ist das vorherrschende Grundbedürfnis das Erleben von Autonomie.

Störungen in der Phase der Individuation können zu desorganisierten Verhaltensstörungen führen. Neben Hyperaktivität, Impulsivität, Eigensinnigkeit und Trotz, verbaler und Fremdaggression, leichter Ablenkbarkeit, niedriger Frustrationstoleranz, Wutanfällen (bei

Wunschversagen) und einem größen Bedürfnis nach Aufmerksamkeit (eingefordert durch Verhaltensweisen wie quengeln, jammern, beschimpfen) zeigen sich Kinder häufig als ungehorsam, unkooperativ, störend, ungestüm. Zudem beschäftigen sie sich vorzugsweise mit den erwachsenen Bezugspersonen und weniger mit Gleichaltrigen.

Phase 4 – Identifikation (4.–7. Lebensjahr)

Auf der Basis einer sicheren Bindung zur Bezugsperson wächst das Interesse an den anderen (Gleichaltrigen). Die Bezugsperson ist weiterhin Sicherheit gebende Orientierungshilfe. Das Kind entwickelt die Fähigkeit zum Perspektivwechsel (Theory of Mind) und damit Empathie- und Gruppenfähigkeit. Es kann zwischen Fantasie und Wirklichkeit/Realität unterscheiden. Das vorherrschende Grundbedürfnis ist die Zugehörigkeit (zur Gruppe/Gemeinschaft seiner unmittelbaren Lebenswelt/en). In dieser Phase werden Ängste und Aggressionen eher verbal geäußert. Es ist die Zeit der beginnenden intrapersonellen (Affekt-)Regulation, die zunehmend besser gelingt.

Phase 5 – Realitätsbewusstsein (8.–12. Lebensjahr)

Das vorherrschende Grundbedürfnis dieser Entwicklungs- und Lebensphase ist die Anerkennung durch andere und der Status in der Gruppe. Abwertung durch andere erzeugt Angst. In dieser Phase entwickelt das Kind zunehmend die Fähigkeit zur realistischen Einschätzung eigener Fähigkeiten und zur Einsicht und Kompromissfindung. Zudem differenziert sich die Fähigkeit zum logischen und abstrakten Denken, zum Erkennen und Verinnerlichen sozialer Regeln, und das moralische Vermögen entwickelt sich. Das Kind orientiert sich an den gesellschaftlichen, gemeinschaftlichen Regeln, Werten und Normen und richtet seine intrapersonelle (Affekt-)Regulation daran aus. Überwiegend gelingt es dem Kind nun bereits selbst, sich zu regulieren, eigene Aggressionen in konflikthaften Situationen (Frustration oder Angst durch Niederlage, Benachteiligung oder Bedrohung) zu kontrollieren.

Das Wissen über diese Phasen und Zusammenhänge ist entscheidend für eine unterstützende, sinnvolle und wirksame (heil-)pädagogische Intervention und Begleitung von Kindern mit Verhaltensauffälligkeiten (siehe Kapitel 6 & 7).

4.2 Bedeutung der Spiegelneuronen

Organismus und Umwelt bilden eine Einheit, „und die Gestaltung der zwischenmenschlichen Beziehungen entscheidet mit, ob und wie bestimmte genetische Reaktionsmuster durch Erlebnisse und Erfahrungen" (Rass 2011, S. 16) aufgenommen werden. Eine besondere Bedeutung schreibt die Hirnforschung insbesondere frühen sozio-emotionalen Prozessen zu. Diese Beziehungs- und Erfahrungsprozesse, die innerhalb eines Entwicklungsfensters, eines genetisch vorgegebenen Gestaltungsraumes stattfinden, sind für die Prägung neuronaler Strukturen (Nervenzellen) zuständig (nach Konrad Lorenz ist das die sog. „Filialprägung"; vgl. Rass 2011, S. 21). Diese Prägung ist in der Folge nur noch begrenzt rückgängig zu machen.

Die Forschung geht davon aus, dass das Gehirn ein sich selbst organisierendes System ist. Die Selbstorganisation vollzieht sich nach dem Psychologen Allan Schore im Kontext von Beziehungen. Die affektregulierende Funktion der Mutter verinnerlicht das kindliche Gehirn in umschriebenen Bereichen des Nervengewebes und zu bestimmten Zeiten der epigenetischen Entwicklung. Frühe Erfahrungen beeinflussen also die genetische Ausstattung, sie werden in der Gehirnarchitektur gespeichert (Rass 2011, S. 19f.).

> ### Beispiel für die Selbstorganisation
>
> In den ersten Wochen, Monaten und Jahren suchen Kinder immer die Nähe, den Zuspruch der nächsten Bezugsperson(en) in für sie affektiv schwer einzuordnenden Situationen. Diese Nähe spendet Trost, ermöglicht, Affekte zu regulieren, und lässt sie die Situation aushalten. Die Erfahrung, gehalten und gewiegt zu werden (durch Rhythmus und äußeren Halt den inneren Halt und das innerseelische Gleichgewicht herstellen), ermöglicht es dem Kind, im Laufe seiner Entwicklung immer selbstständiger die eigenen Gefühle wahrzunehmen, zu erkennen, Affekte zu regulieren und schwierige Situationen zu bewältigen.

Im Jahr 1996 berichtete der Physiologe Rizzolatti, wie er mit bildgebenden Verfahren Gehirnzellen visualisiert hatte, die mit Beginn des ersten Lebenstages ausschließlich die Aufgabe haben, menschliche Laute, Mimik und Gestik wahrzunehmen, sie intuitiv zu verstehen und in eigener Art zu beantworten. Die Zellen finden sich in verschiedenen Hirnarealen, zum Beispiel in den Frontallappen des prämotorischen Kortex. Diese sogenannten Handlungsneuronen speichern ganze Handlungsprogramme, es entstehen Handlungsbereitschaften. Diese Gehirnzellen sind also verantwortlich für die Fähigkeit, nachzuahmen und zu spiegeln. Die sogenannten **Spiegelneuronen** sind folglich für die frühkindliche Entwicklungsaufgabe der Anpassung (Akkomodation und Assimilation) zuständig, genauer für die Adaptionsbemühungen des Neugeborenen, die soziale Passung. Sie sind als biologische Grundausstattung vorhanden. Jedoch müssen sie – durch von Menschen gezeigte Verhaltensweisen – aktiviert werden.

Geschieht dies, werden neuronale Verbindungen weiterentwickelt, Erfahrungen aus sozialen Interaktionen und eigener Aktivität werden gespeichert und mit anderen Hirnarealen vernetzt. Genutzte Spiegelneuronen ermöglichen intuitives Verstehen von Bezugspersonen, intuitives Wissen (Voraussehen nächster Handlungsschritte) und damit Orientierung, erste Interaktionen, die Entwicklung von Nachahmungsleistungen, Spielverhalten, Aufbau von Empathie und Selbstwahrnehmung sowie die Entwicklung eines Selbstkonzepts über Spiegeln am bzw. durch das Gegenüber. Negative Gefühle hemmen die Aktivität der Spiegelneuronen.

Verschiedene Bedingungen sind notwendig, um Spiegelneuronen in Resonanz zu versetzen, zum Beispiel Blickkontakt, angemessene Beantwortung des Bedürfnisses nach Kontakt, Vermeidung von Über- und Unterstimulierung und strukturierende Reize. Letztlich sind Wahrnehmungs-, Sozial-, Kommunikations-, Spiel-, Intelligenz- und emotionale Entwicklung von der Funktionsfähigkeit der Spiegelneuronen abhängig.

> ### Fallbeispiel für die Ausbildung der Spiegelneuronen
> *Die vierjährige Anna reagiert auf Fragen, Ansprache generell oder Anregungen deutlich verzögert. Sie wirkt in ihrer emotionalen Ansprechbarkeit und Äußerungsfähigkeit wenig differenziert. In einer gemeinsamen Spielstunde kann die Heilpädagogin ähnliche Verhaltensweisen und Phänomene bei der Mutter beobachten. Sie reagiert auf Kontaktversuche ihrer Tochter deutlich verzögert und wenig empathisch oder gar nicht.*

Frühe Erfahrungen können eine lebenslange Basis für neuronale und hormonelle Reaktionen bilden. So gibt es zum Beispiel Erlebnisse, die Auswirkungen auf den Botenstoff haben, der für eine Neutralisierung des Stresshormons Kortisol verantwortlich ist, um dadurch die Stressreaktion zu bremsen. Auch wirken sich belastende Erfahrungen auf das sich in der Kindheit ausbildende Immunsystem aus und können so Einfluss auf die Gesundheit haben (Rass 2011, S. 21).

Entwicklung des Gehirns

Ein beschleunigtes Wachstum der Gehirnstruktur tritt während kritischer Reifungsperioden im Säuglingsalter auf. Es ist erfahrungsabhängig und wird von sozialen Faktoren beeinflusst. In dieser Zeit findet ein enormer Wachstumsschub des Gehirns statt – von 400 Gramm bei der Geburt auf über 1.000 Gramm im Alter von zwölf Monaten. Insbesondere das Wachstum der früh reifenden, rechten Hirnhälfte ist zu beobachten. Es ist die gleiche Entwicklungsphase, die auch die Bindungsforscher untersuchen (vgl. Rass 2011).

Der rechte Kortex ist für die emotionale Kommunikation zuständig und beim Menschen in den ersten drei Lebensjahren dominant. Die rechte Hirnhälfte ist jedoch ein Leben lang zentral an allen vitalen Funktionen beteiligt (auch Stressregulation). Die linke Hirnhälfte formt sich in den folgenden Jahren aus.

Linke Gehirnhälfte	Rechte Gehirnhälfte
▸ Sprachverständnis ▸ Sprachproduktion ▸ Lautanalytische Fähigkeiten ▸ Zuordnung von Lauten zu Buchstaben ▸ Planung und Produktion von Handlungsfolgen ▸ Begriffsbildung ▸ Innere Lesekontrolle ▸ Kontrolle der lautlichen und inhaltlichen Bedeutung ▸ Wahrnehmen zeitlicher Folgen ▸ Zeitliche Orientierung ▸ Steuerung der gesamten rechten Körperhälfte	▸ Visuelle Informationen ▸ Analyse räumlicher Zusammenhänge ▸ Raumlage ▸ Visuelle Differenzierungsfähigkeit ▸ Beachtung von Gestaltmerkmalen ▸ Räumliche Vorstellung ▸ Emotionen, gefühlhafte Interpretation von Eindrücken ▸ Sprachmelodie und allgemeines Melodieverständnis ▸ Emotionale Gestik, Mimik ▸ Fernwahrnehmung ▸ Steuerung der gesamten linken Körperhälfte

Neben belastenden und traumatisierenden Erfahrungen werden auch Bewältigungsstrategien (z. B. Gefühlsvermeidung, totaler Rückzug als Selbstschutz, Essen, Schreien, Beißen, Anklammern, Umtriebigkeit) im rechtsseitigen Erinnerungssystem eingespeichert; diese Strategien werden lebenslänglich unbewusst auch in weniger bedrohlichen Situationen abgerufen.

Beispiel für eine Bewältigungsstrategie

Bei der Fußball-Weltmeisterschaft im Sommer 2014 in Brasilien biss ein uruguayischer Spieler während eines Zweikampfes im Strafraum seinen Gegenspieler in die Schulter. Er hatte dieses Verhalten schon wiederholt in anderen Spielen gezeigt und wurde durch Spielverbote und Geldauflagen bestraft. Man könnte in diesem Verhalten durchaus eine Bewältigungsstrategie für eine extrem belastende Stresssituation sehen.

Ziel ist es, eine Möglichkeit zu finden, um „Ruhe ins Gehirn" zu bekommen. Große Erregungen führen in sogenannten Arousal-Zuständen zu einer Ausweitung, die das neuronale Netz bedroht. Von den assoziativen Bereichen der Großhirnrinde (Kortex) weitet sich die Erregung bis in tieferliegende Bereiche des affektverarbeitenden limbischen Systems und in den Hypothalamus sowie in weitere noradrenerge Bereiche aus. Körperliche Reaktionen wie Schweißausbruch, Durchfall, Herzklopfen, Atemnot treten auf. Im limbischen System werden verschiedene physische Regelkreise wie das vegetative Nervensystem, das kardiovaskuläre System, das Immun- und das Hormonsystem gesteuert und koordiniert. Gelingt diese Koordination nicht, wird das als extreme Stresssituation erlebt.

Im Falle eines potenziellen Traumas wird im Hirnstamm eine archaische „Notbremse" aktiviert. Diese hat der Mensch mit den Säugetieren gemeinsam: Erst wird mit Angriff, dann, wenn dies nicht möglich ist, mit Flucht oder Erstarren reagiert. In solchen Situationen besteht die Gefahr, dass das Kind den Bezug zu sich und der Realität verliert, aus dem Geschehen austritt. Die bedrohliche Situation kann nicht (befriedigend) gelöst, die Gefahr nicht gebannt werden. Das Kind erlebt sich als hilflos, als handlungsunfähig. Die Grundbedürfnisse nach Sicherheit, Autonomie, Selbstbestimmung, Kontrolle etc. bleiben unbefriedigt, ein Prozess, der die gesamte Entwicklung hemmt.

4.3 Rolle der Bezugsperson und der gesellschaftlichen Konventionen

Liegt für das Kind eine Extremsituation vor, kommen neben den biologischen Grundlagen und den bisher gemachten Erfahrungen die Bezugspersonen ins Spiel. Das Kind ist in einer solchen Situation hoch erregt und nicht in der Lage, seinen mentalen Zustand eigenständig zu regulieren und sein emotionales Gleichgewicht (homöostatisches Gleichgewicht) wiederherzustellen. Dafür benötigt es all seine ihm zur Verfügung stehenden regulatorischen Ressourcen. In diesen Phasen „psychischer Not", in diesem Zustand des Versuchs, sich zu reorganisieren, ist das Kind derart mit dieser Aufgabe befasst, dass es sich in dieser Zeit nicht weiterentwickeln kann.

Kinder benötigen die Gewissheit einer Sicherheit gebenden Bindung an eine konstante, vertraute Bezugsperson als „Hilfskortex". Sie kann dazu beitragen, irritierende Zustände zu verhindern oder zu beenden. Tragende, sichernde Beziehungen sind positive Erfahrung. Durch hochemotional besetzte Erfahrungen können sich tragfähige regulatorische Strukturen entwickeln. Diese können die früh geprägte Struktur zwar nicht auflösen, jedoch überschreiben und überformen. Das ist möglich aufgrund der enormen, lebenslangen Plastizität und Fähigkeit zur Reorganisation des Gehirns (Rass 2011, S. 23f.).

Fallbeispiel für die Rolle von tragenden Beziehungen in der Entwicklung

Maria ist heute 36 Jahre alt und wuchs in hochgradig dissozialen, verwahrlosten, gewalt- und suchtgezeichneten Verhältnissen als viertes von neun Kindern in einer deutschen Großstadt auf. Sie versorgte – seit sie sich erinnern kann – ihre jüngeren Geschwister und den kleinen Neffen so gut es ihr möglich war. Dabei erfuhr sie kaum Unterstützung durch

4.3 Rolle der Bezugsperson und der gesellschaftlichen Konventionen

> *Kindergarten, Schule, Jugendamt oder Polizei, die immer wieder gerufen wurde, weil die stark alkoholisierten Eltern aufeinander und die Kinder losgingen.*
> *In der Familie ihrer besten Freundin fand sie als Kind Menschen, die ihr zuhörten, zu essen und zu trinken gaben, ein warmes Bad und saubere Kleidung. Maria verweigerte den Schulbesuch, erlebte Missbrauch, stahl, log und lebte in Abrisshäusern ihrer Heimatstadt. Mit etwa 16 Jahren lernte sie einen Jungen kennen, mit dem sie seit zehn Jahren verheiratet ist, „schwere und gute Zeiten" erlebte, zwei Kinder großzieht und – anders als ihre Geschwister, die sie als „gescheiterte Existenzen", drogen- und alkoholabhängig beschreibt – ein „normales" Leben führt.*

Jede Schwellensituation im Leben eines Menschen (Geburt, Lösen aus der Dyade mit der Mutter, Trotzphase, Eintritt in Kindergarten etc.) kommt einer normativen Krise gleich. In dieser erweitern sich Entwicklungsfenster und ermöglichen neue Verschaltungsmuster – auch über die Phase der frühen Kindheit hinaus (am bedeutsamsten in der Phase um das vierte Lebensjahr und in der Pubertät).

In der frühen Kindheit werden nicht kognitive Gehalte kommuniziert, sondern stark affektbegleitete Bindungskommunikationen. Eine abgestimmte psychobiologische Kommunikation mit der Bezugsperson vermittelt dem Kind Sicherheit.

Beispiel für die Rolle der Erzieherin als Bezugsperson

Die 37jährige Erzieherin Karla erzählt: „Neben meiner Familie gab es eine sehr wichtige erwachsene Person in meiner Kindheit. Ich weiß nicht mehr im Einzelnen, was meine Erzieherin im Kindergarten, den ich seit meinem dritten Lebensjahr besuchte, mit mir gespielt oder gebastelt hat, oder was sie gesagt hat. Doch spüre ich sie noch heute als stärkende Kraft in mir. Bei ihr fühlte ich mich sicher, verstanden und angenommen. Sie hat mich spüren lassen, was ich kann und wert bin."

In der präverbalen Kommunikation wird die starke Wechselwirkung deutlich zwischen Körper, Psyche und sozialer Umgebung, die die Entwicklung zum Erwachsenen bestimmt. Zur präverbalen Kommunikation gehören Blickverhalten, Mimik, Gestik, Habitus, Auftauchen von (Übersprungs-)Handlungen, Geschwindigkeit der Bewegungen, Stimmfärbung, Ton und Volumen der Stimme, Muster und Tempo des Gesagten (Prosodie) sowie körperliche Veränderungen (Atemfrequenz).

Aufgrund der Ausdifferenzierung der emotionalen und kognitiven Fähigkeiten verändert sich die psychische Organisation in den ersten Lebensjahren (bereits innerhalb des ersten Lebensjahres) stetig und wächst rasant. Die Erregungszustände eines Säuglings, eines

Kindes in der Trotz- oder Vorschul- bzw. Schulphase sind durch andere Affekte und Empfindungen begleitet als die eines pubertierenden Heranwachsenden.

Anforderungen an die Bezugsperson

Eine wichtige Anforderung im Umgang mit (hoch-)belasteten Kindern ist zum einen eine zuverlässige, einfühlsame und stützende Bezogenheit auf das Kind und zum anderen ein empathisches Reagieren auf phasenabhängige, unterschiedliche Beziehungs- und Entwicklungsbedürfnisse des Kindes. Dafür benötigt die Bezugsperson die Fähigkeit zu Achtsamkeit und Feinfühligkeit (siehe auch Kapitel 4.4 und 7.1), um die Bedürfnisse und Signale des Kindes aus seiner Perspektive wahrnehmen und deuten zu können sowie angemessen darauf zu reagieren, ohne Über- oder Unterforderung zu erzeugen. Diese Reaktion muss unmittelbar – innerhalb einer für das Kind tolerierbaren Frustrationszeit – erfolgen. Die Frustrationszeit ist im Säuglingsalter sehr kurz, verlängert sich aber im Laufe des Lebens (vgl. Rass 2011, S. 37).

Aus diesen Erfahrungen der Bezugsperson-Kind-Interaktion entstehen Bindungen. Mary Ainsworth verfasste die wohl bekannteste und in pädagogischen Disziplinen gängige Definition und Klassifikation verschiedener Bindungstypen:

> ### Bindungstypen (nach M. Ainsworth)
> - sicher gebundene Kinder
> - unsicher-vermeidend gebundene Kinder
> - unsicher-ambivalent gebundene Kinder
> - unsicher-desorganisiert/desorientiert gebundene Kinder

Die Qualität der Bindung ist also abhängig von den kindlichen Erfahrungen. Sicher gebundene Kinder (ca. 60 Prozent nach den Ergebnissen der Bindungsstudien) reagieren auf emotionale Belastungen mit einer größeren psychischen Widerstandsfähigkeit (Resilienz) als unsicher gebundene Kinder. Etwa 20 Prozent der Kinder zeigen Verhaltensweisen, die auf eine hohe Belastung meist in den ersten Lebensjahren und eine Irritation in stärkenden, sichernden Bindungsmustern hinweisen. Resilienz ist somit nicht nur genetisch disponiert (siehe auch Kapitel 2.1). Ihre Entwicklung ist nach Brooks und Goldstein maßgeblich von einfühlsamen regulierenden Interaktionen zwischen den verlässlichen Bezugspersonen und dem Kind abhängig (vgl. Rass 2011, S. 37). Unsicher gebundene Kinder hingegen reagieren mit beziehungsvermeidendem (aggressivem oder Rückzugs-)Verhalten oder zeigen Abhängigkeitsverhalten (klammern angstvoll an Beziehungen). Sie reagieren auf Abgrenzungsversuche mit Panik.

Diese personale Grundverfassung des Menschen spiegelt sich in den Erkenntnissen der Entwicklungspsychologie und Bindungsforschung wider. Daraus wird deutlich, dass die akzeptierende Zuwendung der Mutter oder entsprechender Bezugspersonen die Voraussetzung für eine gesunde seelische Entwicklung des Kindes darstellt (vgl. Flosdorf 2009).

Der Mensch will „angesprochen" sein: Aus dem Bedürfnis, in einen Dialog mit seinem Gegenüber zu kommen, entwickeln sich Sprache und Kommunikation. Im Dialogischen Prinzip Martin Bubers (1979) bekommt Leben einen Sinn. Erst in realen Begegnungen entwickelt sich der Mensch. In einer inneren und äußerlichen Isolation ohne menschliche Begegnung verflacht er, Depression kann folgen. Dieser isolierte Zustand wird heute oft überdeckt von Animation und Dauerbeschallung der modernen Event- und Unterhaltsgesellschaft bzw. dem steten Vernetztsein. Das reicht mittlerweile auch in die Lebensbereiche von Kleinkindern hinein (siehe auch Seite 35).

Der Mensch muss und möchte berührt, geachtet und angenommen sein und muss seinerseits berühren (dürfen). In der direkten Begegnung mit dem anderen lernt er sich selbst kennen: „Der Mensch wird am Du zum Ich" (Martin Buber). Das Kind entwickelt in der Auseinandersetzung mit seiner personalen und dinglichen Welt seine Persönlichkeit und die Fähigkeiten, die es zur Bewältigung seiner Lebensaufgaben benötigt.

Die Rolle eines positiven Selbstkonzepts

Bedeutsame Fähigkeiten zur Bewältigung der Lebensaufgaben sind u.a. die Fähigkeit zur Konzentrations- und Aufmerksamkeitslenkung, Triangulierungs- und Kommunikationsfähigkeit, Regelverständnis, Strukturierungsfähigkeit, Anstrengungsbereitschaft, Konfliktfähigkeit und Frustrationstoleranz. Diese Fähigkeiten entwickeln sich auf der Basis und sind Ergebnis eines **positiven Selbstkonzepts**.

Das Selbstkonzept setzt sich aus zum Teil sehr unterschiedlichen, mitunter scheinbar kaum in Beziehung stehenden Aspekten zusammen. Es ist nach aktuellen Erkenntnissen ein mehrdimensionales, differenziert und hierarchisch organisiertes Gefüge (vgl. Lohaus & Vierhaus, 2010, S.183). Im Verlaufe der Entwicklung eines Menschen (von der frühsten Kindheit bis ins Erwachsenenalter) differenziert sich das Selbstkonzept immer weiter aus und weist mit steigender Hierarchieebene eine immer höhere Stabilität auf.

Diese Mehrdimensionalität, der hierarchische Aufbau und die altersabhängige Ausdifferenzierung veranschaulichten Shavelson und Kollegen bereits im Jahr 1976 in ihrem **Hierarchischen Selbstkonzeptmodell** (ebd., S. 184):

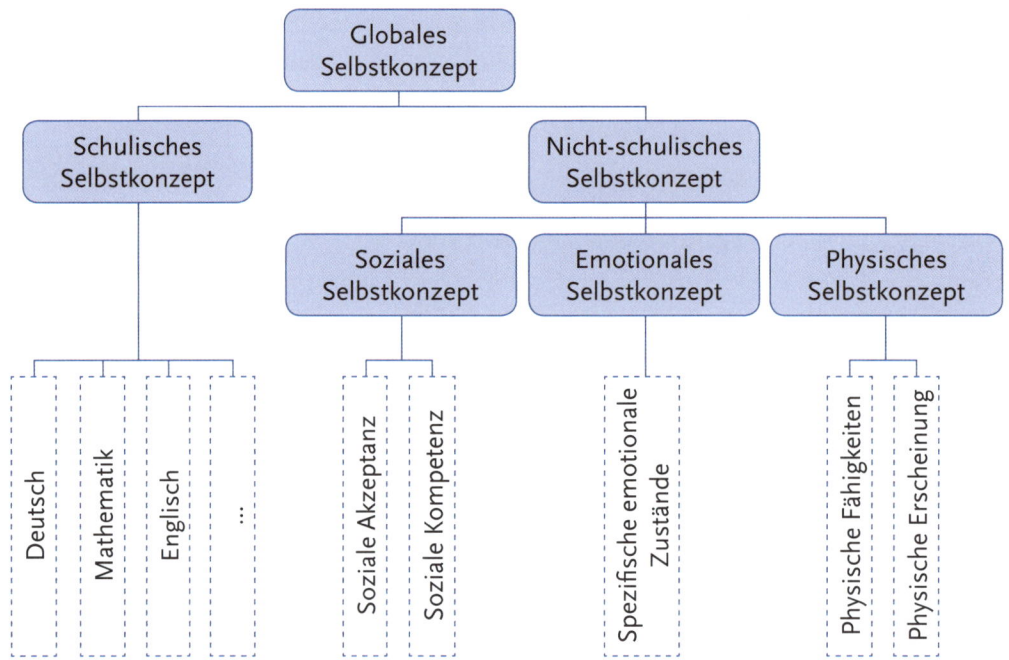

Abbildung 13: Die hierarchische multidimensionale Struktur des Selbstkonzepts und seiner Facetten nach Shavelson et al. (1976)

Das **Selbstkonzept** stellt die Gesamtheit der Annahmen dar, die ein Mensch über sich selbst hat, wie er sich selbst wahrnimmt, einschätzt und bewertet. Dabei lassen sich zwei Komponenten unterscheiden:
- die kognitive Komponente = Selbstbild
- die affektive/bewertende Komponente = Selbstwertgefühl

Das Selbstkonzept ist die **Summe der Erfahrungen** einer Person über sich selbst („kognitive Repräsentation") und wird in ihrer Fähigkeit, sich angemessen mit den Bedingungen und Anforderungen des Lebens auseinanderzusetzen, erkennbar. Es ist grundsätzlich veränderbar, weist dennoch eine grundlegende Konstanz, eine Stabilität auf. Das Selbstkonzept beeinflusst das Denken, Fühlen und Handeln eines Menschen. Der Mensch wiederum erfährt in Handlungssituationen etwas über sich. Selbstkonzept und Handlung stehen also in Wechselbeziehung zueinander.

Die **Entstehung des Selbstkonzepts** ist dem Menschen in aller Regel nicht bewusst. Sie beruht auf der Verarbeitung umfangreicher Informationen über die eigene Person. Es ist ein sehr komplexes, aber geordnetes (hierarchisch strukturiertes) Gebilde, dass der Mensch sich
- aus der Interaktion mit seiner Umwelt (Auseinandersetzung mit der personalen und materialen Umwelt sowie mit Erwartungen, die von der Umwelt an das Kind herangetragen werden) und

4.3 Rolle der Bezugsperson und der gesellschaftlichen Konventionen

- aufgrund der verarbeiteten Erfahrungen und Informationen (eigene Interpretationen und Rückmeldungen durch die Umgebung) über die eigene Person unabsichtlich konstruiert.
- Der Mensch greift im Prozess der **Entwicklung seines Selbstkonzepts** auf folgende unterschiedliche Informationsquellen zurück
- Informationen über die Sinnessysteme (das sensorische „Selbst")
- Erfahrungen der Wirksamkeit der eigenen Handlungen, des eigenen Verhaltens
- Vergleichen und Messen mit anderen
- die Zuordnung von Eigenschaften durch andere

Das Selbstkonzept hat stets motivationale Auswirkungen. Je höher ein Mensch seine Fähigkeiten einschätzt, desto größer ist auch seine Überzeugung, eine Situation unter Kontrolle zu haben und sie gegebenenfalls verändern zu können. Das Selbstkonzept besteht aus generalisierten Überzeugungen. Das bedeutet, dass es auf die allgemeine Einschätzung der eigenen Person bezogen ist, nicht nur auf bestimmte Fähigkeiten oder einzelne Bereiche.

Der **Aufbau des Selbstkonzepts** ist wesentlich beeinflusst durch emotionale Wahrnehmungen und soziale Erfahrungen und erfolgt in aller Regel über die Schritte:
1. Selbstwahrnehmung
2. Selbsteinschätzung
3. Selbstbewertung

Jeder Mensch macht fortlaufend mit sich und über die eigene Person Erfahrungen. Dabei sind jedoch nur Erfahrungen bedeutsam, die für die Person eine **emotionale Relevanz** haben. Bei Kindern sind insbesondere emotionale und körperliche/motorische Fähigkeiten bedeutsam für den Prozess der Selbstwahrnehmung und Selbstbewertung. Nicht zuletzt, weil für die Selbstbewertung die Bezugsnorm, die sich am sozialen Vergleich orientiert, bedeutsam ist, müssen diese Erkenntnisse in der (heil-)pädagogischen Arbeit Berücksichtigung finden.

Einstellungen und Verhaltensweisen bei unterschiedlichen Selbstkonzepten

Positives Selbstkonzept	Negatives Selbstkonzept
▶ Erfolgserwartung ist eher hoch	▶ Erfolgserwartung ist eher gering
▶ Bei Misserfolgen keine zu schnelle Entmutigung und Aufgabe, hohe Frustrationstoleranz	▶ Unangemessen empfindliche Reaktion bei Kritik oder Misserfolg, geringe Frustrationstoleranz

Positives Selbstkonzept	Negatives Selbstkonzept
▶ In aller Regel große Energie bei neuen Aufgaben	▶ Neue Herausforderungen werden als bedrohlich erlebt (Handlungsblockierung, Vermeidungsverhalten)
▶ Erfolge werden als Ergebnis der eigenen Anstrengung und Leistungsfähigkeit bewertet (Bestätigung)	▶ Misserfolge werden als Beweis für das eigene Unvermögen bewertet
▶ Misserfolge werden eher als „Zufall oder Pech" angesehen	▶ Erfolge werden nicht sich selbst zugeschrieben, sondern als „Zufall oder Glück" verstanden

Ein positives Selbstkonzept äußert sich zum Beispiel in der Überzeugung, unbekannte und schwierige Anforderungen bewältigen, Aufgaben meistern und ein gewisses Maß an Kontrolle über die Situation haben zu können. Die eigenen Möglichkeiten, Fähigkeiten und Kompetenzen werden positiv eingeschätzt. Diese Sicht ist nicht unbedingt ein realistisches Abbild der tatsächlichen Fähigkeiten und Fertigkeiten, sondern entsteht aus der subjektiven Bewertung der eigenen Handlungen und Begabungen. Die Einschätzung der eigenen Fähigkeiten kann demnach zu einer **„sich selbst erfüllenden Prophezeiung"** werden.

Kinder mit auffälligem Verhalten, Verhaltensauffälligkeiten, Verhaltensstörungen/psychischen Störungen oder Entwicklungsauffälligkeiten/-störungen haben in aller Regel häufig die Erfahrung von Misserfolgen gemacht. Diese Erfahrungen bergen die Gefahr, dass ein **negatives Selbstkonzept** aufgebaut wird, und die Kinder dann dazu neigen, unangemessene Verallgemeinerungen zu treffen, sich zurückzuziehen oder um ihr emotionales „Überleben" zu kämpfen.

„Gelernte Hilflosigkeit entsteht dann, wenn Personen auf nichtkontrollierbare Situationen oder Ereignisse treffen, wenn sie keine Möglichkeit haben, das Ereignis oder die Situation zu beeinflussen. Wiederholen sich diese Erfahrungen, dann besteht die Gefahr der Generalisierung, d.h. die Person wird (d. Verf.) kontrollierbare Ereignisse als (d. Verf.) unkontrollierbar erleben (d. Verf.). Sie baut eine generalisierte Erwartung der Nicht-Kontrollierbarkeit von Ereignissen durch eigenes Verhalten auf, sie lernt Hilflosigkeit" (vgl. Zimmer 2019, S. 50ff.).

Dagegen sind Erfahrungen von **Selbstwirksamkeit** ein zentraler Faktor für den Aufbau eines positiven Selbstkonzepts. Es geht darum,
- ▶ selbst etwas bewirken und verändern zu können,
- ▶ über eine Situation Kontrolle zu haben (**Selbstkontrolle**),
- ▶ sich kompetent zu fühlen und
- ▶ mittels eigenen Handelns Einfluss auf die materiale und/oder soziale Umwelt nehmen zu können.

Selbstwirksamkeitsüberzeugungen können für das Gelingen/Bewältigen einer Aufgabe entscheidender sein als die objektiven Leistungsvoraussetzungen und haben einen stark motivierenden Effekt.

Wie kann der Aufbau eines positive(re)n Selbstkonzepts unterstützt werden? Der wichtigste und erste Schritt zur Stabilisierung des Selbstkonzepts und des Selbstwertgefühls besteht darin, für das Kind eine Atmosphäre der Sicherheit zu schaffen und ihm unbedingte Anerkennung und Wertschätzung zukommen zu lassen. Veränderungen des Selbstkonzepts treten nur dann ein, wenn der Erfolg als selbst bewirkt erlebt und wahrgenommen wird. Eine wesentliche Voraussetzung besteht darin, Situationen und Handlungsspielräume zu schaffen, in denen das Kind selbst aktiv werden kann und das Bedürfnis nach Selbstwirksamkeit und Kontrollüberzeugung bestärkt wird. Darüber hinaus sind folgende Faktoren förderlich für die Entwicklung eines positiven Selbstkonzepts:

- Unterstützung beim Erkennen eigener Stärken und Vorzüge
- Bewusstmachen und Rückmeldung => Könnenserfahrungen werden ermöglicht
- Gelegenheit, durch eigene Handlungen Veränderungen zu bewirken
- Erleben von Eigenaktivität und Selbstständigkeit, Kompetenz => Erfahrung, dass das Kind selbst Verursacher seiner Handlungen, ein positiver Effekt auf die eigene Anstrengung zurückzuführen ist
- Erfahren von Wertschätzung und Akzeptanz (unabhängig von Leistung)

„Selbstkonzepte positiver und negativer Art entstehen […] nicht im `luftleeren` Raum, sondern in der ständigen emotionalen Auseinandersetzung zwischen Individuum und Umwelt im Lebenskontext" (Eggert & Reichenbach in: Möllers 2006, S. 95). Hier wird noch einmal die Bedeutung der ganzheitlichen Betrachtung des Kindes, seines Lebensweltbezuges, einer guten und gelingenden Zusammenarbeit mit Eltern und weiteren Bezugspersonen sowie die Vernetzung durch interdisziplinäre Zusammenarbeit aller an der Begleitung des Kindes beteiligten Professionen und der sensiblen Analyse der Bedarfe des Kindes und seiner Bezugssysteme augenscheinlich.

Rolle gesellschaftlicher Konventionen

Ein zentraler Begriff im Zusammenhang mit den beinflussenden gesellschaftlichen Konventionen ist der des Kindeswohls. Das Familienrecht, insbesondere das Kindschaftsrecht, das im 4. Buch des Bürgerlichen Gesetzbuches (BGB) geregelt ist, spielt eine wesentliche Rolle, ohne dass dort das Kindeswohl jedoch genau definiert wird. Auch die UN-Kinderrechtskonvention von 1989 gibt eine normative Orientierung vor. Mit der Ratifizierung dieser Deklaration erhielten Kinder erstmals in der Weltgeschichte einen eigenen rechtlichen Status, nachdem sie bis dahin als Eigentum ihrer Eltern bzw. Familien oder der herrschenden Gesellschaft galten.

Neben „dem normativen Bezug auf grundlegende Rechte von Kindern ist eine Orientierung an grundlegenden kindlichen Bedürfnissen (basic needs) notwendig" (Maywald 2013,

S. 33). Der US-amerikanische Kinderarzt S. Berry Brazelton und der Kinderpsychiater Stanley I. Greenspan definieren folgende Faktoren als die wesentlichen Grundbedürfnisse von Kindern (ebd., S. 34ff.) – und zwar das Bedürfnis nach
- beständigen, liebevollen Beziehungen,
- körperlicher Unversehrtheit und Sicherheit,
- individuellen und entwicklungsgerechten Erfahrungen,
- Grenzen und Strukturen,
- stabilen und unterstützenden Gemeinschaften und
- einer sicheren Zukunft für die Menschheit.

> ## Prinzipien im pädagogischen Umgang mit Kindern
>
> Aus diesem Verständnis und den grundlegenden Menschenrechten erwachsen vier wesentliche Prinzipien im pädagogischen Umgang mit Kindern (vgl. Maywald 2013, S. 89):
> - Prinzip der Universalität der Kinderrechte
> - Prinzip der Unteilbarkeit der Kinderrechte
> - Prinzip der Kinder als Träger eigener Rechte
> - Prinzip der Erwachsenen als Verantwortungsträger

Daraus entsteht und darauf basiert der Erziehungs- und Bildungsauftrag für Eltern, Pädagoginnen und und Pädagogen.

Gesellschaftlicher Bildungsauftrag

Der ursprüngliche Auftrag für Bildungseinrichtungen wie Schule und Kindergarten in modernen Industrieländern war der Aufbau von Fertigkeiten und der Erwerb von Kulturtechniken. Zugleich sollten Defizite ausgeglichen werden, die die Chance auf Bildung in eben diesen Bereichen verhinderten und die sich aus den unterschiedlichen Bedingungen und Möglichkeiten elterlicher Erziehung und gesellschaftlicher Zusammenhänge ergaben. Heute gibt es neue, weitere Schwerpunkte der Pädagogik, nämlich die Entwicklung primärer Kompetenzen; damit sind gemeint: Neugier, Interesse, Beziehungs- und Kommunikationsfähigkeit, Gemeinsamkeit und Gemeinschaftssinn, Kreativität, Beweglichkeit in physischen und mentalen Bereichen, die Fähigkeit, Bindung aufzubauen, Empathiefähigkeit, Verantwortungsgefühl oder Verständnis gegenüber Andersartigkeit bzw. dem Anderen.

Mitunter stehen dem Ziel, dem jungen Menschen zu ermöglichen, eine „autonome Persönlichkeit" zu entwickeln, herrschende Konventionen, Strukturen, Vorstellungen und Erwartungen (auch an kindliche Kompetenz), Sorgen und Belastungen der Erwachsenenwelt

4.3 Rolle der Bezugsperson und der gesellschaftlichen Konventionen

gegenüber. Erziehung, also die Begleitung eines Kindes auf seinem Lebensweg, bedeutet, ein Gleichgewicht zu finden zwischen Egozentriertheit und Sozialität. Dafür bedarf es der Fähigkeit zu Stress- und Fehlertoleranz, Feinfühligkeit, Flexibilität und dialogisches Durchsetzungsvermögen. Der englische Schriftsteller und Lyriker John Donne (1572–1631) fragte bereits im 17 Jahrhundert: "Wenn Erziehung die Kanten nimmt, nimmt sie dann auch die Identität?" (vgl. Schmidt 2019)

> ### Fallbeispiel Renée II
> *(aus dem Beispiel aus Kapitel 2.4, Seite 53),*
> *heute 15 Jahre alt, antwortete auf die Frage, wie sie Kindheit und Jugend, v.a. ihre Schulzeit im Heute erlebt, in einem Gedicht (3/2020):*
> *Kind sein – Fehler in der Datenbank!*
> *Roboter – seit 10 Jahren auf dem Fließband.*
> *Datenspeicher: Kindheitserinnerungen freigegeben –*
> *Faktisches Wissen installiert.*
> *Made in school! Kind-sein?*
> *Kein Platz im Programm von Dämonen programmiert.*
> *Liebe, Freude, Hoffnung – Positives zu leben – kein Empfang!*
> *Flüssigkeiten, Pulver, Tabletten – Weg in die Kindheit zurück gegangen?*
> *Festgenagelt wie jeder Draht im Gehirn. Am Fließband produziert.*
> *Zugeschweißt, verschlossen, identifiziert.*
> *6-7 Jahre ließ man Robotern, Emotionen zu empfangen – ausradiert in Sekundenschnelle.*
> *Mit 10 neuestes Produkt, mit 15 Schrott.*
> *Gestern als Historie, heute Fabrik, morgen (nächster Schultag) Hölle.*

Wie lässt sich dieses Erleben, diese Entwicklung erklären?

Kindheit heute ist sehr komplex: Das Aufwachsen in unserer Gesellschaft, in einer Welt der Globalisierung, stellt für alle Beteiligten eine große Herausforderung dar. Das liegt unter anderem auch an der Vielfalt der Werte, Normen und kulturellen Gesetzmäßigkeiten sowie an der großen gesellschaftlichen Heterogenität. Gesellschaftliche Heterogenität sowie unklare oder fehlende Strukturen können zu Irritationen und Orientierungslosigkeit führen. Das wiederum erschwert Entwicklung, insbesondere im Bereich der Emotionalität und Soziabilität. Ein positives Selbstkonzept (siehe Seite 79 ff.) mit innerer Kontrollüberzeugung und dem Gefühl von Selbstwirksamkeit, von Sinnhaftigkeit und Handlungsfähigkeit, kann dabei verloren gehen.

Mit Blick auf die demokratische Gesellschaft und ihre Grundsätze sind ganz bestimmte Grundhaltungen und Fähigkeiten der Bürgerinnen und Bürger notwendig. Demokratie gründet auf Grundwerten wie Menschenwürde, Toleranz und Akzeptanz, Gemeinschaft, Kooperation und Freiheit. Da die Freiheit des einen die Freiheit des anderen dabei nicht verletzen darf, bedarf es Regeln, die das Miteinander der Menschen, die Grenzen und das Recht auf Individualität schützen (vgl. Pfeffer 2012, S. 16).

> **Ziel des gesellschaftlichen Bildungsauftrags**
>
> Um demokratisch handlungsfähig zu sein, muss der Mensch im Laufe seiner Entwicklung vielfältige Fähigkeiten und Fertigkeiten, insbesondere im Bereich sozial-emotionaler Kompetenz (siehe Seite 68 f.), ausgebildet haben. Der Erwerb dieser sogenannten Basisfähigkeiten stellt eine grundlegende Entwicklungsaufgabe in der Kindheit dar. Die Basisfähigkeiten sind wesentliche Voraussetzungen für die Lebens- und Alltagsbewältigung.

4.4 Heilpädagogische Beziehungsgestaltung

Das menschliche Miteinander gestaltet und realisiert sich in Beziehungen. Aus diesem Grund müssen Auffälligkeiten, die aus „dysfunktionalen" Einstellungen und Beziehungen resultieren, ergründet werden, um eine Verständigungsgrundlage für Veränderungen schaffen zu können. Hierbei können pädagogische und therapeutische Mittel zur Unterstützung dienen.

Eine Beziehung ist erst dann authentisch und stimmig, wenn der andere erfährt, wer ich bin. Dazu genügt es nicht, den professionellen Schein eines eindimensional kommunizierten Verständnisses und gespielter Freundlichkeit aufzusetzen, sondern es muss die Bereitschaft vorhanden sein, sich in seiner ganzen Person einzubringen (vgl. Flosdorf 2009, S. 12).

Die heilpädagogische Beziehungsgestaltung realisiert sich in der differenzierten Selbst- und Fremdwahrnehmung sowie in Prozessen der Wechselseitigkeit. Das heißt, die (Heil-)Pädagogin bzw. der Pädagoge ist Medium der (heil-)pädagogischen Intervention. Sie oder er wirkt durch die eigene Person auf das Kind, das Kind wiederum wirkt mit seinen gegebenen Voraussetzungen auf die (Heil-)Pädagogin bzw. den Pädagogen.

„Beziehung ist Gegenseitigkeit" (Buber nach Flosdorf 2009, S. 18). Dies zeigt sich im Handeln. Im Aufeinanderbezogensein von Ich und Du verwirklicht sich der Mensch und entfaltet und differenziert sich seine Seele (vgl. Flosdorf 2009, S. 18).

(Heil-)Pädagogisches Handeln vollzieht sich in „zutiefst menschlichen Begegnungen" (Köhn 2002, S. 27). Diese Begegnungen zu gestalten, fordert zum Dialog heraus und findet sich etwa im **Dialogischen Prinzip** Martin Bubers (siehe auch Seite 79), das auf Akzeptanz und Wertschätzung beruht und sich in der Auseinandersetzung mit dem Gegenüber durch Anerkennung und Bestätigung verwirklicht (vgl. Köhn 2001, S. 241; Buber 1979).

4.4 Heilpädagogische Beziehungsgestaltung

Das Handeln in heilpädagogischen Beziehungen basiert auf Menschenliebe und auf der Liebe zum Leben; es fußt auf einer Berufsethik, die auf personaler Mitverantwortung und menschlicher Zuwendung gegründet ist. Die heilpädagogische Haltung ist eine subjektorientierte und individuumzentrierte Haltung. Das Fundament heilpädagogischen Handelns ist die Beziehungsgestaltung, sie ist somit Voraussetzung für die Erziehung unter erschwerten Bedingungen. Zudem ist sie Hilfe bei der Entwicklung vom Ist- zum Soll-Zustand und der Identität des erziehungsbedürftigen Menschen. Die heilpädagogische Beziehung wird nicht allein in individualisierender Einzelsituation, sondern auch in der spezifischen Kleingruppe und in der Lebensgruppe im heilpädagogischen Milieu gestaltet (vgl. Kapitel 3.2).

> ### (Heil-)Pädagogische Beziehungsgestaltung
> Unabhängig davon, ob es sich um ein Kind mit oder ohne Beeinträchtigung, Behinderung oder Verhaltensauffälligkeit handelt, ist die (heil-)pädagogische Beziehung immer durch vier Aspekte gekennzeichnet:
> 1. Alles, was innerhalb des Begleitungsprozesses bzw. des (heil-)pädagogischen Handelns geschieht, geschieht um des Kindes Willen.
> 2. Das (heil-)pädagogische Verhältnis ist ein Verhältnis der Wechselwirkung.
> 3. Das (heil-)pädagogische Verhältnis kann nicht erzwungen werden.
> 4. Das (heil-)pädagogische Verhältnis ist altersentsprechend bzw. entwicklungsgemäß zu gestalten.

Köhn (2001) nennt folgende Aufgaben und Angebote einer solchen personalen heilpädagogischen Beziehung: äußerer und innerer Halt, Vertrauen, Empathie, Offenheit und Spontaneität, Permissivität – bezüglich der individuellen Zielbestimmung – sowie schließlich Interdependenz, also eine gegenseitige Abhängigkeit im Sinne ausgleichender Gerechtigkeit.

Insbesondere in der Arbeit mit (hoch-)belasteten Kindern zeigt sich das Spannungsfeld zwischen Aushalten, bedingungsloser Annahme, Zugewandtheit und Konfrontation in den geeigneten Interventionen in der heilpädagogischen Beziehungsgestaltung. Die verschiedenen Handlungsmöglichkeiten werden im Anhang differenziert zusammengefasst (siehe Seite 177).

Real- und Übertragungsbeziehung

Da die heilpädagogische Beziehung auf Entwicklungsförderung ausgerichtet ist, „reflektiert die Heilpädagogin bzw. der Heilpädagoge neben den körperlichen und geistigen Fähigkeiten des Menschen vor allem auch die innerseelisch dynamischen Faktoren der bewussten und unbewussten Selbststeuerung" (Köhn 2001, S. 31). Dies geschieht „auf dem Hintergrund der Real- und Übertragungsbeziehung", damit

1. mögliche innere Konflikte, Widerstände und Abwehrhaltungen des Menschen erkannt und bearbeitet werden können,
2. das rein reaktive Erlebens- und Verhaltensmuster aufgelöst wird sowie
3. alternative Lösungen gefunden werden können, um die Möglichkeit für eine stabilere Identität zu schaffen.

Real- und Übertragungsbeziehung sind Formen der Beziehungsgestaltung und der Auseinandersetzung mit dem Gegenüber. Die **Real-Beziehung** ist die seinem Alter und seinen Möglichkeiten entsprechende Beziehung eines Menschen zu seinem Gegenüber, in der sich der Mensch mit seiner gegenwärtigen Situation auseinandersetzt, um für sich einen Lebens- und Weltbezug herzustellen. In der **Übertragungsbeziehung** werden vergangene (frühkindliche) Haltungen, Gewohnheiten, Beziehungs- und Verhaltensmuster reaktiviert, die sonst verdrängt und unterdrückt (aus Angst vor Liebesentzug) oder besonders stark nach außen abgewehrt werden mussten. „Dadurch kommt es zu einer Wiederbelebung unbewusster Konflikte (Komplexe). Dabei wird die Heilpädagogin, der Heilpädagoge als Funktionsträger mütterlicher und/oder väterlicher Verhaltens- und Erlebensweisen angesehen und erlebt, so wie diese vom Kind introjiziert [unangepasst aufgenommen] wurden" (Köhn 2002, S. 32f.).

Beziehung lebt von Wahrnehmung und Mitteilung. Sie sind die beiden Grundachsen, auf denen sich menschliche Beziehung gestaltet, entwickelt und aufbaut. Wahrnehmen ist das vorurteilsfreie Aufnehmen dessen, was durch die Sinne in die Person kommt, und dessen, was in ihr geschieht. Dies setzt sensible Offenheit und bewusste Aufmerksamkeit (= Achtsamkeit) voraus für das, was sich im Erleben und Verhalten des Gegenübers und der eigenen Person (in der Interaktion) ereignet. Diese Prozesse wirken wiederum jeweils aufeinander.

Eine Möglichkeit, die Wahrnehmung und Aufmerksamkeit zu verbessern, ist die Arbeit mit dem **Bewusstheitsrad.** Ziel dabei ist es,
▶ Selbstbewusstheit zu verbessern,
▶ Selbstinformation kompetent auszudrücken,
▶ Selbstverantwortung zu übernehmen (anstelle von Überverantwortlichkeit und Unterverantwortlichkeit).

4.4 Heilpädagogische Beziehungsgestaltung

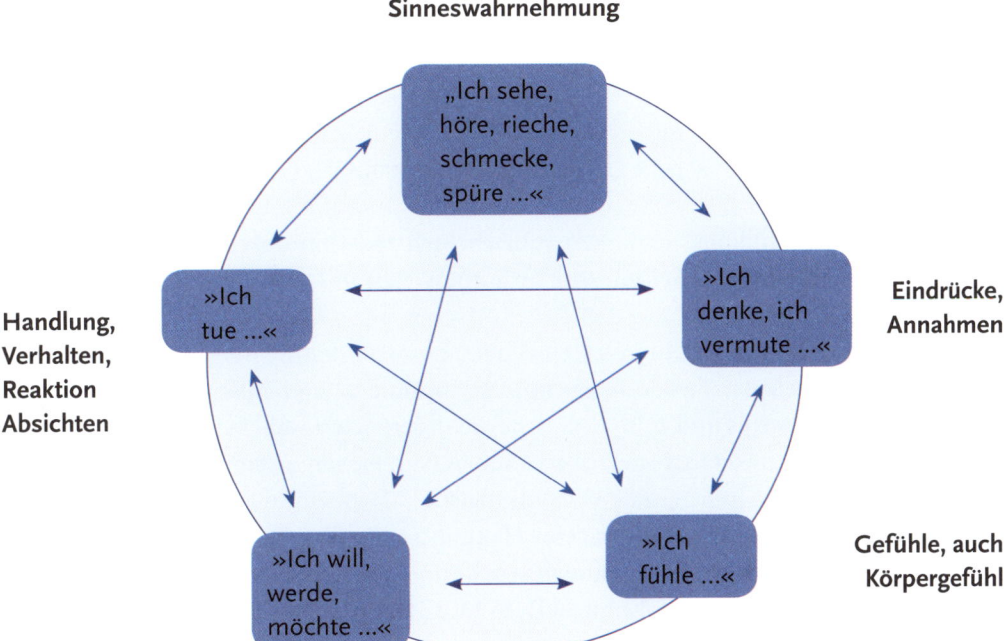

Abbildung 14: „Bewusstheitsrad" (nach MCCP – Minnesota Couples Communications-Program, Köhn 2002, S. 503)

Für die Erzieherin oder den Erzieher kann das **Bewusstheitsrad im Alltag auf drei Ebenen bei der Selbstreflexion hilfreich sein.**

- **Beim institutionellen Rahmen und bei der interdisziplinären Zusammenarbeit:** Welche Aufgaben habe ich innerhalb meines Teams/meiner Institution? Wie bin ich dort eingebunden? Welche Erwartungen/Anforderungen werden an mich gestellt? Kann und will ich diese erfüllen? In welchem Umfang und auf welche Weise kann und will ich sie erfüllen? Was benötige ich, um sie erfüllen zu können? Welche Möglichkeiten des kollegialen Austauschs/der Fallberatung und (Team-)Supervision sind gegeben? Welche Bedürfnisse und Anliegen haben die anderen? Wie wird die Aufnahme eines Kindes/der Familie in die Einrichtung gestaltet? Gibt es einen Kontakt/eine Zusammenarbeit mit der vorhergehenden Institution (Tagesmutter/Kinderkrippe/Kindergarten etc.)?
- **Bei der Zusammenarbeit mit Eltern:** Wie gestaltet sich die Zusammenarbeit mit den Eltern/Bezugspersonen des Kindes? Wie häufig und welcher Art sind die Kontakte zu den Eltern (Tür-und-Angelgespräche, Elterngespräche, telefonischer Kontakt, Förderplan- oder Hilfeplangespräche)? Ist die (punktuelle) Anwesenheit in der pädagogischen Begleitung des Kindes in der Einrichtung sinnvoll, notwendig, möglich, nicht möglich oder unerwünscht? Von wem (nicht) erwünscht? Welche Erwartungen und Wünsche haben die Eltern an mich/an meine Arbeit/an die Begleitung ihres Kindes? Wurden diese Anliegen deutlich und verständlich geäußert? Wie verstehe ich sie? Welche Erwartungen habe ich an die Eltern?

▶ **Bei der Zusammenarbeit mit dem Kind:** Wie nimmt das Kind zu mir Kontakt auf, wie ich zu ihm? Wie verhält sich das Kind (zu mir), wie ich zu ihm? Was ist mir im Interaktions-/Beziehungsprozess mit dem Kind wichtig? Was berührt mich? Auf welche Weise und warum? Was erfreut mich? Was ist mir unangenehm, stört oder ärgert mich? Was macht mich wütend? Wie gehe ich damit um? Was kann ich (ver-)ändern und wie?

Heilpädagogische Beziehungsgestaltung vollzieht sich nicht im unreflektierten, spontanen Austausch verschmelzender Gefühle, sondern im Wissen um die Ziele und die jetzt möglichen Schritte der Verwirklichung der Ziele; sie ist bewusst gesteuert.

Heilpädagogisches Handeln setzt eine humane Grundeinstellung der Achtung und Achtsamkeit voraus. Peter Flosdorf spricht hier von innerer und äußerer Achtsamkeit, die notwendig ist, um inneres und äußeres Geschehen differenziert wahrnehmen und eigene Erlebnisakzentuierungen bewusst steuern zu können (vgl. Flosdorf 2009, S. 33). In der Beziehungsgestaltung wird deutlich, dass heilpädagogisches Handeln nicht nur eine spezifische, besonders fundierte Tätigkeit, sondern eine Haltung ist, die Erziehung zu einem gemeinsam vollzogenen Wandlungs- und Gestaltungsprozess und zum gegenseitigen Aushandeln von Möglichkeiten werden lässt (vgl. Köhn 2001, S. 73, 134f.; siehe auch Kapitel 3.1)

Erkenntnisse aus der Kommunikationstheorie

In der Interaktion tauschen Menschen Informationen aus (siehe Kapitel 4.1). Für die Steuerung der Interaktion ist es wichtig, eine Unterscheidung von Inhalts- und Beziehungsebene treffen zu können (vgl. Schulz von Thun 2013). Dafür ist Achtsamkeit die beste Voraussetzung. In der Regel wird der Informationsaustausch auf der Inhaltsebene von unterschwellig vorhandenen Emotionen, Erwartungen und Einstellungen beeinflusst. Die Eigenart der subjektiv erlebten oder manipulierten Beziehung beeinflusst den Austausch der Information. Gröschke zitiert den Begründer der neuzeitlichen Sprachphilosophie, Johann Gottfried Herder (1744–1803), der Sprache das „Wort der Seele" und damit ein „emotional getöntes Ausdrucksphänomen" und eine „leibliche Gebärde" nennt, mit denen der Mensch auf Eindrücke reagiert (Gröschke 1997, S. 250). Dieser Zugang wird als das Phänomen der Sprachlichkeit, das in der Leiblichkeit verhaftet ist, bezeichnet (ebd.; siehe auch Kapitel 5.1).

Häufig benötigt die Klärung der Beziehungsebene längere Reflexionsprozesse (Selbstoffenbarung, Appell). Bei der Analyse bzw. Erschließung der Beziehungsebene gelingt der Austausch von Informationen durch das wahrnehmbare Ausdrucksverhalten (Stimmlage, Lautstärke, Mimik, Gestik und Habitus), aber auch durch die Berücksichtigung der situativen Rahmenbedingungen (Kultur). Denn Sprache ist nicht nur Kommunikationsmittel, sondern zugleich soziale Identität und Vermittlerin kulturellen Wissens. Ein Blick, eine Berührung, der Tonfall der Stimme, aber auch Gefühle, Absichten, Motive und Einstellungen, die hinter dem „Ausgesprochenen" liegen, sind von großer Bedeutung.

Beispiel für die Rolle des nichtsprachlichen Teils von Kommunikation

„Na prima, das hast du wieder sehr gut hinbekommen." Solch ein Satz kann je nachdem, wie er konnotiert ist und ausgesprochen wird, verletzend oder (be-)stärkend, abwertend oder wertschätzend wirken.

Die Analyse der Kommunikationsstrukturen ist ein „unverzichtbares […] Regulativ in der fördernden Steuerung helfender Prozesse" (Flosdorf 2009, S. 36). Sie ermöglicht das Sichtbarmachen blinder Flecken und Verstrickungen und verhindert das Aneinander-Vorbeireden. Sie erleichtert Interaktionsverläufe und letztlich angemessene sprachliche Formulierung. Das „Prinzip des aktionsbegleitenden Sprechens" stellt ein wesentliches Handlungsregulativ (heil-)pädagogischer Arbeit, insbesondere bei

Kindern, die in ihrer Kommunikationsfähigkeit eingeschränkt sind, dar (Speck 1999, S. 265).

Diese Form der sprachlich begleiteten Beziehungsgestaltung (Kommunikation) und des gemeinsamen Tuns (Sach- und Gegenstandsbezug) ermöglicht es, in einer gemeinsamen Welt der Sprache, einer sozialen Welt der Symbole, Bedeutungen und Bezogenheiten (Lebenswelt) zu sein. In dieser wird und ist Bildung möglich. In der dialogischen Auseinandersetzung – im gemeinsamen Erleben, Handeln und Bewältigen schwieriger Entwicklungsprozesse im Leben des Kindes – können Defiziterfahrungen überwunden werden, um Freiräume zur Entfaltung von Fähigkeiten und Kompetenzen aufzuspüren und auszubauen. Über das Erleben der eigenen Kompetenz gewinnt das Kind Vertrauen in sich selbst und kann so ein gefestigtes Selbstbewusstsein und eine stabile Identität entwickeln, um sein Leben mit seinen Möglichkeiten zu gestalten, zu meistern und erfüllt zu leben (vgl. Köhn 2001, S.239f.).

Nicht die Verhaltensänderung im Sinne einer Auslöschung der Symptome steht im Vordergrund der (heil-)pädagogischen Beziehung, sondern das Finden der Fähigkeiten und das angemessene Bezugnehmen zur Welt und zu den Mitmenschen, aber auch zur eigenen Person. Nicht die Sprache eines Kindes, dessen Sprachentwicklung verzögert, gestört, behindert ist, das verstummt ist (Mutismus), ist gestört, behindert oder beeinträchtigt, sondern das Kind in seiner Sprachlichkeit. Folglich muss (heil-)pädagogische Sprachförderung (im besten Falle auch jede therapeutische Maßnahme) immer personenorientiert, umfassend (ganzheitlich) und lebensweltbezogen realisiert werden und darf nicht nur auf die Sprechfertigkeit des Kindes zielen.

5.
Welche Phänomene menschlicher Existenz betrachtet die Heilpädagogik?

> **In diesem Kapitel erfahren Sie**
>
> – warum die Auseinandersetzung mit den verschiedenen Phänomenen menschlicher Existenz für die (heil-)pädagogische Praxis bedeutsam ist
>
> – wie sich diese Phänomene gegenseitig beeinflussen
>
> – was in der Heilpädagogik unter Entwicklung verstanden wird und welche Bedeutung dieses Verständnis für den Umgang mit herausfordernden Kindern hat

Die unter anderem von dem Heilpädagogen und Psychologen Dieter Gröschke beschriebenen elementaren menschlichen Phänomene Leiblichkeit, Bewegung, Sprachlichkeit, Tätigkeit, Spielen, Lernen und Entwicklung bilden die Basis der Existenz jedes Menschen. Sie sind empirisch erfassbar und analysierbar. Auf dieser Grundlage wurden bereits wirksame heilpädagogische Praxiskonzepte entwickelt (vgl. Kapitel 3.2, insbesondere Abbildung 10). Diese Phänomene werden hier zusammengefasst dargestellt und ihre Verschränkung untereinander beschrieben.

Im heilpädagogischen Verständnis steht das Kind im Zentrum aller Betrachtungen. Aus dem, was an dem Kind beobachtbar ist, dem Verstehen des Kindes und seiner Lebenswelt sowie dem Erkennen seiner Befindlichkeit können notwendige Handlungsschritte abgeleitet werden, die dem Kind und seinen Möglichkeiten gerecht werden können und Entwicklung ermöglichen.

5.1 Die Phänomene Leiblichkeit, Sprachlichkeit, Bewegung und Tätigkeit

Beziehungsgestaltung, vor allem die (heil-)pädagogische, ist eine wesentliche Grundlage im Umgang mit verhaltensauffälligen Kindern; dabei spielt die Kommunikation eine große Rolle. Worüber stellt sich jedoch eine Beziehung her, wenn übliche Kommunikationsformen (Sprache, Mimik, Gestik) nicht den erwarteten bzw. gewohnten Fähigkeiten entsprechen? Wenn ein Kind nicht oder unangemessen mit der Pädagogin, dem Pädagogen, den Eltern oder anderen spricht? Wenn sein verbales, gestisch-mimisches Ausdrucksverhalten stark eingeschränkt oder gestört ist?

Über diese Fragen gelangt man unwillkürlich auf das Faktum der **Leiblichkeit**. Im Aufeinandertreffen ist der Körper des anderen sinnlich wahrnehmbar, auch ohne sprachliche Kontaktaufnahme. Die Gestalt des Körpers ist zu sehen, zu riechen, zu hören, zu fühlen, zu spüren und zu ertasten. Bereits in der ersten Begegnung mit dem Gegenüber entsteht ein Eindruck, der oft entscheidend für die weitere Beziehungsgestaltung ist und geprägt ist etwa von Erwartungshaltungen oder Wahrnehmungsgewohnheiten.

Körper und Leib bzw. Leiblichkeit sind sinnverwandte, aber nicht identische Begriffe. Um dieses Grundphänomen menschlicher Existenz und seine Bedeutsamkeit für pädagogische Veränderungsprozesse greifbar werden zu lassen, sind folgende Überlegungen notwendig:

Der Körper des Menschen existiert in Raum und Zeit, er ist objektiv sichtbar und erfassbar. Er ist der Leib in seiner physikalischen, materiellen Substanz. Dieser Körper kann zum Objekt (mit-)menschlicher Beobachtung werden, wenn er etwa eine krankhafte Funktions- oder Normabweichung (Entstellung, Kleinwuchs, schwere Neurodermitis etc.) aufweist.

Beispiel für den Körper als Objekt bei zwischenmenschlichen Kontakten

Die Mutter des neun Monate alten Paul berichtet weinend, dass sie „die Blicke und Reaktionen dieser Menschen" nicht mehr ertragen könne. Sie würde am liebsten das Haus nicht mehr verlassen. Paul hat seit seinem vierten Lebensmonat eine schwere Nahrungsmittelunverträglichkeit und folglich ausgeprägte Neurodermitis, die seine Haut am gesamten Körper infektiös röten, aufwerfen, nässen, bluten und verkrusten lässt.

Auch wird der Körper Objekt bei Selbstbeobachtungen, zum Beispiel bei der täglichen Pflege. Diese Objektbeziehung eines Menschen zu seinem eigenen Körper ist jedoch von anderer Qualität als seine Beziehung zu seiner Umwelt, denn er „habe nicht nur einen Körper, sondern [... ist] Körper" (Gröschke 1997, S. 195).

Leiblichkeit

Der Leib ist die Erlebnisseite der Körperlichkeit, Leiblichkeit ist das Erlebnisphänomen. Der Begriff setzt als Annahme voraus, dass sich Seelisches körperlich, Körperliches seelisch ausdrückt. Der Leib ist das Zentrum des Empfindens. Er ist Träger aller Sinnesorgane, darüber schafft sich das Kind Zugang zu sich selbst (Selbsterfahrung) und zur Welt (Welterfahrung). Ohne den Leib gäbe es keine Wahrnehmung

> und kein Bewusstsein von irgendetwas, da die Sinne (Nah- und Fernsinne) erst den Inhalt dessen liefern. Leibliche Ausdrucksbewegungen wie Mimik, Gestik oder Gebärden sind motivierte, sinn- und bedeutungsstiftende Akte des Menschen. In diesen und über diese versucht sich das Kind selbst zu bezeugen. Alle weiteren Phänomene menschlicher Existenz wie Bewegung, Entwicklung, Spielen, Lernen, Tätigkeit und Sprachlichkeit sind an den Leib gebunden und bedingen wiederum Leiblichkeit.

Das Getragensein und Geborgensein im Mutterleib, die Geburtserfahrung, die Wärme und Nähe der Mutter beim Gestilltwerden, später die Nähe eines anderen Menschen (mehr oder weniger gemocht) werden vom Kind sinnlich wahrgenommen und schaffen Bezüge zwischen dem Kind und seiner Umwelt. Dieses Bezogensein bzw. das entstandene Verhältnis ermöglicht Bewusstsein und erzeugt Empfindungen. Diese werden durch das Verhalten eines Kindes wahrnehmbar.

Beispiel für das Phänomen Leiblichkeit

Die dreizehn Monate alte Renée beginnt immer wieder zu weinen und läuft fort, wenn die Familie einer Bekannten begegnet, die aufgesetzt freundlich wirkt, zugleich aber unterschwellig unsicher und eher ablehnend im Kontakt zu Menschen scheint. Renée erlebt dies offenbar unmittelbar leiblich und gibt diesem Erleben gleichsam leiblich Ausdruck, indem sie weint und sich körperlich aus dieser Situation entfernt.

Neben dem Phänomen Leiblichkeit wird in diesem Beispiel ein weiteres Phänomen, nämlich das der **Sprachlichkeit** deutlich. Bereits in Kapitel 4.4 zeigt sich das erweiterte Verständnis von Sprache als ein existenzielles Phänomen der Sprachlichkeit, wie Gröschke mit Bezug auf Herder formuliert hat. Es ist nicht als bloßer Gebrauch von sinnvoll und wohl formulierten Worten zu verstehen, sondern vielmehr eine Mitteilung, die sich auf die Personen, deren Beziehung zueinander und den Mitteilungsgegenstand bezieht. Es ist ein verbindendes Geben und Annehmen. Sprachlichkeit meint veräußertes (verbalisiertes oder nonverbal veräußertes) Erleben eines Menschen in einem konkreten Kontext.
 Der Leib ist kein Neutrum, sondern immer ein geschlechtlich differenzierter Leib. Er ist männlicher oder weiblicher Leib, der Körper eines Jungen oder Mädchens.
 Diese Tatsache ist nicht nur biologisch konstitutionell, sondern auch im Erleben bedeutsam, bezogen auf die Intimsphäre und auf die Weiterentwicklung hin zu einer Identität und einem geschlechtsspezifischen Rollenverständnis. Der Leib bestimmt wesentlich die Interaktion zwischen Menschen, sei es der Umgang zwischen Eltern und Kind, Männern und

Frauen sowie der professionelle Umgang in sozialen (erzieherischen und pflegerischen) Bereichen.

Diese Überlegungen sind in der **Arbeit mit verhaltensauffälligen Kindern** in Bezug auf folgende Aspekte bedeutsam:
▶ Wird die Leiblichkeit missachtet und der Mensch auf den Status eines Pflege- oder Förderobjekts herabgesetzt, besteht die Gefahr der „Verdinglichung" des Menschen (Stichwort: medizinisch fundierte Krankenpflege versus heilpädagogisch intendierte Förderpflege und Entwicklungsbegleitung).
▶ Psychosomatische Erkrankungen können als Ausdruck innerseelischer Spannungen, verdrängter Motive, Affekte und Gefühle verstanden werden. Sie können auf unbewältigte Konflikte und „Erschütterungen", sogenannte funktionelle körperliche Störungen wie zum Beispiel Erschöpfung, Schmerz, organisch nicht erklärbare Krankheitssymptome hinweisen. Immer häufiger kann man beobachten, dass Kinder unter nicht organisch verursachtem Kopfschmerz leiden bis hin zu Migräne.
▶ Das Phänomen Leiblichkeit hebt die Trennung von Subjekt und Objekt auf. Es darf und kann in einer heilpädagogischen Praxis nicht um die Beherrschung oder Zähmung des Körpers und seiner Funktionalität gehen, sondern vielmehr um die Pflege des Leibes im Sinne einer ästhetischen Erziehung und Bildung des Menschen (Rhythmus, Bewegung, Gestalten).
▶ Der Körper existiert im Raum, der Leib in der Welt. In der Begegnung zweier Menschen über ihre sinnlich wahrnehmbare leibliche Gestalt entsteht naturgemäß Nähe und damit eine Verantwortung für das Gegenüber. Das Kind in seiner Leiblichkeit wahrzunehmen bedeutet, seine Beziehungsbedürftigkeit anzuerkennen. Nicht nur leibliche Versorgung, sondern dialogische Antwortbereitschaft ist gefordert.

Wie aber nimmt das Kind sich wahr? Wie erlebt es Leiblichkeit für sich?

Will man die Befindlichkeit des Kindes in seiner aktuellen Lebensverfassung ergründen, so bestimmt nicht die Sorge, sondern Fürsorge das Handeln. Das Kind wird mit einem Körper, der sich im Laufe seines Lebens entwickelt und verändert, mit einer einzigartigen biologischen Ausstattung geboren. Es erfährt sich über das Spiel, das Erleben des eigenen Körpers und in der leiblichen Auseinandersetzung mit den Dingen der Außenwelt. Eine Vorstellung von Raum, Zeit und Grenzen des eigenen Körpers (Körperimago, Körperschema) entwickelt sich in ihm. Die Voraussetzung dafür sind verlässliche, eindeutige Informationen, die das Kind durch das taktil-kinästhetische Wahrnehmungssystem erhält (taktil, vestibulär, propriozeptiv). Auf diesem Fundament entwickelt sich das Körperschema, das mit jeder (Körper-)Erfahrung differenziert und kognitiv gespeichert wird.

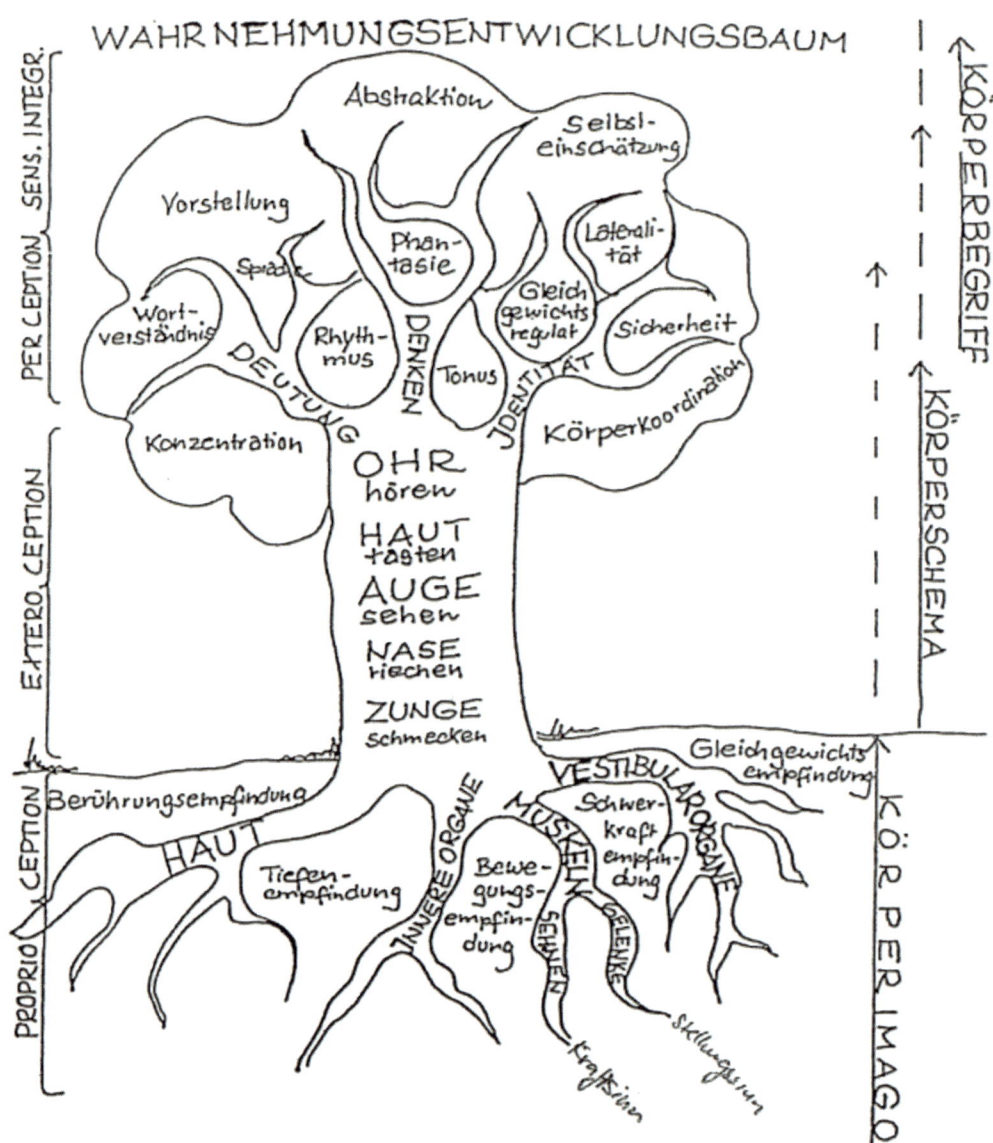

Abbildung 15: Wahrnehmungsentwicklungsbaum nach Jean Ayres ©Rega (nach Schaefgen 2007)

Diese sinnlichen Erfahrungen von Grenzen und Widerständen bezogen auf den eigenen Körper und zwischen dem Körper und der Außenwelt sind für die kindliche Persönlichkeits- und Lernentwicklung von größter Bedeutung (vgl. Gröschke 1997, S. 205).

Der Leib und die Leiblichkeit sind das Fundament aller Entwicklung des Menschen. Eine Vielzahl der Kinder, die uns als entwicklungsverzögert oder wahrnehmungsgestört erscheinen, besitzen kein oder nur ein brüchiges Fundament, das auf den basalen Erfahrungen taktil-kinästhetischer Wahrnehmung beruht. Ihre Entwicklung ist blockiert. Wahrnehmung ist ein bedeutsames Phänomen und verbindendes Element zwischen Leiblichkeit und Bewegung.

Bewegung als Medium zur Welterschließung

„Bewegung ist ein charakteristischer Ausdruck von Lebendigkeit" (Gröschke 1997, S. 207). Der menschliche Körper ist immer in Bewegung, ist ein bewegter Leib. Er ist Träger der Sinnesorgane, die die gesamten Wahrnehmungs- und Erlebnisprozesse steuern. Das Sehen, Spüren, Ertasten und Begreifen bilden das Fundament aller weiteren Entwicklung bis hin zum Erwerb des abstrakten Denkens. Der Mensch verfügt über folgende Sinne, welche Erfahrung ermöglichen (vgl. Pfluger-Jakob 2009, S. 5ff.):

- Stellungs-, Spannungs-, Lage-, Bewegungs- und Drehbewegungssinn (Propriozeptoren)
- Organempfinden
- Tast-, Druck-, Berührungs-, Schmerz-, Vibrations-, Temperatur- und Geschmackssinn (Nahsinne)
- Gesichts-, Gehör- und Geruchssinn (Fernsinne)

Die Sinne sind unmittelbar aufeinander bezogen. So könnten ohne den Tastsinn die anderen „höheren" Sinne nicht in Gebrauch genommen werden. „Ich fühle, also bin ich!" ist angelehnt an Johann Gottfried Herders Formel (vgl. Gröschke 1997, S. 211).

Insbesondere das taktil-kinästhetische Wahrnehmungssystem wird als komplexes somato-sensorisches System (Haut, Muskeln, Sehnen, Gelenke, Gleichgewicht), als Fundament aller Sinnestätigkeit bereits im Mutterleib grundgelegt. Es ist die biopsychische Matrix menschlicher Entwicklung. Durch das passive Bewegtwerden, das Begrenztsein und das zunehmende aktive Mitbewegen im Leib und postnatal am Leib der Mutter erfährt das Kind Orientierung, Sicherheit und emotionale Geborgenheit (vgl. ebd.). Frühe elementare Entwicklungs- und Lernprozesse sind also eng an Bewegungshandlungen gebunden.

Sensomotorik und Psychomotorik

Sensomotorik bezeichnet die funktionale Einheit von Bewegung, Wahrnehmung und Empfindung. Auf dieser Erkenntnis beruht unter anderem das Förderkonzept der Psychomotorik. Darin werden die emotional-motivationalen und intensionalen Momente sensomotorischer Erfahrungen betont und genutzt, um eine umfassende Förderung von Kindern mit Entwicklungsverzögerung und Verhaltensauffälligkeiten zu realisieren.

In der Phase der basalen Wahrnehmungsentwicklung kommt dem vestibulären System, also dem Gleichgewichtssystem, große Bedeutung zu. Eine konstante Erfahrung ist die der Schwerkraft, der Gravitation. Denn alles, was fällt, fällt nach unten.

Sowohl Affolter (1987) als auch Ayres (1984) und Piaget (um 1930 nach Oerter & Montada 1998) entwickelten bekannte Modelle zur Wahrnehmungsentwicklung. Sie verdeutlichen den hierarchischen Verlauf der Entwicklung kindlicher Wahrnehmung in den ersten beiden Lebensjahren. Piaget zeigt die Verbundenheit von Wahrnehmung und Bewegung als Basis und Voraussetzung kognitiver Entwicklung. Diese sogenannte sensomotorische Entwicklungsphase der ersten achtzehn Lebensmonate eines Kindes beschreibt er als basale und primäre Phase kognitiver Entwicklung. Er bezeichnet sie auch als Phase der „praktischen Intelligenz".

Stufen der Wahrnehmungsentwicklung nach Jean Piaget

nach Jean Piaget	Lebensmonate	Stufenfolge	nach Félice Affolter
Stufen der sensomotorischen Entwicklung	0–3	Modalstufe: Ausdifferenzierung innerhalb der einzelnen Sinnesmodalitäten (sehen, hören, spüren, tasten, schmecken, riechen)	Stufen der primären Wahrnehmungsprozesse
	4–8	Intermodalstufe: miteinander verbinden der einzelnen Sinnesmodalitäten, Koordinations- und Übertragungsleistungen	
	9–18	Seriale Stufe: „wenn, dann", Serienbildung, erste „geistige Akte"	
Stufen der Intelligenzentwicklung	ca. 11	Intentionale Stufe: zweckgerichtetes, absichtsvolles Handeln	
	ca. 18	Symbolstufe: „So-tun-als-ob"-Spiele, Rollen- und Symbolspiele	

Jeder Sinn wird unter spezifischen physiologischen Bedingungen tätig, wenn Reize aus dem Körperinneren oder aus der Umwelt auf ihn einwirken. Das sensorische System des Körpers vermittelt physikalische Kräfte zu Empfindungen und Gefühlen. Aus diesen Empfindungen werden innere Repräsentationen, also Wahrnehmungen.

> **Wahrnehmung**
>
> Neben der Sinnestätigkeit ist Wahrnehmung auch Bedeutungsgebung, Erkenntnis und Sinnerfassung. Wahrnehmung ist immer subjektiv und mit Gefühlen und Empfindungen verbunden. Sie kann sich auf drei Ebenen ereignen: Objekt-, Selbst- und Person- bzw. Fremdwahrnehmung. Die Erfassung, Deutung und Repräsentation des Wahrgenommenen sind somit abhängig von den entsprechenden objektiven Reizen (aus dem Inneren oder der Außenwelt) sowie den Vorerfahrungen, Einstellungen und der Motivation des Wahrnehmenden.

> **Fallbeispiel für das Zusammenwirken der Körper-Geist-Seele-Einheit**
>
> *Die Eltern des fünfjährigen Richard wenden sich auf Empfehlung des Erziehers an ein sozialpädiatrisches Zentrum. Sie beschreiben ihren Sohn als zurückhaltend, verträumt, still; er spiele am liebsten allein. Richard beobachte die anderen Kinder interessiert, würde aber von sich aus keinen Kontakt aufnehmen. Er sei ein technisch sehr interessiertes, kluges Kind, ermüde jedoch schnell und liege „irgendwie immer auf dem Boden". Er meide Körperkontakt und Raufereien, Schaukeln oder „In-die-Luft-geworfen-werden". Aber er liebe Musik, singe oft, wenn er fröhlich, aber auch wenn er traurig ist.*
>
> *Im weiteren Gespräch erwähnt die Mutter, dass er ihr erstes von zwei Kindern ist und sie ihn geplant per Kaiserschnitt entbunden hat. Sie habe seit der fünften Schwangerschaftswoche strikt liegen müssen, nachdem sie zwei Kinder im siebten Schwangerschaftsmonat verloren hat.*
>
> *Eine umfassende psychologische und medizinische (eingeschlossen neuropädiatrische) Überprüfung und heilpädagogische Diagnostik ergibt, dass Richard mit großer Wahrscheinlichkeit unter anderem aufgrund der quantitativ geringen pränatalen Bewegungserfahrungen im Mutterleib weniger als andere Kinder seines Alters auf die intensive körperliche Auseinandersetzung mit seiner Umwelt zurückgreift. Richards Aneignung der Welt erfolgt überwiegend über das visuelle und akustische Erfassen, also das Sehen und Hören. Diese Sinnesmodalitäten scheinen für ihn verlässlichere Informationen zu liefern, vertrauter zu sein, als das taktil-kinästhetische System.*

Bei diesen komplexen Prozessen hat das Gehirn die entscheidende vermittelnde Funktion. Körperliches wird zu Geistigem und Seelischem. Noch immer ist das Geheimnis um das Zusammenwirken der Körper-Geist-Seele-Einheit trotz neurowissenschaftlicher Fortschritte nicht gelöst. Das Verhältnis zwischen Sinnestätigkeit sowie Wahrnehmungs- und Erlebnisprozessen ist ein „sehr dynamisches, objektives und bewegtes Verhältnis" (Gröschke 1997, S. 208).

Alle Bewegungen, die im und über den eigenen Körper wahrgenommen und empfunden werden (Kinästhetik), werden auch in den Bewegungen der Welt außerhalb des eigenen Körpers nachempfunden und sind im Gehirn repräsentiert. Über taktil-kinästhetische Erfahrungen erschließt sich das Kind eine intuitive Vorstellung von Raum und Zeit. Neurologische Untersuchungen zeigen, dass in den motorischen Zentren im Gehirn von drei- bis fünfjährigen Kindern allein durch das Beobachten eines anderen Kindes beim Lesen eines Buches und Umblättern der Seiten gleiche Aktivität gemessen werden konnte, als führten sie diese (senso-)motorische Handlung selbst aus.

Das Kind erfährt seine Leiblichkeit in der Bewegung. Es lernt, seine Gefühle motorisch in Gestik, Mimik, Habitus und Körperhaltung auszudrücken (Ausdrucksbewegungen), nonverbal zu kommunizieren und nonverbale Signale übersetzen sowie interpretieren zu können. Daneben sind folgende Fähigkeiten eine wesentliche Voraussetzung für eine sinnvolle, handelnde Umweltbewältigung:

▶ Wahrnehmung
▶ Gerichtete Aufmerksamkeit
▶ Konzentrations- und Organisationsfähigkeit
▶ Affektives Stellungnehmen
▶ Kognitive Interpretation und Beurteilung
▶ Handlungsplanung
▶ Angemessene Bewegungsantworten

Die nachfolgende Abbildung erklärt das Zusammenspiel der verschiedenen Wahrnehmungssysteme (sensorische Integration). Die ungestörte sensorische Integration ist die Basis zur Ausbildung der genannten Fähigkeiten, und damit zur Lebensbewältigung (vgl. Gröschke 1997, S. 210).

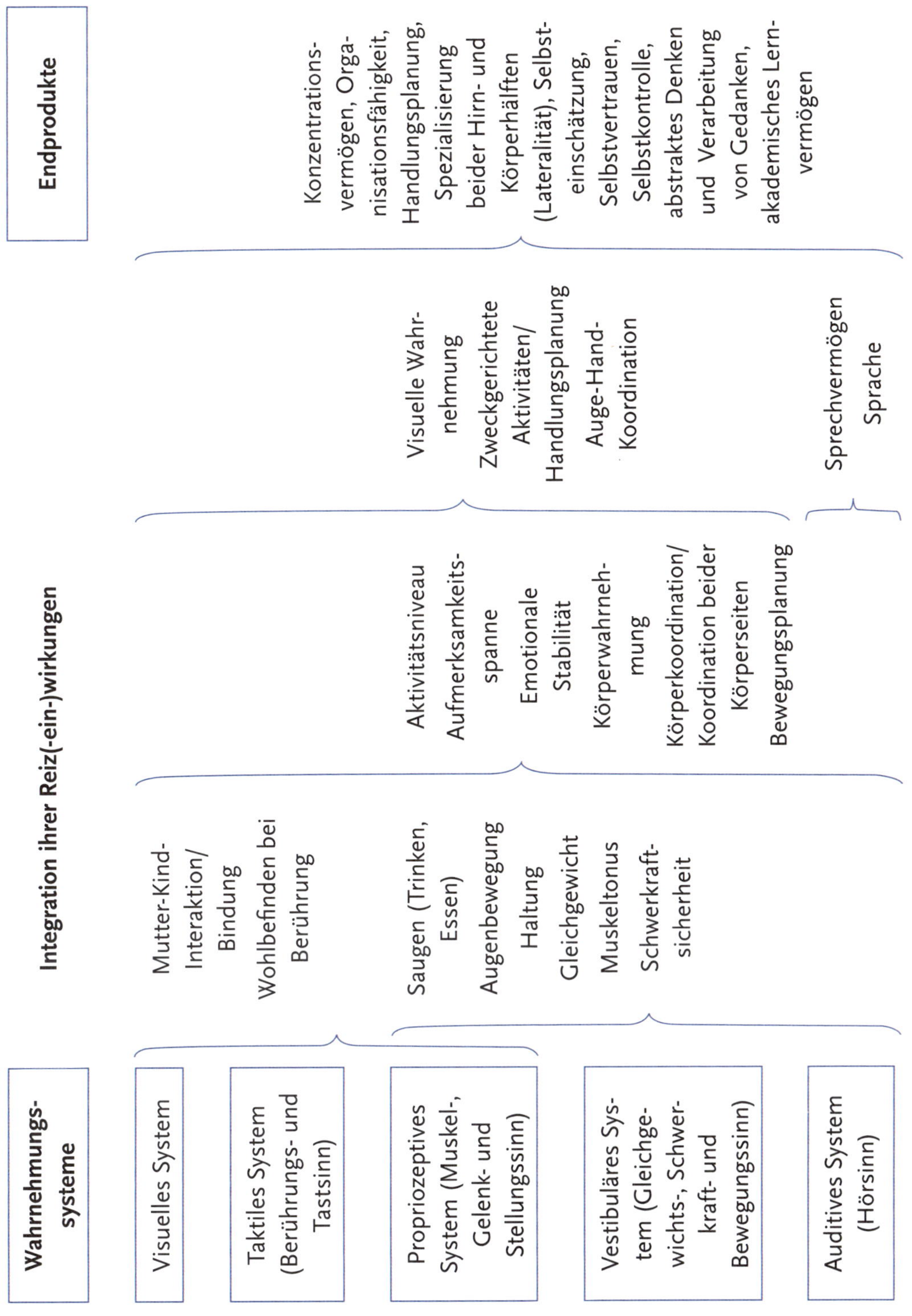

5.1 Die Phänomene Leiblichkeit, Sprachlichkeit, Bewegung und Tätigkeit

Wahrnehmungs-systeme	Integration ihrer Reiz(-ein-)wirkungen			Endprodukte
Visuelles System	Mutter-Kind-Interaktion/ Bindung			
Taktiles System (Berührungs- und Tastsinn)	Wohlbefinden bei Berührung	Aktivitätsniveau Aufmerksamkeitsspanne Emotionale Stabilität Körperwahrnehmung Körperkoordination/ Koordination beider Körperseiten Bewegungsplanung	Visuelle Wahrnehmung Zweckgerichtete Aktivitäten/ Handlungsplanung Auge-Hand-Koordination	Konzentrationsvermögen, Organisationsfähigkeit, Handlungsplanung, Spezialisierung beider Hirn- und Körperhälften (Lateralität), Selbsteinschätzung, Selbstvertrauen, Selbstkontrolle, abstraktes Denken und Verarbeitung von Gedanken, akademisches Lernvermögen
Propriozeptives System (Muskel-, Gelenk- und Stellungssinn)	Saugen (Trinken, Essen) Augenbewegung Haltung Gleichgewicht Muskeltonus Schwerkraftsicherheit			
Vestibuläres System (Gleichgewichts-, Schwerkraft- und Bewegungssinn)				
Auditives System (Hörsinn)			Sprechvermögen Sprache	

Abbildung 16: Sensorische Integration (nach Gröschke 1997, S. 210)

Die **sensomotorische Phase** (Jean Piaget) mit ihren verschiedenen Entwicklungsstufen ist für viele Behandlungskonzepte und methodische Ansätze in der Frühförderung oder (heil-)pädagogischen Praxis von großer Bedeutung, unter anderem in der Arbeit mit Kindern mit Sinnesbehinderungen, sensorischer Integrationsstörung oder Verhaltensauffälligkeiten. Sie dient sowohl der Erkenntnisgewinnung als auch der Begleitung und Förderung der Kinder,

- deren Beziehung zu sich und ihrer Umwelt gestört oder beeinträchtigt ist,
- deren physische, psychische und sozialen Fähigkeiten und Fertigkeiten sich noch nicht entfalten konnten,
- deren Selbstkonzept ein negatives ist,
- die hyperaktiv, aggressiv, essgestört oder bewegungsängstlich sind.

Aus dieser Praxis sind verschiedene Konzepte entwickelt worden, wie das der Basalen Stimulation (Andreas Fröhlich 1991) und Basalen Kommunikation (Winfried Mall 1984, 2004, 2008), aber auch die Sensorische Integrationsbehandlung (SI), Konzepte zur Bewegungserziehung (Marianne Frostig), psychomotorische Förderkonzepte (E.J. Kiphard 2001; Renate Zimmer 2002) oder Rhythmik nach Elfriede Feudel und Mimi Scheiblauer (1926): „Bewegung ist aller Entwicklung Anfang."

Rhythmus und Bewegung

Ein weiteres wichtiges Bewegungsphänomen ist der Rhythmus. Das leibliche Erleben und der leibliche Ausdruck eines Menschen sind einzigartig und folgen eigenen Gesetzmäßigkeiten. Das Prinzip Rhythmus ist als zeitgebundenes und strukturierendes Moment von großer Bedeutung, besonders in der Arbeit mit entwicklungs- und verhaltensauffälligen Kindern. Rhythmisierung – auch von Alltagsabläufen, Erziehungs- und Bildungsprozessen – strukturieren ins Stocken geratene Entwicklungsverläufe von außen und geben den notwendigen äußeren Halt, um inneren Halt aufbauen zu können (vgl. Köhn 2002, S. 80).

Daraus wird deutlich, dass für das Kind bedeutsame alltagspraktische Tätigkeiten, in denen es sich mit allen Sinnen, seinem Temperament, seinen Gefühlen, seinen Wünschen und Absichten und seinem eigenen inneren Rhythmus und seinem Tempo körperlich aktiv auseinandersetzen kann, unerlässlich sind, um Entwicklung zu ermöglichen (vgl. Kapitel 5.3).

Das Phänomen Tätigkeit

Bewegt sich der Mensch, nimmt er etwas oder jemanden wahr, so ist das Moment der Selbstaktivität und Selbstgestaltung wesentlich, er übt eine Tätigkeit aus. Eng verknüpft mit dem Phänomen Tätigkeit ist das Phänomen Entwicklung, auf das in Kapitel 5.3 genauer eingegangen wird.

Ursprünglich findet sich der Begriff der Tätigkeit in der russischen Psychologie des 20. Jahrhunderts (z. B. Lew S. Vygotskij, Alexei N. Leontjew, Alexander R. Luria) und gewinnt in der Folge in der modernen Entwicklungspsychologie (Leo Montada, Rolf Oerter 1998) an Bedeutung.

Die **Tätigkeitstheorie trifft eine Unterscheidung auf drei Ebenen:**
- **Tätigkeitsebene** (Motive, Sinn und Bedeutung einzelner Handlungen): Warum verhält sich ein Kind, wie es sich verhält? Welche Lebensbedeutsamkeit hat dieses Handeln? In der Regel ist das eigentliche Motiv dem Kind überwiegend nicht bewusst und in seiner subjektive. Lebensgeschichte verankert. Im Spiel des Kindes (Tätigkeitsebene) können diese Motive etwa Bindung und Sicherheit, Macht und Ohnmacht, Eifersucht, Selbstwirksamkeit und Kontrolle oder Kontrollverlust sein.
- **Handlungsebene** (Wissen um ein Ziel und die Handlung): Das Handeln des Kindes ist bewusst auf einen Gegenstand (materiell oder immateriell) bezogen und sucht ein bestimmtes Ziel zu erreichen (z.B. mit einer Schippe ein Loch graben, ein Geräusch erzeugen).
- **Operationsebene**: Komplexere Handlungen – wie zum Beispiel Muskelkontrolle, laufen, greifen, sprechen, erklären, fragen – setzen sich aus verschiedenen Handlungselementen zusammen. Diese komplexen Handlungen sind automatisiert und können rasch und zielstrebig ausgeführt werden. Es sind mentale und motorische Fertigkeiten im Rahmen lebenspraktischer Fähigkeiten (Kompetenzen).

Tätigkeit ist somit der Oberbegriff; Handlungen, die aus verschiedenen Operationen bestehen, können als Unterformen verstanden werden.

Tätigkeitsstufen nach Kornmann (1991) (vgl. Gröschke 1997, S. 257)

1. Stufe	Wahrnehmungstätigkeit	Sie ist überwiegend durch ein Objekt ausgelöst (z.B. Geräusch, Bewegung oder Lächeln der Mutter, Aktivität des Magen-Darm-Traktes, insbesondere Drei-Monats-Koliken beim Säugling, Fangen eines zugeworfenen Balls). Es ist eine reaktive und rezeptive Tätigkeit.
2. Stufe	Manipulierende Tätigkeit	Exploration und Experiment stehen an erster Stelle, die Tätigkeit geht vom Subjekt intrinsisch motiviert aus (z.B. den Klang der Stimme erproben).
3. Stufe	Gegenständliche Tätigkeit	Objekte werden hergestellt und gebraucht (kulturell beeinflusst). Diese Stufe bezieht sich auch auf den Sprachgebrauch und das Konstruktionsspiel.
4. Stufe	Spieltätigkeit/ Symbolische Tätigkeit	Hier geht es um kognitive Repräsentation und um die Symbolisierungsfähigkeit. Die Kinder beschäftigen sich mit Symbol-, Rollen- und Regelspielen (z. B. Vater-Mutter-Kind-Spiele, Verkleiden, Märchen).
5. Stufe	Lerntätigkeit	Auf dieser Stufe finden abstraktes Denken, kognitives Lernen, Erlernen der Kulturtechniken etc. und geistige Operationen statt (z.B. Philosophieren mit Kindern).
6. Stufe	Arbeit	Damit ist die Berufstätigkeit gemeint, das produktive Arbeiten als gesellschaftliche Aufgabe zum Lebensunterhalt.

Die Hierarchie der Auflistung verdeutlicht den möglichen phasenhaften Verlauf der Entwicklung im Tätigsein. Der Entwicklungsgang ist auf jeder Stufe an organische (biologische) und interpersonelle (soziale) Bedingungen und Dispositionen gebunden. „Sind diese eingeschränkt, kommt es zu Behinderungen der Entwicklung" (Gröschke 1997, S. 257).

Unter anderem durch Angebote der Pädagogin oder des Pädagogen, die die „nächste Zone der Entwicklung" (Vygotskij 1988, S. 83) ansprechen, entwickelt sich das Kind. Dabei sollen die Angebote alle drei Ebenen der Tätigkeit sowie die unterschiedlichen, aufeinander aufbauenden Tätigkeitsstufen mit deren Gegenstandsbezügen umfassen.

5.2 Die Phänomene Spielen und Lernen

Das Phänomen Spielen ist, wie Leiblichkeit, Bewegung und Tätigkeit, ein unmittelbar sichtbarer und erfahrbarer Sachverhalt. Es ist eine Tätigkeits- und Lebensform und gehört damit zu den Grundmerkmalen menschlichen Lebens.

Wird von Spiel oder Spielen gesprochen, wenden sich die Gedanken unwillkürlich dem Spielen der Kinder zu. Doch als Grundphänomen menschlicher Existenz ist das Spiel nachweislich eine fundamentale Tätigkeit und Antriebskraft menschlicher Entwicklung. Erkenntnisse aus kulturhistorischen Untersuchungen und aus der modernen humanwissenschaftlichen Spielforschung belegen die Bedeutung spielerischer Äußerungsformen für die Entwicklung des einzelnen, aber auch der Menschheit als solcher. Spiel ist kultur-, zeit- und lebensaltersgebunden, es ist Bestandteil des Alltagslebens. Dies zeigt sich sowohl in Festen und Feiern als auch in höfischen Zeremonien, magischen, rituellen, spirituellen oder mythischen Praktiken. Der Kulturwissenschaftler Johan Huizinga stellte den homo ludens (den spielenden Menschen) in seinen Schriften gleichberechtigt neben den homo sapiens (den wissenden Menschen) und den homo faber (den zivilisationsschaffenden Menschen) (vgl. Gröschke 1997, S. 227).

Das Phänomen Spielen ist dem Menschen von Geburt an als Fähigkeit gegeben und muss doch gelernt werden. Das bedeutet, dass sich aus frühkindlichen spielerischen Aktivitäten differenzierte Spielmuster entwickeln, mit denen wiederum das Kind grundlegende Lernfortschritte erzielen kann.

> **Spiel**
>
> Das Spiel stellt einen geschützten Raum dar, in dem sich das Kind mit der Realität in einer Weise auseinandersetzen kann, sodass es nicht überfordert wird. Es ermöglicht, Vergangenes, Gegenwärtiges und Zukünftiges zu bearbeiten und zu ordnen.

Handlungsoptionen können erprobt werden, indem das Kind Möglichkeiten des Umgangs mit und der Bewältigung von schwierigen Situationen kennenlernen und einüben kann. Es kann im Spiel seine Ich- und seine soziale Identität entwickeln, sowohl in als auch außerhalb des Spiels wird es mit eigenen Bedürfnissen, Wünschen und Verhaltensweisen sowie denen seiner sozialen Umwelt konfrontiert. Es werden Fähigkeiten und Fertigkeiten aller Bereiche menschlichen Seins entwickelt bzw. weiterentwickelt.

Abbildung 17: Merkmale des Spiels

Aus unterschiedlichen Wissenschaftsdisziplinen stammen die **sechs verschiedenen Spieltheorien,** die sich mit der Frage nach der Bedeutung kindlichen Spiels auseinandersetzen. Das Spiel wird angesehen als

- nützliche Tätigkeit im Hinblick auf die Zukunft und lernende Auseinandersetzung mit der Umwelt,
- psychobiologisches Phänomen; als psychobiologisch verankerte Fähigkeit in der Eltern-Kind-Beziehung,
- Ausdruck gegenwärtiger Lebendigkeit und Ressource des Menschen, als Erfüllung des Daseins und der Gegenwart,
- Auslöser für kognitive Entwicklungen,
- Übertragung und Verarbeitung konflikthafter Situationen,
- gesellschaftliches Probehandeln, um sozusagen in die Gesellschaft zu wachsen.

Das Spiel in der Erziehung

Das Spiel mit seiner aktivitätsregulierenden (anregend, beruhigend, strukturierend oder ordnend) Funktion und Wirkung auf den Menschen ist besonders für Kinder mit Beeinträchtigungen, Behinderungen im kognitiven, physiologischen oder sozio- emotionalen Bereich, Traumatisierung und Verhaltensauffälligkeiten von großer Bedeutsamkeit und Notwendigkeit. Wenn die Spielfähigkeit eines Kindes eingeschränkt ist, so ist häufig das gemeinsame, angeleitete Spiel ein geeignetes Medium, um ins Stocken geratene oder blockierte Entwicklungsverläufe und Aktivitätsniveaus anzuregen und selbstorganisierende Reaktionen im und durch das Kind aufzubauen.

Das Spiel ist somit als pädagogisches Medium, als Zentrum der menschlichen Beziehung zwischen Heilpädagogin bzw. Heilpädagogen und Kind zu verstehen. Darüber können sie eine gemeinsame Mitte finden, die Verständigung und damit erzieherische Einflussnahme ermöglicht. Denn Spielen ist die Sprache des Kindes und selbst bei Menschen mit schwerster Behinderung wenigstens in Teilen vorhanden, etwa im Bewegungsdrang, im Rhythmus von Bewegungen oder Lautäußerungen, in der Wiederholung oder in der Imitation. Das Spiel ist somit eine, wenn nicht gar die Erziehungssprache.

Bereits im ersten Lebensjahr werden die Wahrnehmung und die Motorik differenziert und kooperieren, immer feiner aufeinander abgestimmt, miteinander. Das kleine Kind erfüllt im Hantieren und wiederholten Probieren bestimmter Bewegungsabläufe sein funktionales Bedürfnis. Dem sogenannten Funktionsspiel als erste Spielform des Menschen kommt somit eine große Bedeutung und ein hoher Übungswert zu. In weiteren Differenzierungsprozessen wird diesen ausgeführten Funktionen Bedeutung und Sinn gegeben. Fiktion und Fantasie sowie die Fähigkeit zum symbolischen und repräsentativen Denken werden weiterentwickelt. Dabei geht es um das Einsetzen und Decodieren von Symbolen, die Fähigkeit zur Kommunikation, Selbststeuerung, Impulskontrolle, Handlungsfähigkeit, Toleranz und Kooperation.

Im Spiel gestaltet sich das Kind selbst und wird zum Akteur seiner Entwicklung. Zudem schafft das Spiel
- emotionale und geistige Freiheit,
- um Konflikte zu be- und verarbeiten und
- alternative Handlungsweisen – vor allem Bewältigungs- und Veränderungsstrategien – zu entwickeln.

Spieltheorie nach Charlotte Bühler

In der Pädagogik und Psychologie werden Klassifikationen der verschiedenen Spielformen genutzt, die insbesondere aus den sensomotorisch betonten Schulen Jean Piagets und Charlotte Bühlers stammen.

Charlotte Bühler geht davon aus, dass das grundlegende Bedürfnis nach Beherrschung des Bewegungsapparates, also des Körpers, in den ersten Lebensmonaten die treibende Kraft für Entwicklung der verschiedenen Spielniveaus und -formen ist (vgl. Gröschke 1997, S. 236). Sie **klassifiziert das Spiel im Kleinkindalter** wie folgt:

- **Funktionsspiel:** Dabei wird mit den eigenen Gliedmaßen und der Stimme gespielt sowie mit Gegenständen hantiert. Die Neugier und Exploration zielen ins weitere räumliche Umfeld. Es sind Spiele des Veränderns (z. B. Objekte herunterfallen lassen oder umstoßen, aneinanderschlagen, zerreißen, Materialien wie Sand, Wasser, Matsch, Erde, Blätter, Alltagsgegenstände verformen). Die Funktionalität wird erkundet und entdeckt.
- **Fiktionsspiel:** Das Kind gibt den Funktionen Sinn und Bedeutung. Nicht mehr nur die reine Funktionslust steht im Vordergrund, sondern auch die Spielhandlung. Sie ist Ausdruck innerer Vorstellungen, Repräsentationen und Fantasien („als-ob"). Das Kind veräußert seine Persönlichkeit (Imitation über Rollenspiele etwa mit Märchengestalten, Vater-Mutter-Kind, Polizist, Kaufmannsladen). Es sind Spiele der Ich- Stärkung (z.B. sich groß zeigen: „Ich bin der große und starke Ninja") und einfacher Mutproben sowie Spiele des Sich-Vergleichens, also Wettkampfspiele.
- **Rezeptionsspiel:** Das Kind nimmt für sich interessante und bedeutsame Regelwerke wahr. Es setzt sich mit seiner Lebenswelt auseinander über Tätigkeiten wie Bücher anschauen („lesen"), Kinderlieder, Märchen und Geschichten anhören sowie die Spiele und Tätigkeiten der Mitmenschen beobachten (z. B. Puppentheater, Lieder, die von anderen Kindern gespielt und gesungen werden). Es ist das Lernen am Modell oder über die Nachahmung.
- **Konstruktionsspiel:** Hier geht es um das einfache Konstruieren und Bauen. Indem die einzelnen Teile zusammengebracht werden, wird ein Objekt aufgebaut. Hier finden sich serielle Spielhandlungen mit ersten produktorientierten Leistungen, denn das Kind stellt etwas dar oder her (prozessorientiertes Türmebauen = vertikal, Mauern bauen = horizontal, danach Häuser/Garagen/Ställe bauen = dreidimensional, und später planvolles Basteln und Bauen).

Spieltheorie nach Jean Piaget

Die Spieltheorie des Schweizer Psychologen Piagets (vgl. Montada 1995) erfährt häufig Kritik, da hier die Entwicklung der kognitiven Fähigkeiten, Fertigkeiten und Strukturen auf der Basis sensomotorischer und präoperationaler Intelligenz im Vordergrund steht. Trotzdem ist sie nach wie vor eine in der Psychologie, Psychiatrie und Heilpädagogik anerkannte, begründete Theorie.

Piaget entwickelte folgende Klassifikation, in der er drei Arten des Spiels unterscheidet:

- **Sensomotorisches Übungsspiel** (0 bis 2 Jahre): Die Spiele entstehen unter anderem aus sozialer Interaktion und werden durch diese aufrechterhalten. Es sind Vorboten von Rollenspielen (vgl. Nachahmung, Lernen am Modell) und entsprechen über- wiegend dem Funktionsspiel nach Bühler.
- **Symbolspiel** (ab circa $1 1/2$ Jahren): Hier kann man Objektkonstanz feststellen. Das abwesende Objekt ist in der Vorstellung präsent. Als Voraussetzung müssen Ansätze zur

Vorstellungskraft und die Fähigkeit zur Symbolisierung vorhanden sein („So- tun-als-ob"–Spiele; vgl. Bühler: Fiktionsspiel)
▶ **Regelspiel** (im 5. Lebensjahr beginnend, im 7. bis 11. Lebensjahr voll entwickelt): Dabei werden zwischen den Spielpartnern den Verlauf strukturierende Absprachen und Regeln ausgehandelt. Es ist ein sozial akzentuierter Spieltyp, der durch die beginnende Überwindung des Egozentrismus im Sozialisationsprozess des Kindes möglich wird. Voraussetzungen sind die Dezentrierung und die Möglichkeit zum Perspektivwechsel sowie die Kenntnis sozialer Normen.

Möglichkeiten des Spiels und seine Bedingungen in der Heilpädagogik

Jedes Kind nutzt seinen Spiel-Raum individuell und hat seine ganz eigene Art und Weise zu spielen. Dies gilt ganz besonders für ein Kind mit Verhaltensauffälligkeiten. Die Aufgabe der (Heil-)Pädagogik ist es nun, in einer dialogischen Beziehung dem Kind das Spiel und dessen Möglichkeiten zugänglich zu machen.

Das Spiel ist als (heil-)pädagogisches Medium besonders geeignet, weil es:
▶ als allgemeines Kulturgut vorhanden und verfügbar ist,
▶ durch alle Beteiligten handhabbar ist,
▶ gemeinsames Tun ermöglicht,
▶ jedem Individuum ermöglicht, einen subjektiven Ausdruck zu finden, und damit intersubjektives Verstehen aller Beteiligten,
▶ die aktive Beteiligung und Gegenseitigkeit aller, zwischen denen eine gemeinsame Mitte gefunden werden soll, ermöglicht,
▶ den erzieherisch Handelnden hilft, über Ausdruck und Verstehen eine kompetente, stichhaltige pädagogische Einschätzung abzugeben und moralisch verantwortlich zu handeln (vgl. Köhn 2002, S. 137ff.).

Das Spiel zeichnet sich durch eine Vielzahl an Ausdrucks- und Gestaltungsmöglichkeiten in Sprache, Bewegung, Rhythmik, Musik, Tanz, Gestalten, Formen oder Malen sowie in seiner symbolischen Bedeutung aus. Es ist heute nicht selbstverständlich, dass Kinder – aus eigenem Antrieb – noch spielen können. Häufig mangelt es an Spielgefährten, Freundinnen und Freunden, an geeigneten Spielräumen und Materialien, Zeit oder Anleitung durch die Eltern. Für diese Kinder ist die besondere Aufmerksamkeit der (Heil-)Pädagogin oder des Pädagogen gefordert.

Verschiedene **Bedingungen** müssen erfüllt sein, **um spielen zu können:**
▶ Vielseitige, reizvolle Umweltbeziehungen, existent durch die gesamte Konstitution und Organisation des Menschen (Körperorgane und Psyche)
▶ Inneres Leben und Lebendigkeit, innere Lebenskraft
▶ Ein wirkliches äußeres Leben
▶ Freiheit von der unmittelbaren Erhaltungs- bzw. Überlebenssorge
▶ Echte Geborgenheit, Aufgehobensein in der (Um-)Welt, insbesondere in der Gruppe (vgl. Scheuerl 1981).

> ### Fallbeispiel für die Bedeutung des Spiels in der kindlichen Entwicklung
>
> *Die Mutter der dreijährigen Hanna wird von einer Erzieherin angesprochen, die in den vergangenen zehn Tagen als Krankheitsvertretung in der Gruppe eingesetzt worden war. Die Fachkraft hat beobachtet, dass Hanna beinah zwanghaft den gesamten Tag damit beschäftigt ist, Dinge zu ordnen (Kleider vor dem Mittagschlaf, das Bett, Besteck und Geschirr beim Mittagessen, Spielgegenstände). Aufgefallen ist der Erzieherin zudem, dass Hanna – im Gegensatz dazu, wie sie das fröhliche, aufgeschlossene, unbeschwert und autark wirkende Kind sonst kennt – kaum noch mit anderen Kindern spielt. Wird Hanna von den anderen Kindern zum Spielen eingeladen, geben sie „entnervt" nach einiger Zeit auf, weil das Spiel durch das (beinahe verbissene) Ordnen nicht in Gang kommt.*
>
> *Die Mutter berichtet daraufhin, dass in den letzten Wochen zu Hause ebenfalls immer wieder ähnliche Situationen aufgetreten sind. Hanna besitzt schon immer ihre ganz eigene Geschwindigkeit, sie braucht viel Zeit für alles. Doch seit einigen Wochen geht es ihr schlecht. Sie ist das zweite Kind der Eltern und hat vor einem halben Jahr ein Geschwisterchen bekommen, das nach ein paar Wochen schwer erkrankte, sodass ein Krankenhausaufenthalt notwendig wurde. Die Mutter vermutet darin die Ursache.*
>
> *Die Erzieherin berichtet, dass die zweite Gruppenerzieherin offensichtlich ein schwerwiegendes Problem mit Hanna habe. Sie reagiere barsch und ablehnend auf Hanna und mache sie „wegen ihrer ewigen Bummelei" für alle Unruhe in der Gruppe verantwortlich. Mittlerweile hätten die Kinder den Ton der Gruppenerzieherin gegenüber Hanna angenommen und würden sie nur noch „Bummelhanne" nennen. Die zweite Gruppenerzieherin meint später im Gespräch: „Ich habe ein Problem mit dem Kind, weil es mich an mich erinnert, als ich klein war."*

Die (Heil-)Pädagogin oder der Pädagoge muss für alle Kinder sorgen und die notwendigen Bedingungen herstellen, damit die Voraussetzungen für ein freies Spiel wieder geschaffen sind. Nicht selten muss – auch gegen die Widrigkeiten der spezifischen kindlichen Lebenswelt – die fehlende oder verloren gegangene Geborgenheit erneut entstehen, in der freies Spiel erst möglich wird und sich entfalten kann.

In Hannas Fall ist Handlungsbedarf auf vielen Ebenen notwendig, die Not muss gewendet werden. Der erste und wichtigste Schritt besteht darin, die Situation zwischen Hanna und ihrer Gruppenerzieherin zu verändern. Danach bzw. gleichzeitig kann durch das Spiel Entlastung geschaffen werden.

Insbesondere die Möglichkeit zur Selbstinszenierung bietet vielfältige konstruktive Ansätze für die pädagogische Arbeit, zum Beispiel Verkleiden, sich durch Körpersprache (Mimik, Gesten) oder Laute verständigen, Fantasie-, Märchen- oder Tiergestalten annehmen, ein anderer, ein Fremder sein (z.B. die furchtlose Pippi Langstrumpf) sowie Gedanken und Gefühle, Wünsche und Träume, Ängste und Sorgen ausleben, sichtbar und greifbar werden lassen.

Spiel kann Lebenserprobung sein und Antworten geben auf die Fragen: Wer bin ich? Was kann ich? Wie wirke ich? Oder auch: Wie fühle ich (mich)? Was geht in mir vor? Was wünsche ich (mir)?

> ### Lösung im Fall Hanna
>
> Nach einem dreiwöchigen Kuraufenthalt (Mutter-Kind-Kur) teilt die Kinderbetreuung im Haus der Mutter aufgrund der Berichte und Hannas Verhalten mit, dass das Kind in der Heimateinrichtung gefährdet sei. Bei einem Gespräch mit der Mutter, den beiden Gruppenerzieherinnen und Hanna an ihrem vierten Geburtstag fragt die Pädagogin, was Hanna sich wünschen würde, wenn sie am nächsten Tag wieder in den Kindergarten kommen und dort Geburtstag feiern könnte. Hanna antwortet: „Ich wünsche mir, dass ihr nicht mehr so böse zu mir seid, nicht mehr so viel mit mir schimpft und nicht mehr Bummelhanne zu mir sagt." Hanna findet ihren Platz nach acht Wochen in einem neuen Kindergarten, in dem sie das freie Spiel auch mit anderen Kindern wieder für sich entdeckt und aufblüht.

Das Phänomen Lernen

Eng verbunden mit dem Spiel ist das Lernen. So „lernt" das Kind im Spiel zum Beispiel alternative Verhaltensweisen. Lernen ist zunächst ein eher abstrakter, konstruierter Begriff, der durch den Aspekt der Veränderung gekennzeichnet ist. Man kann Lernen nur indirekt über Verhaltens- und Erlebensänderungen erschließen, also durch hinter dem sichtbaren Verhalten liegende Kompetenzen, Dispositionen, Werte, Normen und Motive.

> ### Lernen
>
> Lernen wird verstanden als „innerer und äußerer Prozess der Vermittlung zwischen Organismus und Umwelt" (Gröschke 1997, S. 241), als ergiebiger Leistungsaufbau, der sich sowohl auf innere (Verstehen, Einsicht) als auch auf äußere Aspekte (Verhalten, Haltung, Einstellungen) bezieht. Lernen verbindet dabei Selbstaktivität und Einwirkung äußerer Faktoren. Menschliche Existenz gründet auf der Fähigkeit, lernen zu können. Als Lernen werden eher kurzfristig, aktuell entstandene Veränderungsprozesse definiert. Entwicklung hingegen bedeutet langfristige, biopsychosoziale Veränderungen.

Lernen und die Fähigkeit zu lernen sind ein Konstrukt komplexer person- und umweltabhängiger Dispositionen und Merkmale. Diese bestimmen in hochkomplizierter Art und Weise die Quantität und Qualität der stattfindenden Lernprozesse. „Lernen bedeutet, die Umwelt nach immer komplexeren und differenzierteren Merkmalen und Elementen zu strukturieren und sich im eigenen Anpassungsverhalten immer effizienter auf wechselnde Bedingungen einstellen zu können" (Gröschke 1997, S. 243).

In der aktuellen empirischen Sozialisations- und Bildungsforschung ist eine der wichtigsten Erkenntnisse, dass die Fähigkeit zu lernen weder eine unabänderliche Anlage noch ein festgelegtes inneres Potenzial ist, im Sinne einer gegebenen „Begabung", sondern im weitesten Umfang durchaus „lernbar" (Gröschke 1997, S. 247) sowie kontext- und motivationsabhängig.

Primär wird Lernen aus lerntheoretischer Sicht durch das Erleben einer Diskrepanz oder eines Konfliktes im Umgang mit der Umwelt in Gang gebracht. Motivation ist die Wiederherstellung einer Ordnung und eines Gleichgewichtes auf einer neuen Stufe.

In den verschiedenen psychologischen Lerntheorien werden Veränderungen unter unterschiedlichen Aspekten betrachtet, zum Beispiel sensomotorische, instrumentelle oder kognitive Lernformen und -ergebnisse. John H. Flavell unterscheidet folgende **Veränderungsmöglichkeiten** (vgl. Oerter & Montada 1998):

- **Addition:** Zugewinn neuer Elemente und Strukturen zu bereits bestehenden (z.B. Wortschatzzuwachs)
- **Substitution:** Ersetzen einer Funktion durch eine weiterentwickelte, „reifere" (z. B. robbt ein Kind nicht mehr, wenn es krabbeln kann)
- **Modifikation:** Qualitative Verbesserung einer Verhaltensform nach bestimmten Werte- kriterien (z.B. schreit und weint das Kind nicht mehr bei Misserfolg, sondern sucht Unterstützung, was ihm effizienter, befriedigender erscheint)
- **Differenzierung:** Verfeinerung von Elementen und Strukturen, Begriffs- und Gefühlsdifferenzierung (z.B. wird aus Baum Nadelbaum oder Laubbaum; aus diffusem Lust-Unlust-Empfinden wird Freude, Liebe, Zorn, Wut)
- **Hierarchische Integration:** Verknüpfung zu sinnvollen und funktionalen Verbindungen, sensorische Integration von Wahrnehmung zu Problemlösestrategien (z.B. kippt der zu voll geladene Spielanhänger bei der Fahrt auf einen kleinen Hügel um; das Kind lädt Teile des Sandes aus und bewältigt den Anstieg in der Folge ohne Zwischenfall)

Menschliches Lernen ist die Erweiterung, Strukturierung und Modifizierung des Erfahrungshorizonts. Lernen ist nicht der stete Zuwachs intellektuellen Denk- und Leistungsvermögens, sondern Interaktion und Beziehung. Lernstörungen sind immer auch Beziehungs- und Verhältnisstörungen. Lernen ist eine individuelle, intensive Selbsttätigkeit des Kindes. Menschliche Lernprozesse können unterstützt, erleichtert oder durch insbesondere affektive Belastungsfaktoren wie Angst, Aversion oder Übertragungsprozesse gestört und blockiert werden (vgl. Gröschke 1997, S. 246f.).

Es gibt keine generelle und einheitliche Lernfähigkeit des Menschen und umgekehrt auch keine generelle Lern- oder Bildungsunfähigkeit. Bei Kindern und Jugendlichen mit

Lernbehinderung wird die Beeinträchtigung der schulischen Lernfähigkeit zum zentralen Thema in der pädagogischen Theorie und Praxis. Oft liegen keine organisch-sensorischen Einschränkungen vor, und doch lassen sich deutliche Abweichungen von altersüblichen Möglichkeiten zu lernen finden.

5.3 Entwicklungsbegriff in der Heilpädagogik

Entwicklung hängt eng mit Spielen, Lernen und Tätigkeit zusammen. Das zeigt sich auch im pädagogischen Sprachgebrauch, wenn wir sagen: „Im Spiel entwickeln sich bestimmte Fähigkeiten, über das Erlernen von Kompetenzen entwickelt sich das Kind weiter, das Kind übt die Tätigkeit und den Handlungsverlauf in der Wiederholung."

Zugleich ist Entwicklung ein Phänomen menschlicher Existenz, jedoch wesentlich abstrakter und weniger unmittelbar als Leiblichkeit oder Bewegung. Gröschke spricht der Entwicklung den Charakter eines theoretischen Konstrukts zu, in das „verschiedene Menschenbildannahmen, Beschreibungs- und Erklärungsmodelle menschlicher Ontogenese" (Gröschke 1997, S. 214), also menschlichen Seins, einfließen.

Mit Entwicklung sind die vom Lebensalter der Person abhängigen Veränderungen im Erleben, Denken und Verhalten (leib-seelisch) einer Persönlichkeit gemeint – der Ausdruck und das Ergebnis von Handeln, von Erfahrungsverarbeitung und Lernen. Das Lebensalter ist dabei lediglich ein Orientierung gebendes Moment und kein erklärendes. Dies ist insbesondere bei Menschen mit geistiger oder Lernbehinderung, aber auch bei Kindern mit sogenannter sozial-emotionaler Entwicklungsverzögerung zu berücksichtigen.

Diese psychophysischen Veränderungen sind eng verbunden mit der Geschichtlichkeit des Lebens (Zeugung, Geburt und Tod eines Menschen, Lebenszeit). In den körperlichen und geistigen Wachstums-, Veränderungs- und Abbauprozessen bildet sich die Lebensgeschichte eines Menschen ab (der erste Zahn, Wachstum, Menarche, Krankheiten, Falten, Narben, das erste graue Haar, Verfall). Jeder Mensch hat seine Zeit, seine ganz eigene Lebenszeit, in der er verschiedene Erfahrungen über die sinnliche, emotionale, kognitive und soziale Auseinandersetzung mit seiner Innen- und Außenwelt macht, die ihn verändern, aus denen er lernt und sich in seiner Persönlichkeit weiterentwickelt. Das Medium dieser Veränderungen ist der Körper bzw. der Leib des Menschen.

Ohne Entwicklung gäbe es keine Erziehung und auch keine Heilerziehung. Würde sich psychophysisch bzw. leib-seelisch im menschlichen Lebenslauf nichts verändern, würde sich weder therapeutisch noch pädagogisch etwas bewirken lassen.

In dem Versuch, Entwicklungsprozesse zu verstehen und zu erklären, gibt es in den entwicklungspsychologischen Theorien, die die personale Seite von Entwicklungsprozessen betonen, und in der Sozialisationsforschung, die stärker auf soziokulturelle und sozioökonomische Bedingungen abstellt, verschiedene Ansätze und Modelle.

Im heilpädagogischen Verständnis und Handeln geht es um Beziehungsverhältnisse sowie um die Person und ihre Umwelt in ihren Wechselwirkungen, so werden also beide Perspektiven benötigt. In der wissenschaftlichen Diskussion wird unter Entwicklung einerseits der biologisch-physiologische Reifungsprozess (Rousseau) verstanden, andererseits das Produkt von Erziehung sowie Erziehung als Werk der jeweiligen Gesellschaft. Entwicklung ist somit ein „Sozialisationsprozess in und durch die Umwelt" (Durkheim in: Gröschke 1997, S. 224). Unterschiedliche Menschenbilder liegen den verschiedenen psychologischen Erkenntnistheorien zugrunde.

Biosozial-interaktionistisches Entwicklungsmodell
Ein für die heilpädagogische Praxisaufgabe der Entwicklungsförderung geeignetes Modell ist das biosozial-interaktionistische, das auch transaktionales, ökobehaviorales Modell genannt wird. Denn es berücksichtigt sowohl die in der Person liegenden Aspekte als auch die sozial-gesellschaftliche Komponente und Verantwortung. Dieses Modell liegt ebenfalls den heilpädagogischen Erklärungsversuchen von Verhaltensauffälligkeiten zugrunde (vgl. Kapitel 2.4).

> **Entwicklung**
>
> Entwicklung ist Ergebnis des selbstaktiven, intentionalen und zielgerichteten Handelns des Kindes, um sich mit seinen Möglichkeiten, Wünschen, Zielen an die Anforderungen und Bedingungen seiner Lebenswelt anzupassen und sie zu bewältigen. Entwicklung ist ein offener, unbestimmter und lebenslanger Prozess mit dem Ziel, die eigene Persönlichkeit zu entfalten und zu verwirklichen (vgl. Gröschke 1997, S. 141).

Die Handlungen eines Kindes bewirken neben den Veränderungen in seiner Person auch Veränderungen in seiner Lebens- und Umwelt. Diese Veränderungen wiederum bieten Anreize für neue entwicklungsförderliche Handlungen. Entwicklung vollzieht sich demnach wechselseitig zwischen Person und Umwelt.

Trotz der Orientierung an bestimmten Gesetzmäßigkeiten und übereinstimmenden Mustern menschlicher Entwicklung gilt das Individualisierungsprinzip, vor allem für den (heil-)pädagogisch Tätigen, mit den folgenden Grundsätzen:
- Es ist normal, verschieden zu sein.
- Jeder Mensch ist einzigartig und entwickelt sich individuell. Er hat seine eigene Biografie und seine eigenen Entwicklungsmuster und -verläufe.
- Entwicklung ist ein Leit- und kein Leistungsbegriff.
- Entwicklung bedeutet Veränderung, Anderswerden und nicht zwangsläufig ein Vorwärts- und Aufwärtsstreben.
- Entwicklung als lebenslanger Prozess der Persönlichkeitsentwicklung wird durch das Kind selbst initiiert.

Das Fundament der Persönlichkeitsentwicklung, die grundlegenden Fähigkeits- und Lernstrukturen, die sensorische und emotionale Basis kindlicher Persönlichkeit werden in der frühen Kindheit gelegt. Entwicklung ist ein Prozess umfassender Differenzierung, Integration, Organisation und Ordnung mit Blick auf Körper, Geist und Seele. Zum Beispiel entwickeln sich aus den ungerichteten Massenbewegungen des Säuglings immer differenziertere Bewegungen, das betrifft die Augenmotorik (Blickkontakt, Fixieren) und auch die Grob- und Feinmotorik (Greifen, Klettern, Laufen, Sprechen, Handgeschicklichkeit, Schreiben etc.). Die Vorgänge äußerer und innerer Veränderung müssen von dem Kind als sinnvoll und bedeutsam erlebt werden, um eine eigene stabile Identität entwickeln und bewahren zu können.

> ### Beispiel für individuelle Entwicklungsschritte
> Bei manchen Kindern scheint die Entwicklung kaum wahrnehmbar gleichmäßig, stetig fortschreitend und ohne merkliche Einbrüche oder Krisen zu verlaufen. Sie wachsen sowohl körperlich als auch mental kontinuierlich. Andere dagegen scheinen lange auf einem Entwicklungsstand zu verharren, fallen dann im Vergleich zu Gleichaltrigen scheinbar zurück und geraten merklich aus dem Gleichgewicht. Dies zeigt sich durch zwanghafte, impulsive, aggressive, unruhige, ängstlich-introvertierte, regressive Verhaltensweisen. Plötzlich scheint sich die sprachliche Ausdrucksfähigkeit zu verringern, die Fähigkeit, sich zu konzentrieren, „zuzuhören", teilzunehmen, situationsangemessen zu kommunizieren oder Probleme zu bewältigen, scheint verloren zu gehen. Dieser Zustand ist von unterschiedlicher Intensität und Dauer. Jedoch scheinbar über Nacht sind dann alle Fähigkeiten wieder da und in Qualität und Quantität deutlich erweitert. Der Entwicklungsschritt ist getan.

Aus diesem Prozess ergeben sich **(heil-)pädagogische Handlungsprinzipien**:
- Den aktuellen Entwicklungsstand in allen Bereichen (Ressourcen, Stärken, Schwächen, Defizite) feststellen und die „Zone der nächsten Entwicklung" (Vygotskij 1988, S. 83), die Entwicklungsfenster, erkennen
- Gewähren lassen und Selbsterkenntnis sowie Selbstständigkeit fördern
- Fördern durch Fordern (nicht über- und nicht unterfordern; Diskrepanzerfahrung)

Vygotskij beschreibt die „Zone der nächsten Entwicklung" als das potenzielle, also mögliche Entwicklungsniveau oberhalb des aktuellen Entwicklungsstandes eines Kindes (vgl. Kapitel 5.1). Auf diesem Niveau kann das Kind mithilfe eines kompetenten Sozialpartners Aufgaben bewältigen, die es ohne Unterstützung nicht hätte lösen können.

5.3 Entwicklungsbegriff in der Heilpädagogik

> ### Fallbeispiel für eine gelungene Entwicklungsunterstützung
>
> *Der sechsjährige Adrian baut gerne mit Legosteinen. Immer wieder konstruiert er Gebilde, die er als Fahrzeuge präsentiert und mit denen er durch die Kindertagesstätte braust. Der Junge wird ein Jahr von der Schule zurückgestellt, denn er fällt durch sein hyperkinetisches und regelverletzendes Verhalten (Unruhe, geringe Aufmerksamkeit und Konzentration, Impulsdurchbrüche) auf. Als er einen Legobausatz entdeckt, aus dessen Steinen drei unterschiedliche Fahrzeuge gebaut werden können, gibt er an, gleich alle bauen zu können. Daraufhin reißt er den Deckel von der Packung, schüttet alle Steine aus und beginnt, sie planlos zusammenzusetzen. Beim Vergleich mit dem Bild auf dem Bausatz erkennt er jedoch an, dass es nur wenige Ähnlichkeiten gibt. Im Beisein der Heilpädagogin baut er dann allein in einigen Wochen mittels der beiliegenden Bauanleitung und Schritt für Schritt die Fahrzeuge zusammen, beginnend mit dem Sortieren der Steine nach Farbe, Größe und Form. Auch im Kindergartenalltag zeigt sich Adrian nun ruhiger, planvoller, frustrationstoleranter, aufmerksamer und kompromissbereiter.*

Aus diesem Beispiel wird ersichtlich, dass die wesentliche Aufgabe des unterstützenden Partners, also der Erzieherin oder des Erziehers, darin besteht, dem Kind „durch entwicklungs- und bedürfnisgerechte Objektangebote den Aufbau von Gegenstandsbezügen zu ermöglichen" (Gröschke 1997, S. 256).

6.
Wie wird herausforderndem Verhalten in der heilpädagogischen Praxis begegnet?

> **In diesem Kapitel erfahren Sie**
>
> – dass Wahrnehmen und Verstehen eine wesentliche Voraussetzung für die wirksame Begleitung bei herausforderndem Verhalten sind
>
> – welche Bedeutung der heilpädagogischen Diagnostik für die lösungsorientierte Begleitung zukommt
>
> – dass die Hilfe vor allem in einer Suche nach tatsächlich möglichen und sinngebenden Zielen besteht

Im 19. Jahrhundert näherte man sich verhaltensauffälligen Kindern mit der Zielvorstellung, den „Eigensinn" mit sogenannten pädagogischen Mitteln zu brechen (vgl. Voß in: Störmer 2013, S. 300). Bis heute sind entsprechende Konzepte aktuell, gesucht wird häufig nach schnellen, effizienten, kostensparenden Lösungen und einfachen Antworten für hochkomplexe Fragestellungen. Folglich gewinnen strafende Maßnahmen wieder an Bedeutung und erhalten gesellschaftliche Billigung. Jedoch sind es „Scheinlösungen", die gegebenenfalls zu einer Verschärfung der Lern- und Lebenserschwernisse führen, somit zu einer erneuten Behinderung der Entwicklung des Kindes und gerade nicht zu einer Bearbeitung und Bewältigung der zugrunde liegenden Problematik (vgl. Störmer 2013, S. 278). Sie entwürdigen das Kind und den Erwachsenen, der auf diese Formen der „Erziehung" zurückgreift.

Ebenso widersprechen solche repressiven Ansätze dem Grundgesetz der Bundesrepublik Deutschland (Art. 1: Die Würde des Menschen ist unantastbar) und der UN-Konvention für die Wahrung der Würde und der Rechte der Kinder. Hier werden körperliche Züchtigung, Bestrafung, seelische Verletzungen und andere entwürdigende Maßnahmen in der (elterlichen) Erziehung explizit untersagt.

Wie nähert sich also heute die Heilpädagogik Kindern mit herausforderndem Verhalten? Wie wird auffälliges Verhalten auf der Grundlage heilpädagogischer Wertkonzeption gedeutet und verstanden? Welche Zugangswege bieten sich an? Welches Ziel verfolgt die Heilpädagogik in der Zusammenarbeit mit verhaltensauffälligen Kindern?

6.1 Verhalten wahrnehmen und verstehen

In der fachlichen Auseinandersetzung wird das Verhalten eines Menschen als Ausdruck seines Erlebens, Denkens und Fühlens und auffälliges bzw. gestört erscheinen- des Verhalten als Ausdruck und Ergebnis irritierter, gestörter Beziehungs-, Lebens- und Lernverhältnisse verstanden. Um Verhaltensauffälligkeiten und damit verbunden erschwerten Entwicklungsvollzügen bzw. -prozessen angemessen und wirksam begegnen zu können, gelten für die

6.1 Verhalten wahrnehmen und verstehen

(heil-)pädagogische Arbeit mit verhaltensauffälligen Kindern, die über die Schritte „Wahrnehmen, Verstehen und Begleiten" stattfindet, drei wesentliche Grundsätze (vgl. Moor 1965, S. 259):

▶ „Erst verstehen, dann erziehen.
 ‚Wir müssen das Kind verstehen, bevor wir es erziehen.'
▶ Nicht gegen den Fehler, sondern für das Fehlende.
 ‚Wo immer ein Kind versagt, haben wir nicht nur zu fragen: Was tut man dagegen? – Pädagogisch wichtiger ist die Frage: Was tut man dafür?'
▶ Nicht nur das Kind, auch seine Umgebung ist zu erziehen.
 ‚Wir haben nie nur das entwicklungsgehemmte Kind als solches zu erziehen, sondern immer auch seine Umgebung.'"

Wie können diese Grundsätze in die (heil-)pädagogische Praxis übersetzt werden? Welche Annahmen und Zugänge setzen sie voraus? Wie gestalten sie den Umgang mit verhaltensauffälligen Kindern?

Mithilfe sensibler und umfänglicher (ganzheitlicher) Beobachtungen des Kindes und durch das Kennenlernen seiner Lebenswelt(en), durch eine vertrauensvolle und unterstützende Zusammenarbeit mit den Eltern, anhand von Fallbesprechungen im Team und interdisziplinäre Zusammenarbeit können die Befindlichkeit des Kindes sowie seine Bedürfnisse und Hindernisse für einen ungestörten und günstigen Entwicklungsverlauf verstanden werden. Die Frage nach dem, was zu tun ist, kann durch die Frage nach dem, was dem Kind fehlt, um sich angemessen verhalten und nach seinen Möglichkeiten bestmöglich entwickeln zu können, beantwortet werden.

Daraus ergeben sich Handlungsnotwendigkeiten und -möglichkeiten. Dabei muss Handeln nicht zwangsläufig ein aktives Intervenieren sein. Häufig ist es notwendig, einen Moment innezuhalten, in der Heilpädagogik spricht man davon, „erst einmal einen notwendigen Schritt zurückzumachen". Oft wird die Notwendigkeit von Veränderungen der äußeren, der Umgebungsbedingungen – seien es räumliche, strukturell-organisatorische oder personelle – sowie die Unterstützung, Entlastung, Umorganisation und/oder Sensibilisierung der sozialen Bezugssysteme (Eltern, Pädagogin/Pädagoge oder Kindergruppe) offensichtlich. In diesem Sinne ist also nicht nur das Kind, sondern auch seine Umgebung zu erziehen.

Erst verstehen, dann erziehen

Um ein Kind verstehen und begleiten zu können, bedarf es des Wissens um die Phänomene menschlicher Existenz, die Genese, des Wissens um die aktuellen und vergangenen Lebensbedingungen, die Stärken und Ressourcen, aber auch der Kenntnis der Defizite und Belastungen des Kindes. Es ist notwendig, die Bedingungsverhältnisse und Wechselwirkungen biologischer, psychischer und sozialer Wirklichkeit des betreffenden Menschen zu betrachten und zu begreifen (vgl. Kapitel 2.4)

Die Pädagogin bzw. der Pädagoge betrachtet unangemessenes, auffälliges, störendes oder herausforderndes Verhalten nicht zwingend als pathologisch oder als Ausdruck eines isolierten Defekts, sondern vielmehr als Problemlösungsversuch und Versuch der Wiederherstellung eines inneren Gleichgewichts. Das Kind will sich selbst entwickeln, teilhaben und dazugehören. Somit ist dieses Geschehen auch als ein Kulturbildungs- und Sozialisationsversuch unter isolierenden Bedingungen und inkonsistenten Bindungs- und Bedeutungskonstellationen zu verstehen. Als isolierende Bedingungen sind soziale Lebens- und Lernbedingungen zu sehen, in denen Kommunikations-, Interaktions- und Dialogmöglichkeiten erschwert, eingeschränkt oder beeinträchtigt sind. Auffällige Verhaltensweisen entwickeln sich aus gestörten Beziehungen – insbesondere zur Erwachsenenwelt –, wobei unerfüllte Grundbedürfnisse (siehe Kapitel 1.1) von wesentlicher Bedeutung sind. Diese Kinder sind Symptomträger gestörter Beziehungsverhältnisse und Entwicklungsbedingungen.

Erfahrungen und Erlebnisse, die mit besonders angenehmen oder unangenehmen Gefühlen verbunden sind oder waren, bleiben im „Gedächtnis" des Menschen, sie prägen und beeinflussen das aktuelle und zukünftige (Seelen-)Leben und das Verhalten eines Menschen. In den Reaktionen eines Menschen sind stets Gefühle enthalten, es gibt kein rein objektives, von Emotionen freies, nur kognitives Spontanverhalten (vgl. Krenz 2012; Spitzer 2002; Hüther & Krens 2005; Goleman 2007).

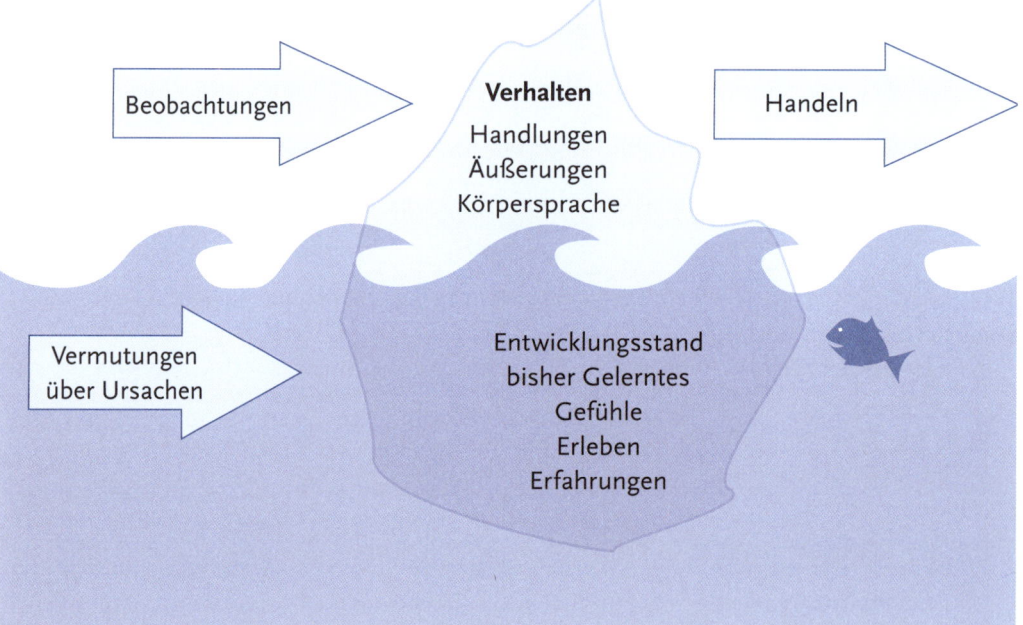

Abbildung 18: Eisbergmodell zu den Handlungsmotiven und der Wahrnehmung

Im Laufe seines Lebens ist der Mensch immer wieder Situationen ausgesetzt, die in ihm Gefühle entstehen lassen; die vier Primäraffekte Freude, Angst, Ärger oder Wut sowie Trauer sind hier zentral. Diesen Gefühlen gibt das Kind naturgemäß unverfälscht Ausdruck. Der erwachsene Mensch hat gelernt, die Gefühle zu entschlüsseln und im besten Falle – gesellschaftlichen Erwartungen entsprechend – angemessen darauf zu reagieren, mit seinen Gefühlen umzugehen und sie zu steuern.

Kindern gelingt das ihrem Lebens- und Entwicklungsalter, ihrem Temperament und ihrer Eigenart entsprechend in dieser Weise noch nicht. Sie weinen, wenn sie Angst verspüren, laufen fort oder schreien. Sie begrüßen den ersten Sommerregen mit einem Tanz voll überschäumender Freude und Vergnügen. Oder sie geben ihrem Ärger über Verbote Ausdruck mit den Worten: „Du bist eine ganz, ganz blöde, liebe Mami."

Krenz fasst die unterschiedlichen Möglichkeiten zusammen, über die Kinder ihren Gefühlen, ihrem Seelenleben oder ihrer Befindlichkeit Ausdruck verleihen und sich damit von übermäßigen Druck befreien können (vgl. Krenz 2012, S. 36):

- Über Motorik oder Bewegungsaktivitäten
- Im Spiel
- Durch Sprache, etwa bei eigenen Erzählungen
- In (Tag- und Nacht-)Träumen
- Im Gestalten (malen, zeichnen, bauen)
- Durch besondere (auffällige) Verhaltensweisen

Über diese Möglichkeiten dokumentieren Kinder ihr aktuelles Leben und ihre „Einstellung zum Leben" (ebd.). Bereits in frühester Kindheit entstehen lebenslang wirksame Einstellungen und Grundsätze zum Leben, die die Alltags- und Lebensbewältigung sowie die Ausdrucksweisen beeinflussen. Aus der unbewussten, persönlichen Bewertung aller vom Gehirn als bedeutsam eingestuften Erfahrungen entsteht ein – in der Psychologie sogenannter – Lebensplan. Dieser ist Grundlage aller Gefühls-, Denk- und Handlungsmuster (ebd., S. 45). Die Pädagogin bzw. der Pädagoge ist herausgefordert, den Lebensplan über die Ausdrucksmöglichkeiten wahrzunehmen und zu verstehen.

Nicht gegen den Fehler, sondern für das Fehlende

In dem Versuch, herausfordernde Verhaltensweisen zu begreifen, stellt sich die Frage nach dem, was das Kind braucht, folglich nach dem, **was ihm fehlt**. Hat das auffällige Kind, was es braucht? Erlebt es Geborgenheit und Sicherheit? Erlebt es ausreichend Zuwendung und liebevolles Interesse? Weiß das Kind um das, was es – entsprechend seines Entwicklungsstandes – selbst bewirken und leisten kann? Weiß es um seine Stärken und Fähigkeiten, seine Ressourcen und Möglichkeiten? Erfährt es ausreichend Anerkennung für seine Initiative, seine Leistungen und seine Kontaktbereitschaft? Bei welchen Aktivitäten, in welchen Situationen bringt das Kind Optimismus und Zuversicht zum Ausdruck?

Aus der Perspektive des Kindes
Die Herausforderungen des Alltags bestimmen menschliches Verhalten. Um für diese offen und bereit zu sein, benötigt der Mensch sein seelisches Gleichgewicht. Menschliches Verhalten ist Ausdruck inneren Erlebens, Denkens und Fühlens. Es ist daraufhin organisiert, Span-

nungen zu lösen und das innere (seelische) Gleichgewicht wiederherzustellen. Der Mensch ist auf Entwicklung hin angelegt; diese vollzieht sich im großen Maße durch die Herausforderungen des Alltags und auf der Grundlage

- eines positiven Selbstkonzepts (siehe Kapitel 4.3) und Selbstwertgefühls
- von Vertrauen in die eigene Selbstwirksamkeit
- von Lebenslust und Vertrauen in die (Um-)Welt
- von Neugier und Explorationslust
- der Fähigkeit zum Entspannen
- der Fähigkeit zum (sozialen) Perspektivwechsel und zur Übernahme von Verantwortung

Aus der Perspektive des (heil-)pädagogisch Tätigen

Heilpädagogik geht davon aus, dass das Kind sich in Beziehung zu einem Gegenüber setzt, das es akzeptiert und ermutigt. Das kann auch durch Interaktionsmuster wie Abwehr oder Provokationen (Demütigung, Verletzung) geschehen und so auf den ersten Blick kaum erkennbar sein (vgl. Krenz 2012, S. 20). Über das Erweitern und Fördern der Stärken und Ressourcen eines Kindes versucht die (Heil-)Pädagogin bzw. der Pädagoge, alte destruktiv wirkende Muster zu überwinden und alternative, im Kind liegende Möglichkeiten zu wecken und zu entfalten; Ziel ist eine befriedigende Ganzheit. Dabei geht es um den Aufbau tragfähiger Beziehungserfahrungen.

Wahrnehmen und Mitteilen sind die beiden Grundachsen, auf denen sich der Prozess der Beziehungsgestaltung entwickelt und aufbaut. Die Basis für eine solche, personal erfüllte Berufsrolle bilden beziehungsgestaltende Momente, wie sie auch schon in Kapitel 3.1 angesprochen worden sind:

- Eine berufsethische Haltung der personalen Mitverantwortung
- Das Reflektieren beruflichen Handelns
- Das Bestreben und Ringen um Selbsterkenntnis, Selbsterziehung und Identitätsfindung der (Heil-)Pädagogin bzw. des Pädagogen
- Positive Erwartungen und erzieherische Tugenden, wie Geduld, Hoffnung, Humor, Vertrauen oder Zutrauen, als Grundlagen zur Herstellung einer heilpädagogischen Atmosphäre
- Die speziellen erzieherischen Aufgaben und Angebote der (Heil-)Pädagogik wie Empathie, Offenheit, Spontaneität, äußerer und innerer Halt, Permissivität und Interdependenz
- Reflexion der Real- und Übertragungsbeziehung (vgl. Kapitel 4.4)
- Die existenziellen, dialogischen, sinngebenden und subjektiven Fragestellungen: „Wer bist du für mich? Wer bin ich für dich? Wer können wir füreinander sein?" (Köhn 2001, S. 481)

An dieser Stelle sei betont, dass das Verständnis für (hoch-)belastete Kinder, ihr Erleben und Fühlen, ihre belastende Situation und für ihr mitunter auch die pädagogischen Fachkräfte verletzendes Verhalten nicht bedeutet, die Verletzungen zu entschuldigen. Verletzungen schmerzen, gleich, von wem sie zugefügt werden. Wer verletzt – ob Kind oder Erwachsener –, entwürdigt sich und den anderen und trägt dafür die Verantwortung.

Neben der Suche nach den Ursachen und dem Bemühen des Verstehens dieser (verletzenden) Verhaltensweisen, um den Zugang zu dem Leiden des Kinde zu finden, ist es ebenso wichtig (ohne zu moralisieren), dem Kind gegenüber deutlich werden zu lassen, dass jeder für sein Tun, seine Handlungen die Verantwortung tragen muss und darf. Nur dann kann es gelingen, dem Kind nachhaltig zu helfen und es nicht nur zu disziplinieren (vgl. Baer 2019).

Der Wirksamkeit und Bedeutung therapeutischen Handelns wird in der Fachliteratur noch immer mehr Aufmerksamkeit geschenkt als dem (heil-)pädagogischen Handeln – trotz komplexer und umfassender Ziele und Aufgaben. Die (heil-)pädagogisch Tätigen müssen aufgrund dessen und der Vielfalt der Klientel und deren Phänomene, wie Behinderung, Störung, Beeinträchtigungen, Funktions- und Sinnesstörungen, ein breites Handlungs- und Verhaltensrepertoire besitzen.

Das Fehlende: Symbolgehalt von auffälligen Verhaltensweisen

Im Folgenden werden einige in Kapitel 1 benannte Ausdrucksweisen von Kindern in ihrem Symbolgehalt und ihrer Bedeutung exemplarisch betrachtet. Dieser Betrachtung liegt ein psychoanalytischer Zugang zugrunde und muss achtsam und differenziert genutzt werden. Er darf nicht apriori als allgemeingültig verstanden werden. In vielen Beispielen (heil-)pädagogischer, psychotherapeutischer und spieltherapeutischer Praxis hat er sich jedoch als geeignet/hilfreich erwiesen. Wichtig bleibt anzuerkennen, dass die Ausprägungen eines Phänomens individuell unterschiedlich und in der Art und Weise, der Qualität und Quantität einzigartig und höchst individuell sind. Zudem können, wie in Kapitel 1 beschrieben, verschiedene Ursachen gleiche Phänomene und unterschiedliche Phänomene ähnliche oder gar gleiche Ursachen haben.

Entwicklungspsychologisch geht man davon aus, dass Entwicklungsschritte, die nicht befriedigt und abgeschlossen sind, nicht übersprungen werden können, also erst befriedigt werden müssen, um dann entwicklungsförderlich, stärkend wirksam werden zu können. Folglich entspricht das psychophysische Entwicklungsalter nicht zwangsläufig dem Lebensalter eines Kindes. Eine weitere Grundlage für das Verständnis innerseelischer Prozesse ist der Aspekt der Regression. Regression beschreibt den Rücktritt in eine vorgelagerte Entwicklungsstufe.

Fallbeispiel für Regression

Die dreijährige Adele hat vor ein paar Wochen einen Bruder bekommen, der die Aufmerksamkeit der Mutter und aller anderen Bezugspersonen in der Familie auf sich zieht. Wie die Mutter berichtet, schläft Adele seit ein paar Tagen nicht mehr allein ein, nässt und kotet auch am Tag wieder ein, spricht wieder in „Babysprache", nuckelt und kaut auf ihrem Schnuffeltuch herum, das sie nicht mehr ablegen mochte; sie weint, sobald sie ihre Wünsche nicht erfüllt sieht oder ihr Dinge nicht gelingen.

Adele, die bereits viele Schritte hin zur Selbstständigkeit gewagt und bewältigt hat, fällt aufgrund der veränderten, für sie neuen und stark verunsichernden Situation als große Schwester zurück in die bereits bewältigten Entwicklungsphasen (oral und anal). Sie sucht nach Sicherheit und erlebt diese Situation als selbst schwer beeinflussbar (vgl. Kapitel 4.1).

Motorische Koordinationsstörungen

In neuen Erhebungen zu deutschen Schuleingangsuntersuchungen zeigt sich, dass in den letzten Jahren 30 Prozent aller Schulanfänger deutliche motorische Koordinationsschwierigkeiten aufweisen. Bei etwa 10 Prozent werden Koordinationsstörungen diagnostiziert. Praktisch fehlt ihnen damit sowohl physisch und motorisch als auch psychisch die Grundlage, differenziertere feinmotorische Fähigkeiten sicher aufzubauen und sich koordiniert und in einem inneren Gleichgewicht neuen (Lern-) und Entwicklungsaufgaben zu stellen und diese zu bewältigen. Vordergründig werden motorische Koordinationsstörungen körperlich-funktional betrachtet und in Ergo- oder Physiotherapie behandelt. Koordinationsfähigkeit ist jedoch ein Ergebnis komplexer Wirkmechanismen, einer intakten Wahrnehmungsfähigkeit und einer guten sensorischen Integration (vgl. Kapitel 5.1).

Häufig liegen den motorischen Koordinationsstörungen Wahrnehmungsstörungen oder ein Mangel in der sensorischer Integration zugrunde. Die Basis, auf der kindliche Entwicklung stattfindet und aufbaut, ist hier nicht sicher ausgebildet. Kinder, die motorische Koordinationsschwierigkeiten haben, benötigen mehr Energie, um sich in Raum und Zeit, im eigenen Körper zu organisieren und motorische Handlungen zu vollziehen. Sie ermüden rascher, da sie mehr Energie benötigen, um konzentriert, aufmerksam und ausdauernd sein zu können. Nicht selten zeigen sie sich ängstlicher, zurückgezogen oder impulsiv-aggressiver als andere Kinder. Die Vorstellung vom eigenen Körper und seinen Ausmaßen, der eigenen Kraft und Bewegungssicherheit, dem Stand im Leben, der Selbsteinschätzung und Selbstwirksamkeitsüberzeugung entsteht unter anderem aus differenzierten sensomotorischen Erfahrungen. Diese basieren auf einer guten integrativen Wahrnehmungsverarbeitung und bedingen damit wiederum die motorische Koordinationsfähigkeit eines Kindes.

Daumenlutschen

Wichtige Erkenntnisse über die Bedeutung und Funktion des Daumenlutschens liefern uns Forschungen aus der Verhaltensbiologie, Bindungsforschung, Lern- und Tiefenpsychologie. Das Daumenlutschen wird tiefenpsychologisch als orales Sicherungs- und Entspannungsmoment verstanden. Durch das Gestilltwerden macht das Kind früh die Erfahrung des Genährtsein, der Entspannung und Beruhigung, von Trost und Stressbewältigung durch körperliche Nähe, Wärme und Bindung.

In der oralen Phase ist es die entscheidende Entwicklungsaufgabe, Urvertrauen zu gewinnen (vgl. Kapitel 4.1). Bereits das ungeborene Kind kann im Mutterleib am Daumen nuckeln. Es ist ein angeborener Reflex, und dessen Befriedigung gehört zu einer gesunden Entwicklung. Das Saugen oder Nuckeln am Daumen oder anderen Fingern ist zum einen Ersatz für die abwesende Trost und Sicherheit spendende Mutter und zum anderen Ausdruck intensiver Körpererfahrung. In der oralen Phase entdeckt das Kind seine Welt im besonderen Maße und am verlässlichsten über den Mund. Es erforscht die Gegenstände und entwickelt darüber erste Bilder von sich und der Welt. Es erfährt über den Stimulus (im Mund, an der Zunge und durch den Sog des Saugens an Finger und Mund) Sicherheit und Stabilisierung. Neben dem Daumenlutschen kann bei älteren Kindern das Kauen oder Saugen an Kleidungsstücken (Hemdärmeln oder vorderer Halsausschnitt) beobachtet werden.

Kindliche Depression

Noch immer ist kindliche Depression ein nicht gänzlich erforschtes Phänomen. Oft wird sie nicht als solche erkannt, weil die Ausdrucksformen so vielfältig und im Grunde widersprüchlich erscheinen. Neben Antriebslosigkeit, tiefer Traurigkeit, Rückzug, Freudlosigkeit können ausagierende oder übergriffige Verhaltensweisen wie lautes Schreien, Schlagen, Streit anzetteln, hyperkinetische Verhaltensformen, Wutausbrüche und Impulsdurchbrüche Anzeichen einer kindlichen Depression sein.

Mutismus

Mittlerweile geht man davon aus, dass bei Kindern, die an Mutismus leiden, also in sozialen Situationen verstummen, obgleich sie meist über gut entwickelte Fertigkeiten (mindestens in ihrer Muttersprache) verfügen, eine stark ausgeprägte soziale Ängstlichkeit und Unsicherheit ein wesentlicher Entstehungsfaktor ist.

Häufig zeigen betroffene Kinder ein hohes Maß an Feinsinnigkeit, Irritierbarkeit, einen großen Sinn für Gerechtigkeit und Perfektion. Aus der (bewussten und unbewussten) Sorge, etwas Falsches zu sagen oder zu tun, dafür abgelehnt zu werden, verstummen diese Kinder in bestimmten sozialen Kontexten (häufig außerhalb des Familiensystems) ganz oder teilweise. Mitunter sind alle Kommunikationsdimensionen (Sprache, Gestik, Mimik, Blickkontakt, Niesen, Räuspern etc.) betroffen. Mutismus stellt sich in sehr unterschiedlicher Gestalt und Ausprägung dar.

Fallbeispiel für Mutismus

Die fünfjährige Martha besucht seit ihrem zweiten Lebensjahr die Kindertagesstätte. Ihre Erzieherin begleitet sie seit dieser Zeit. Vor etwa zwei Jahren beginnt Martha, mit ihr über Blicke und Gesten zu kommunizieren, seit drei Monaten antwortet sie nur noch auf Ja-/Nein-Fragen. Martha beobachtet immer alles ganz genau, spielt versunken und sehr differenziert und hat zwei Freundinnen, mit denen sie seit zwei Jahren auch spricht, leise und wenn es scheinbar niemand sieht. Sobald ihre Mutter, ihr Vater oder die Großmutter sie abholen und sie sich unbeobachtet glaubt, berichtet sie detailliert und mit einem reichen Wortschatz von den Erlebnissen des Tages.

Soziale Unsicherheit oder Gehemmtheit

Kinder, die sozial sehr unsicher, zurückhaltend, still, ängstlich oder gehemmt sind, fallen zunächst in Hort oder Kindertageseinrichtung wenig auf. Doch sollte gerade ihnen in besonderem Maße Aufmerksamkeit, Zuwendung und Zeit geschenkt werden. Aus biologischer Perspektive werden verschiedene Temperamentsmerkmale und physiologische Phänomene (Aktivitätsniveau, Wahrnehmungsfähigkeit etc.) in den Blick genommen. Lerntheoretisch basieren soziale Ängste unter anderem auf Selbstunsicherheit und einem negativen Selbstkonzept. Ein überbehütender und verwöhnender Erziehungsstil oder unsichere Bindung, Ungeduld, Zeitdruck sowie anhaltende Kritik am Verhalten des Kindes verstärken die Phänomene (vgl. Maier & Bitsch-Doll 2007).

Stehlen, lügen, petzen

Lügen und Stehlen sind entwicklungspsychologisch als entwicklungsbedingtes Übergangsverhalten zu verstehen, das im Kindergartenalter mehr oder weniger ausgeprägt auftreten kann. Kinder im Kindergarten- und Vorschulalter (etwa zwei bis sechs Jahre) durchleben die sogenannte „magische Phase" der Moralentwicklung. Hier ist das kindliche Denken von einem stark egozentrischen Weltbild geprägt. Meist können Kinder in diesem Alter noch nicht eindeutig zwischen Fantasie und Wirklichkeit, belebten und unbelebten Objekten unterscheiden. Das Kind imaginiert seine Wirklichkeit, weil es sein inneres Erleben, Fühlen und Denken nach außen überträgt (Fantasielügen):

- Gegenstände werden zum Leben erweckt. Das Kuscheltier kann sprechen, aber nur wenn man alleine ist.
- Geschehnissen oder Personen werden Eigenschaften und Rollen zugeschrieben: „Die alte Nachbarin ist eine Hexe, weil …; Mama ist eine Königin, weil …; Ich habe noch drei große Brüder, die aber gestorben sind, als sie ganz klein waren, weil …"

Immer wieder haben Kinder imaginierte Gefährten, die für sie da sind, sie im Alltag begleiten und stärken, wenn sie sich besonders ängstigen, traurig sind oder allein fühlen. Manchmal ist zu beobachten, wie sich die Kinder ganz intensiv mit diesem Fantasiegefährten unterhalten und beratschlagen. Im Grunde kann hier nicht von Lügen im eigentlichen Sinne gesprochen werden, da sich in dieser Lebens- und Entwicklungsphase erst die Fähigkeit, zwischen Wahrheit und Unwahrheit zu unterscheiden, entwickelt. Nach Piaget können die Kinder in dieser Zeit Fantasie und Wirklichkeit noch nicht eindeutig voneinander abgrenzen (vgl. Oerter & Montada 1998).

Neben dem entwicklungspsychologischen Aspekt wird Lügen und Stehlen tiefenpsychologisch als Ausdruck innerer Konflikte bzw. einer für das Kind belastenden Situation oder bindungstheoretisch als Ausdruck des Bindungs-Fürsorge-Verhaltens in der Familie zu verstehen sein, folglich als Suche nach Zuwendung und Aufmerksamkeit. Lernpsychologisch spielen Vorbilder eine wesentliche Rolle, die derartige Verhaltensmuster „vorleben". Lügen und Stehlen sind ebenfalls als Lösungsversuche zu verstehen, mit denen Kinder versuchen, sich aus ihrer inneren Not zu befreien. Eine weitere Funktion ist der Schutz vor der Realität, vor zu hohen Erwartungen oder die Angst vor Strafe und Zurückweisung. Werden Lügen und Stehlen zu häufig auftretenden und dominierenden Verhaltensmustern, ist fachliche Unterstützung (Besuch einer Beratungsstellen etc.) notwendig.

Petzen ist in der Regel ein Versuch, innere Spannungen und inneren Druck abzubauen. Diese Verhaltensweise zeigt sich häufig bei Kindern, die unter einem hohen, insbesondere moralischen Erwartungsdruck stehen und möglichst alles perfekt und richtig machen wollen. Solche Kinder benötigen sehr klare Orientierungspunkte für ihre innere Sicherheit oder aber sie sind sich ihrer eigenen Position, der Bedeutung ihrer Person und ihrer Fähigkeiten nicht sicher. Durch das Anzeigen des „Fehlverhaltens" versucht das Kind, den Fokus auf andere zu lenken und das eigene mögliche Fehlverhalten damit zu mildern oder sich rückzuversichern, die (Um-)Welt und die dort geltenden Regeln richtig verstanden zu haben. Hier wird der in Kapitel 1.4 angesprochene notwendige Perspektivwechsel vom Defizit zur Ressource sehr gut deutlich.

Verweigerung

Verweigerung ist häufig die Folge von zu hohen Erwartungen hinsichtlich Leistung und moralisch-sittlichen Verhaltens durch die Eltern, andere Bezugspersonen oder auch Systeme. Das Kind, das den Ansprüchen nicht entsprechen kann oder glaubt, ihnen nicht entsprechen zu können, weicht dem erwarteten Frusterleben, diesem vermuteten Versagen aus, indem es sich der erlebten oder tatsächlichen Anforderung entzieht.

> ### Fallbeispiel für eine Verweigerung
> *Die Erzieherin des zwei Jahre und neun Monate alten Felipe berichtet, dass der Junge ihr Sorgen bereitet, da er nicht am Morgenkreis der Kinderkrippengruppe teilnehmen will. Oft entzieht er sich schon vor Beginn, indem er, sobald sich alle Kinder in der Morgenkreisecke einfinden, in den Nachbarraum verschwindet und nicht mehr dazu zu bewegen ist, teilzunehmen. Anfangs hatte er sich beteiligt, doch bald war er unruhig geworden, hatte gestört und war nach wenigen Minuten fortgelaufen. Die Erzieherin betont, dass sie ihn nicht zwingen will, aber von der Leitung des Kindergartens erwartet werde, dass alle Kinder am Morgenkreis teilnehmen, weil es zum Konzept gehöre. Es handelt sich dabei um einen zweisprachigen Kindergarten, in dem der Morgenkreis in beiden Sprachen durch Muttersprachler abgehalten wird, jeweils zwanzig Minuten durch die deutschsprachige Erzieherin und die anderssprachige Kollegin.*
> *Im Grunde reagiert Felipe sehr gesund und klug, denn er geht dem aus dem Weg, was ihn frustriert, weil er es weder leisten kann noch der Morgenkreis seinem kindlichen Bedürfnis entspricht, die Welt erforschend und mit allen Sinnen, mit Haut und Haaren zu begreifen.*

Jaktationen

Als Jaktation wird das rhythmische Schaukeln von Kopf oder Oberkörper – von hinten nach vorne, von rechts nach links, um die Körpermitte – bezeichnet. Dieses Phänomen kann sich bei emotionaler und damit auch neuronaler Übererregung zeigen. Durch das rhythmisierende Schaukeln oder Wiegen wird Wahrgenommenes verarbeitet, idealerweise sinnvoll integriert. Das Gehirn organisiert und regeneriert sich. Jaktationen dienen dem Spannungsabbau, dem innerseelischen Druckabbau und der Wiederherstellung des inneren Gleichgewichts.

Haare zwirbeln

Haare sind seit jeher und in vielen Kulturen ein Statussymbol. Sie symbolisieren die Welt der Gedanken, die Kraft und Macht. Zum Beispiel skalpierten Indianer ihre besiegten Gegner und trugen prachtvolle Frisuren wie die Irokesen. Tiefenpsychologisch wird das Haarezwirbeln, also das Haare-um-den-Finger-drehen und ausreißen, als Ausdruck für ein Ohnmachtserleben verstanden. Das heißt, das Kind dreht sich gedanklich im Kreis und findet keine Lösung, es möchte sich seiner Gedanken entledigen. Für dieses Ohnmachtserleben gibt es vielerlei Gründe.

Tierquälerei

Hierin wird, sobald es ein wissenschaftliches und forschendes Interesse überschreitet, ein Widerstreit zwischen Wollen und Können oder Sollen des Kindes deutlich. Kinder wollen die Welt entdecken. Wird ihnen dies verwehrt, erfahren sie das als Begrenzung und Unfreiheit, als ein Ausbremsen ihrer Entwicklung. Sie beginnen unbewusst, alles Lebendige zu töten, so wie es ihnen geschieht.

Einkoten

Der Reifungs- und Lernprozess zur Kontrolle über Blase und Darm kann bis zu fünf Jahren, mitunter bis ins Grundschulalter hinein, dauern. Zunächst ist abzuklären, ob es sich um ein Noch- oder Wieder-Einkoten handelt. Können organische Ursachen ausgeschlossen werden, sind häufig psychische Konflikte ausschlaggebend. Oft erleben sich diese Kinder voller Selbstzweifel, zum Beispiel aufgrund zu hoher Leistungs-)Anforderungen, sie fühlen sich den „Dingen hilflos ausgeliefert". Sie zeigen damit der Umwelt an, wie überfordert, ohnmächtig und (handlungs-)unfähig sie sich in ihrer aktuellen Lebenssituation fühlen.

Fortlaufen/Vagabundieren

Wenn Kinder weglaufen (Fluchttendenz), fliehen sie vor etwas, das sie noch nicht, nicht mehr, oder jetzt gerade nicht aushalten können. Sie benötigen „Luft", weil es ihnen in der direkten oder indirekten Auseinandersetzung mit anderen Menschen, die für sie nicht zu ertragen sind, „zu eng" wird. Diese Kinder haben genug mit ihren eigenen Sorgen, Nöten und Bedürfnissen zu tun oder fühlen sich in ihren Bedürfnissen, ihrer Person, nicht genug gesehen. Sie wollen und müssen gesucht und gefunden werden.

> ### Beispiel für das Weglaufen
>
> Der knapp sechsjährige Simon besucht nach einem erneuten Wechsel innerhalb von drei Jahren seit etwa eineinhalb Jahren einen Regelkindergarten. Wiederholt, so berichten die Leiterin und die Bezugspädagogin, kommt es zu besorgniserregenden und für das Team nicht länger (er-)tragbaren Vorfällen: Simon hält sich an keine Regeln, muss immer der Erste sein, kann nicht abwarten, hat aber einen großen Gerechtigkeitssinn und erinnert alle an die bestehenden Regeln. Die Fachkräfte berichten von einer erschwerten Zusammenarbeit mit der Kindsmutter, die aus dem Kontakt mit dem Team des Kindergartens zu fliehen scheint und als uneinsichtig und impulsiv erlebt wird.
>
> Simon ist erst vor kurzem nur nach wiederholter Aufforderung und dem Versuch, sich zu verstecken, zum Mittagessen aus dem Garten in den Gruppenraum gekommen. Alle saßen bereits in der Mittagskreisecke und warteten auf ihn, um gemeinsam zu singen (Ritual).
>
> Kaum erklingen die ersten Töne, macht Simon in der Tür kehrt, schreit „Ich hasse das Scheiß-Lied!" und läuft die Treppe in die oberste Etage hinauf. Die Pädagogin ruft ihn zurück und läuft ihm dann nach. Oben angekommen klettert Simon auf das Treppengeländer: „Ich schmeiß mich jetzt hier runter." Die Pädagogin kann ihn herunterziehen, und Simon rennt die Treppe wieder hinunter, aus dem Haus, klettert auf den Zaun, der das Kindergartengelände umspannt und tritt nach der Pädagogin, die ihn zurückhalten will. Er schreit: „Ich kletter hier drüber und renn auf die Straße, vor ein Auto, dann bin ich tot." Simon erhielt vor einem Jahr die Diagnose „Sensorische Integrationsstörung" und „reaktive Bindungsstörung", was den Pädagoginnen aber nicht bekannt (bewusst) war.

Ein weiterer Erklärungszugang zum Weglaufen besteht in der Vermutung, dass das Kind dieses Verhalten für sich als Stress- oder Konfliktbewältigungsstrategie verinnerlicht hat. Es geht einer direkten Auseinandersetzung, die es emotional existenziell bedroht, aus dem Weg. Das Kind kann sich nicht vorstellen kann, dass es Zuwendung verdient hat, dass es ihrer wert ist. Dies gilt bei negativer Belastung, kann aber auch und vor allem positive (Beziehungs-) Erfahrungen (erzeugt positiven Stress) betreffen.

Das Vagabundieren, das ziellose Herumwandern, steht symbolisch für „emotionale Heimatlosigkeit" und den Wunsch, einen Ort (seelisch oder auch leibhaftig, räumlich) zu finden, an dem sich das Kind „zu Hause", also sicher und angenommen – in seiner Einzigartigkeit und Persönlichkeit – fühlen kann.

Nicht nur das Kind, auch seine Umgebung ist zu erziehen

Symptome, die durch die Betrachtenden – auf Grundlage einer einseitigen, undifferenzierten Sichtweise – oft als pathologisch eingeordnet werden, sind Ausdruck einer schwierigen und inkonsistenten Lebenslage. Diese zeigen sich in einem sozialen Raum und können sich somit auch nur dort und nicht in einer auf das kindliche Störverhalten fixierten Behandlung jenseits dieses Raumes auflösen lassen. Im Vordergrund der Betrachtung müssen also die typischen Beziehungen und Beziehungsgefüge, Kommunikations- und Interaktionsstrukturen, die subjektive emotionale Bewertung des Geschehens und die Bewältigungsmechanismen dieser Systeme (Familie, Kita, Schule/Hort, Verein etc.) und des Kindes stehen, um die Wirkgefüge von Handlungsweisen mit ihren spezifischen Zielen zu verstehen.

Die heilpädagogisch Tätigen wissen, dass sie den ihnen anvertrauten Menschen nur verstehen können, wenn

▶ die Lebenswelt zum Ort der Erfahrung wird,
▶ das Miterleben das Verstehen stützt und
▶ eine Deutung der lebensgeschichtlichen Sinnstruktur versucht und begründet wird.

In diesem Sinne agieren sie als Vertreterinnen und Vertreter einer Handlungswissenschaft, deren eigentlicher Bewährungsfall die Praxis ist, in der sie entscheiden müssen, was sie zur Sicherung und Verbesserung der Lebensqualität von Kindern mit Verhaltensauffälligkeiten beizutragen haben (vgl. Kapitel 7).

Um ein möglichst umfassendes Bild von einem Kind mit Verhaltensauffälligkeiten zu erhalten, muss es in verschiedenen Situationen, zu unterschiedlichen Tageszeiten und in verschiedenen Kontexten (zu Hause, im Kindergarten, in der Schule, im Hort, im Freispiel, bei geleiteten Angeboten in der Einzel-, Klein- und Gesamtgruppensituation, in tagesstrukturierenden Momenten wie Essen, Mittagsschlaf oder Bring- und Abholsituationen) beobachtet werden (vgl. Anhang, Seite 177). Zudem sind Gespräche mit den Bezugspersonen (Eltern, Großeltern etc.) unabdingbar. Dabei steht nicht das als problematisch, schwierig oder gestört erscheinende Verhalten im Vordergrund, sondern im Fokus der Beobachtung steht das Kind in seiner Gesamtpersönlichkeit mit seinen Fähigkeiten, Fertigkeiten, Ressourcen, Potenzialen sowie sein aktueller Entwicklungsstand in allen Bereichen und seine Defizite bzw. Erschwernisse. Der Blick auf das Kind ist dabei stets individuenzentriert, ressourcen- und lösungsorientiert.

Gegenstand der Beobachtung sind zudem die Systeme, in denen das Kind lebt, insbesondere das System, in dem das Kind als herausfordernd erlebt wird. Zum einen sollten die Beobachtenden ihr eigenes Verhalten gegenüber dem Kind, den anderen Mitgliedern der Gruppe, gegenüber den Bezugspersonen und in Bezug auf sich selbst wahrnehmen und reflektieren. Zum anderen sollte der Kontext, in dem ein Kind auffälliges Verhalten zeigt, analysiert werden. Neben Faktoren, wie Raum- und Tagesgestaltung, Rhythmus der Abläufe und Gruppenstärke, muss auf Interaktionen, Reaktionen und Verhaltensweisen der anderen Kinder und Anwesenden vor, während und nach dem „problematischen" Verhalten des Kindes geachtet und diese genau und differenziert analysiert werden. Häufig können bereits dadurch mehr oder weniger offensichtliche Warnsignale im Vorfeld eines Störverhaltens erkannt, zukünftig angemessen beantwortet und damit das Auftreten eines Störverhaltens abgewendet werden.

Kontrolle der Subjektivität in der Beobachtung

Beobachtungen sind immer subjektiv. Sie sind beeinflusst durch das Menschen- und Weltbild der Beobachtenden, die Vorerfahrungen (insbesondere das Kind betreffend), die Einstellung und Haltung gegenüber dem Kind und dessen Familie sowie von Stereotypien und Theorien über die Erscheinungen und Ursachen von Verhaltensauffälligkeiten. Jede Person hat subjektive, auf das eigene Wissen und Verstehen begrenzte Sichtweisen (vgl. Kapitel 1.4) und damit verbundene Vorurteile. Um diese eigenen Vorurteile zu wissen und mit ihnen verantwortungsvoll umzugehen, ermöglicht eine vorurteilsbewusste Erziehung.

Die notwendige Objektivität kann nur durch **Mehrdimensionalität**, also durch das Zusammentragen der Beobachtungen des Kindes in unterschiedlichen Situationen und im Kontakt mit verschiedenen Personen, erreicht werden. Dazu bedarf es der Einschätzung durch andere Personen, die das Kind in seinen Lebenswelten begleiten. So sollten die Beobachtungen desselben Kindes von verschiedenen Personen zusammengetragen werden. Insbesondere die Beobachtungen der Eltern sind von großer Bedeutung. Auch wenn die Aussagen der Eltern den Beobachtungen und Einschätzungen der Erzieherin oder des Erziehers gänzlich widersprechen, sind sie als gegeben und sinnvoll anzunehmen. Diese Beobachtungen ermöglichen eine Analyse des auffälligen Verhaltens und der Ursachen, dadurch lässt sich das weitere Vorgehen ebenso entwickeln wie die kooperative Zusammenarbeit aller Beteiligten, zum Beispiel auch mit Frühförder- oder Beratungsstellen. Das schließt auch eventuelle fachärztliche, kinderärztliche, kinderpsychiatrische oder neurologische Kontakte ein, die notwendig sind, wenn biologische, also somatische Ursachen vermutet und abgeklärt werden.

6.2 Bedeutung heilpädagogischer Diagnostik

Warum braucht man überhaupt eine heilpädagogische Diagnostik? Auf welchen Grundlagen baut sie auf? Wie unterscheidet sie sich von den Diagnostiken benachbarter, anderer Disziplinen?

Diagnostik ist ganz grundsätzlich die Lehre von der sachgemäßen Erstellung und Umsetzung der Diagnose. Der Begriff **Diagnose** (griech.: diagnosis = unterscheiden, erkennen, feststellen) stammt aus der Medizin und meint das Erkennen und Festschreiben einer Krankheit oder Funktionsstörung und ihrer Ursachen nach erfolgter Untersuchung.

Diagnostik ist im weitesten Sinne zudem die Bezeichnung für eine psychologische Teildisziplin, die Lehre von der wissenschaftlichen Ermittlung spezifischer Persönlichkeitsmerkmale und Verhaltenssequenzen, die mittels Anamnese (Vorgeschichte), Exploration (Untersuchung), Beobachtung und Katamnese (Krankenbericht) gewonnen werden (Psychodiagnostik). Sie ist die Voraussetzung für Beratung und Therapie. Jede Diagnose kann nur einen Teil des Ganzen – hier des Kindes mit herausforderndem Verhalten – beschreiben.

Heilpädagogische Diagnostik ist einzelfallbezogene Förderdiagnostik. Nach der Maxime „Wahrnehmen, Verstehen und Begleiten" begreift die Heilpädagogik Förderdiagnostik als ein Zusammengehen unterschiedlicher Zugänge:
- Einheit von Status- und Prozessdiagnostik
- Erklären und verstehen
- Biografische Orientierung (Lebenslauf- und Entwicklungsorientierung)
- Subjekt-, Umwelt-, Norm- und Kriterienbezug
- Diagnostik ökosystemischer Bedingungen

Den Person-Umfeld-Bezügen kommt dabei eine besondere Bedeutung zu.

Heilpädagogische Diagnostik

Die heilpädagogische Diagnostik zielt auf das Erkennen des physischen und psychischen Zustandes, der wirtschaftlichen, sozialen und milieubezogenen Gesamtlage sowie auf die Entwicklungs- und Lernfähigkeit, insbesondere aber der Befindlichkeit eines Kindes ab.

Heilpädagogische Diagnostik bezieht dafür medizinische, psychologische und soziologische Aussagen, Erkenntnisse (Diagnosen) in ihre Einschätzung mit ein.

Dabei ist das Kind kein zu diagnostizierendes Objekt. Vielmehr ist das Ziel, über das Verstehen die Belange des Kindes zu klären.

Der Begriff Diagnostik enthält neben dem Wortteil **dia** (griech.: durch, hindurch) das Wort **gnosis,** das Erkenntnis, Einsicht, Verständnis bedeutet. Durch Einsicht und Erkenntnis Verständnis zu entwickeln und die Befindlichkeit des Kindes in seiner aktuellen Lebenssituation zu erfassen, ist das Ziel heilpädagogischer Diagnostik.

Zu einfühlendem Verstehen kann es nur kommen, wenn die Heilpädagogin oder der Pädagoge versucht, sich als Mensch dem Kind mittels einer sogenannten Teil- bzw. Probe-Identifikation anzunähern (z. B. „Ich (als Adele) fühle mich …"). Mithilfe des Kindes kann die Heilpädagogin bzw. der Pädagoge eine Erklärung vermuten.

6.2 Bedeutung heilpädagogischer Diagnostik

> ### Beispiel für eine Diagnoseformulierung
>
> „Aufgrund der hier vorliegenden Fakten ... scheint das Kind sich ... zu erleben/zu fühlen und zeigt folgende (beschriebene) Verhaltensweisen ... Daraus begründet sich ein heilpädagogischer Bedarf im Sinne von ... Folgende weitere Schritte für die Befunderhebung ..., Begleitung ... und Beratung ... werden empfohlen/vorgeschlagen ..." (Köhn 2001, S. 301).

Heilpädagogische Diagnostik ist das Bemühen, die Befindlichkeitsstörungen fachlich objektiv zu erkennen und menschlich subjektiv zu verstehen. Dabei ist das Interesse nicht allein auf das Symptom gerichtet, sondern auf das Befinden des Kindes und seine Bezugssysteme. Um ein Verstehen zu ermöglichen, sind folgende Fragen zu beantworten:

> ### Checkliste: Heilpädagogisches Verstehen von herausforderndem Verhalten
>
> ▸ Wie wird die Auffälligkeit, das Symptom verstanden (nach den verschiedenen Fachdisziplinen wie Medizin oder Psychologie)?
> ▸ Was sagt das herausfordernde Verhalten objektiv betrachtet aus?
> ▸ Welche allgemein verständlichen Aussagen können gefunden und formuliert werden?
> ▸ Welche Bedeutung hat dieses Symptom bzw. dieses Phänomen für die aktuelle Lebensbewältigung, die mitmenschlichen Beziehungsgestaltungen des Kindes und für sein zukünftiges Leben (Stigmatisierung,)? Wie erlebt sich das Kind aufgrund dessen?
> ▸ Was bedeutet das Kind mit dieser Symptomatik für die Erziehenden, die es umgebenden Menschen (Kinder und Erwachsene)? Wie erleben sie dieses Kind, wie können sie sich zu ihm stellen und verhalten? Warum?
> ▸ Was bedeutet dieses Kind in seiner Symptomatik und als Person für die Beziehung und die Beziehungsgestaltung zwischen Kind und Erziehenden?
> ▸ Auf welche Weise können sie füreinander etwas tun, um wie miteinander kommunizieren zu können (sich einander mitteilen zu können)?

Heilpädagogische Diagnostik und Pädagogik unter erschwerten Bedingungen kann nur interdisziplinär verantwortungsvoll gestaltet werden (interdisziplinäre Zusammenarbeit). Zu ihren methodischen Formen zählen:
▸ diagnostische Gesprächsführung (Anamnese, Exploration, Begleitgespräche, Katamnese),

- diagnostische Verhaltensbeobachtung und -analyse (inklusive Verhaltens- und Entwicklungsinventare) und gegebenenfalls
- psychodiagnostische Verfahren (Leistungs-, Entwicklungs- und Persönlichkeitstests, projektive Verfahren).

Diagnostische Informationsgewinnung

Anamnese

Unter **Anamnese** (griech.: Erinnerung) wird in der (heil-)pädagogischen Theorie und Praxis die Gesamtheit aller gesammelten Informationen zum Lebensweg eines Kindes verstanden. Aus dieser ergibt sich ein Bild über die Persönlichkeit eines Kindes in seiner Lebensgeschichte und seinem Werden, über den Entwicklungsverlauf und damit auch die Entstehung der Symptomatik, über die wichtigsten Bezugspersonen und die subjektive Verarbeitung sozialer Beziehungen und Ereignisse. Die aktuelle Lebenssituation wird erkennbar und verstehbar. Zum Beispiel wird deutlich, welche Entwicklungsaufgaben das Kind mit seinen biopsychosozialen Bedingungen bewältigen konnte bzw. welche noch nicht.

Es gibt eine Vielzahl von Erhebungsbögen zur Erfassung anamnestischer Daten. Letztlich wird jede (Heil-)Pädagogin bzw. jeder Pädagoge gemeinsam mit dem Team entscheiden, welches Vorgehen der Daten sich für die eigene Einrichtung oder den Auftrag eignet. Zwei Möglichkeiten bieten sich an:

- ein Gespräch, in dem der Anamnesebogen als Gesprächsleitfaden, als Grundlage dient, zusammen mit den Eltern bzw. den Bezugspersonen des Kindes oder dem Kind selbst (z.B. Malen einer Lebenslinie, Schreiben eines Lebenslaufs, Erzählen zu Bildern aus dem Fotoalbum der Familie) oder
- ein Fragebogen für die Eltern bzw. Bezugspersonen.

Die Datenerfassung sollte durch die (Heil-)Pädagogin bzw. den Pädagogen so gestaltet werden, dass sie als eine „gemeinsame Fragestellung" (Köhn 2001, S. 188) erfahren bzw. erlebt wird und nicht als eine rein funktionale und mechanische Abfrage der Lebensgeschichte des Kindes und seiner Familie. Das bedeutet, dass die (Heil-)Pädagogin oder der Pädagoge die Gefühlslage des Gegenübers erkennen und berücksichtigen muss. Auch hier gilt das **Dialogische Prinzip** Martin Bubners (1979). Ein Vorschlag zur Erhebung und Sammlung wichtiger Daten ist der Anamnesebogen einer Heilpädagogischen Praxis im Anhang (siehe Seite 177).

Beobachtung

Beobachten ist die wichtigste Methode und Erkenntnisquelle in der (heil-)pädagogischen Förderdiagnostik und stark mit dem (heil-)pädagogischen Alltag verbunden. Differenziertes und systemisch orientiertes Beobachten ermöglicht der (Heil-)Pädagogin bzw. dem Pädagogen das Verstehen des Verhaltens und der Wirkmechanismen im sozialen Bezugsfeld (Gruppe), das Erkennen und Fördern individueller Entwicklungsprozesse sowie die Reflexion eigenen Verhaltens. Gezielte, systemisch orientierte Beobachtung berücksichtigt immer den Kontext des Verhaltens, orientiert sich an den Ressourcen des Kindes und des Kontextes/Systems. Dabei versteht sich der Beobachter als Teil des Systems und ermöglicht dem Kind Partizipation am diagnostischen Geschehen. Zudem haben alle getroffenen Aussagen den Charakter der Vorläufigkeit; formuliert werden Hypothesen statt Diagnosen.

Jede gezielte Beobachtung bedarf eines Anlasses. Dieser muss konkret formuliert werden (z.B.: „Frieda beißt wiederholt in der Gruppe Kinder und verletzt sie dabei"). Als Ausgangspunkt der Beobachtung erfolgt nun die Formulierung einer Hypothese, zum Beispiel: „Frieda beißt in der Gruppe, wenn sie mit der Anzahl der Kinder im Raum überfordert ist." Diese Hypothese stellt den konkreten Beobachtungsgegenstand dar.

Über mehrere gezielte Beobachtungen wird diese Hypothese überprüft. Im nächsten Schritt werden die Beobachtungen ausgewertet und interpretiert. Die Eingangsaussage (Anlass) wird überprüft, und es werden Arbeitshypothesen (z.B.: „Bei geringerer Gruppengröße – unter sechs Kindern – zeigt sich Frieda entspannt und kann Kontakte mit anderen Kindern für sich positiv nutzen") entwickelt, auf deren Grundlage geeignete Maßnahmen und Interventionen, das weitere Vorgehen geplant werden. Erneut werden gezielte Beobachtungen mit Blick auf die Überprüfung der Hypothese durchgeführt.

Dabei ist es notwendig, von einer individuenzentriert-defizitorientierten Beobachtung zu einer objektiv-beschreibenden, ressourcenorientiert-interaktiven Beobachtung zu gelangen. Dafür sind folgende Schritte notwendig (vgl. Beobachtungsbogen und Beobachtungskriterien für die förderdiagnostische Einschätzung im Anhang, Seite 177):

▶ Beobachtungen differenziert wahrnehmen, möglichst objektiv und sachlich dokumentieren und beschreiben,
▶ sachlich-informative Unterschiede erkennen, deuten und interpretieren (gelingt über Hypothesenbildung und deren sachlichen Überprüfung durch Verifikation oder Falsifikation),
▶ notwendige Handlungsschritte daraus ableiten.

Wie beschrieben, kann auffälliges bzw. herausforderndes Verhalten von Kindern Ausdruck hoher sozioemotionaler oder ökosystemischer Belastungen, aber auch genetischer oder organisch bedingter Entwicklungsverzögerungen bzw. -störungen (in einem oder mehreren Entwicklungsbereichen) bzw. ein Zusammenwirkung beider sein. Verschiedene Ursachen oder Ursachenbündel erfordern unterschiedliche Vorgehensweisen und Interventionen. Um in der weiteren Begleitung des Kindes allen Beteiligten, vor allem dem betroffenen Kind und seinen Bezugspersonen, gerecht werden zu können, kann folgendes Schema hilfreich sein:

6. Wie wird herausforderndem Verhalten in der heilpädagogischen Praxis begegnet?

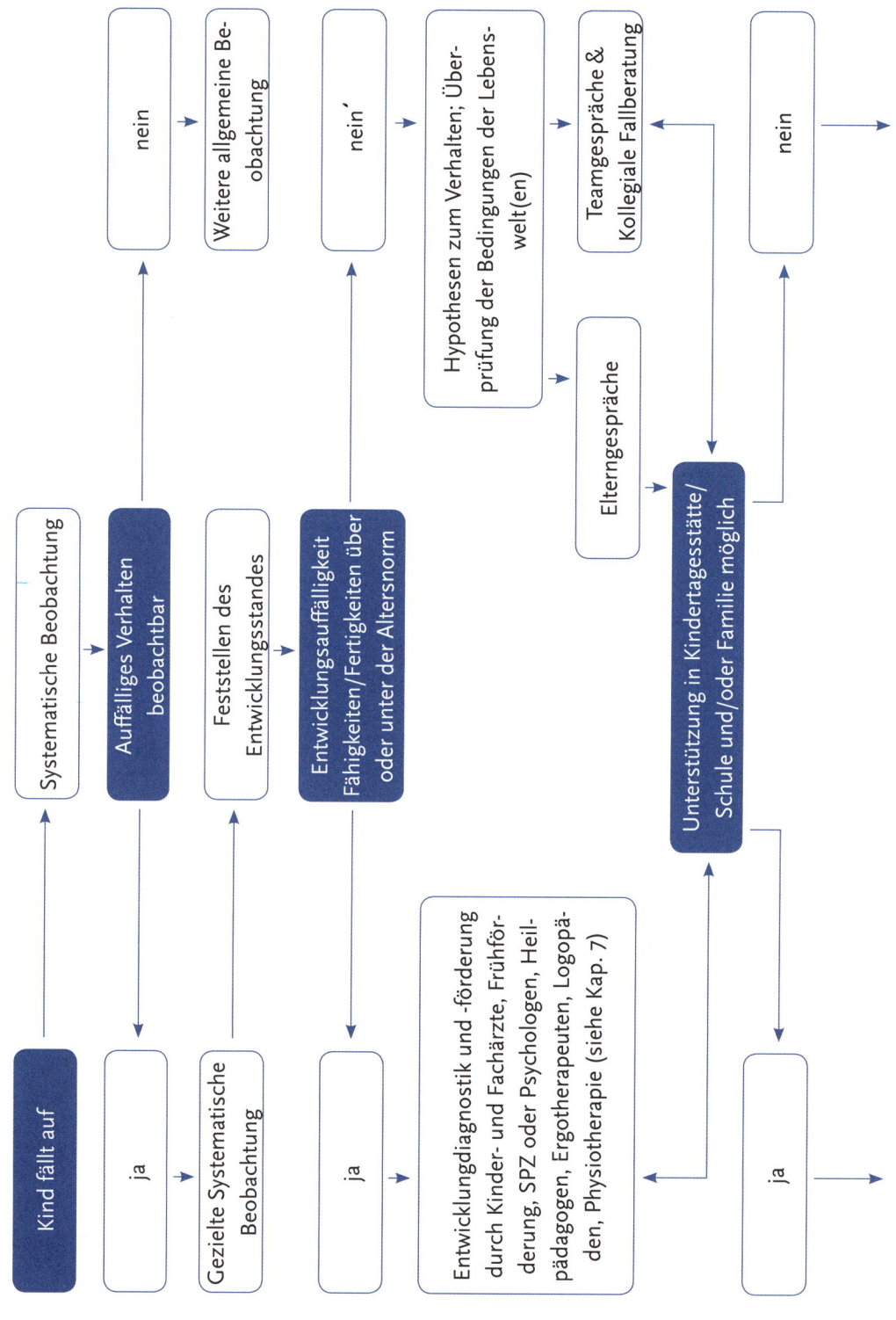

6.2 Bedeutung heilpädagogischer Diagnostik

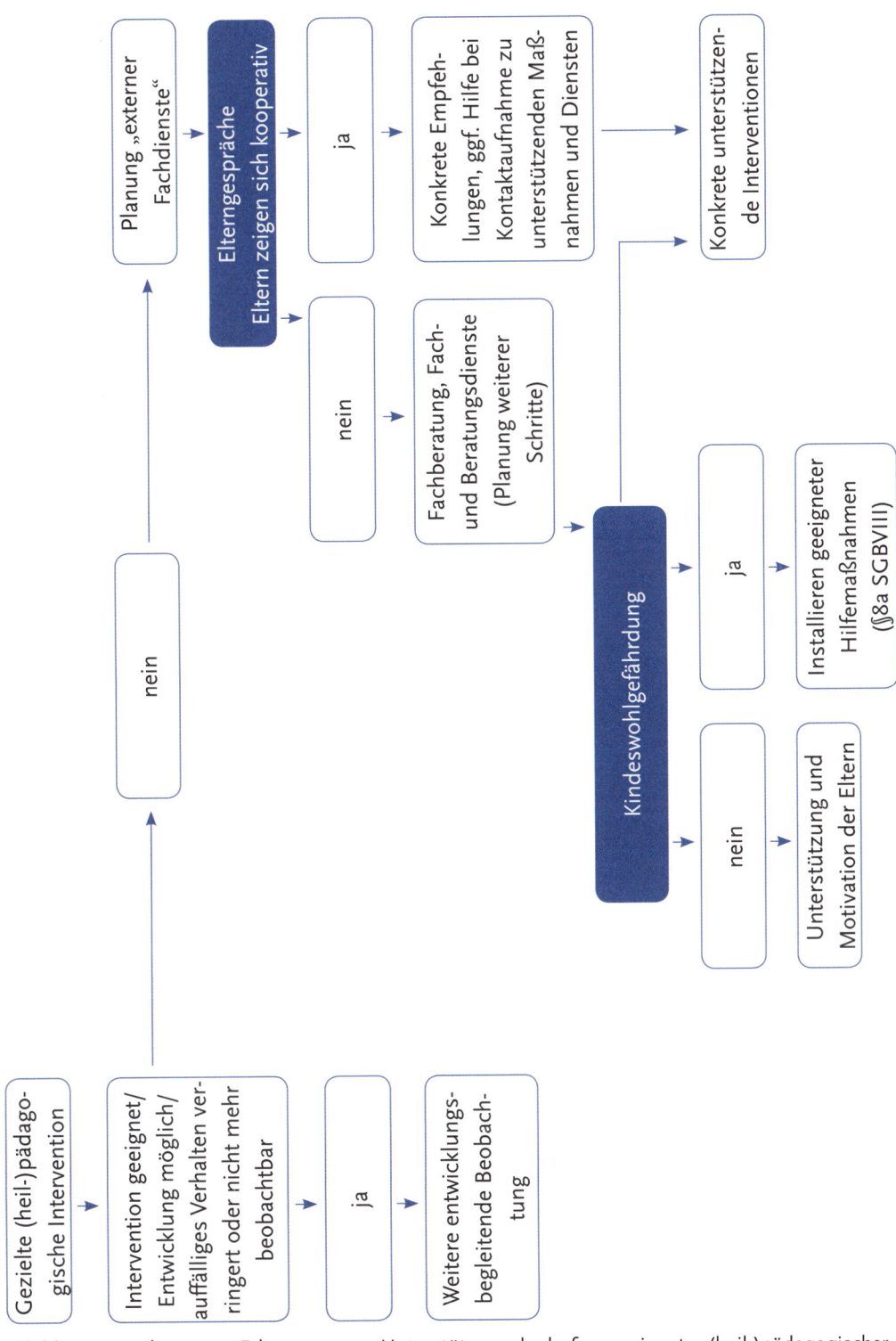

Abbildung 19: Schema zur Erkennung von Unterstützungsbedarfen, geeigneter (heil-)pädagogischer Interventionen und interdisziplinärer Zusammenarbeit

Um Fehlinterpretationen und folglich Fehlentscheidungen und Überforderung der pädagogischen Fachkräfte zu vermeiden und professionelle Zuständigkeiten zu klären, müssen die Möglichkeiten und Ressourcen, aber auch die Belastungen und Grenzen aller Beteiligten sensibel analysiert werden.

Entwicklungsbereiche

Um die Befindlichkeit eines Kindes und das herausfordernde Verhalten zu verstehen und notwendige Handlungsschritte entwickeln zu können ist die sorgsame Analyse der ursächlichen Bedingungen notwendig. Dazu zählt die Betrachtung aller Bereiche menschlicher Entwicklung, wie Wahrnehmung, Emotionalität, Motorik, Kognition, Emotionalität, Soziabilität, und ihrer Wechselwirkungen. Über die Erfassung der Fähigkeiten, Fertigkeiten, Stärken und Defizite in den einzelnen Bereichen können Ursachen, aufrechterhaltende, verstärkende oder hemmende Bedingungen und Ansatzpunkte für die weitere Begleitung des Kindes erkannt werden (vgl. Differenzierung und Konkretisierung der einzelnen Entwicklungs- und Förderbereiche im Anhang, Seite 177).

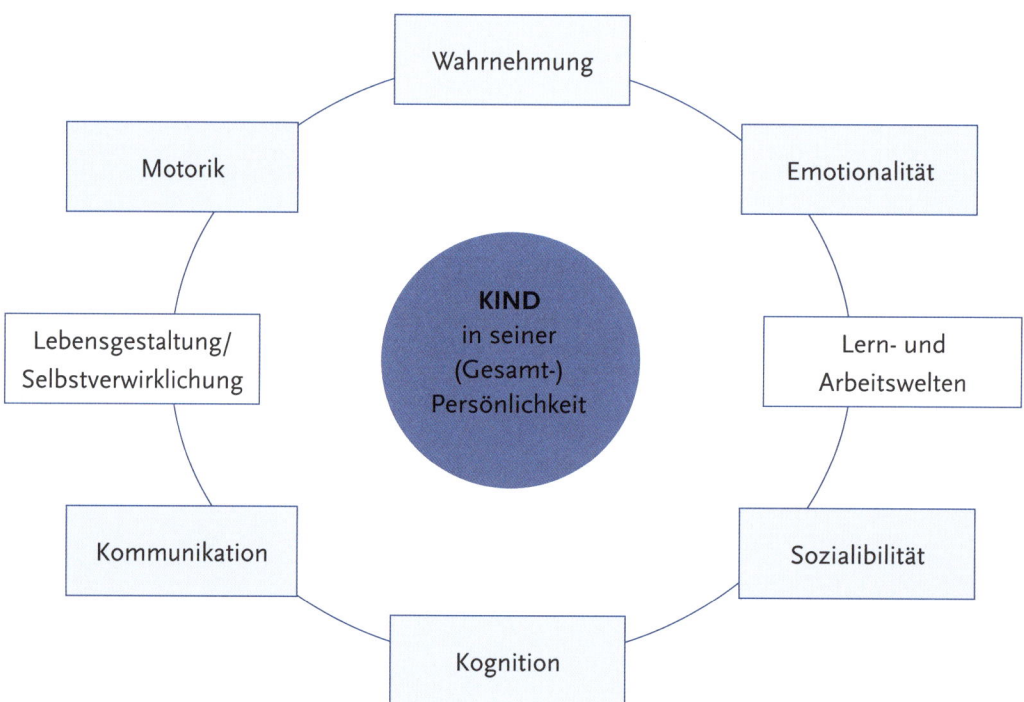

Abbildung 19: Person-Umfeld-Analyse für die Entwicklungsbereiche

> **Fallbeispiel zur Bedeutung unterschiedlicher Entwicklungsbereiche für die Analyse**
>
> *In der Interaktionssprechstunde eines sozialpädiatrischen Zentrums stellt sich eine Mutter mit ihrem zwölf Wochen alten Kind vor. Sie äußert sich besorgt über das Verhalten und die Entwicklung ihres Kindes. Die zweifache Mutter fürchtet, ihr Kind habe Autismus. Das Kind wende sich auf Ansprache immer ab. Auch nehme es keinen Blickkontakt auf. Es sei am zufriedensten, wenn es für sich in seinem Bettchen oder im Kinderwagen liegen könne. Sonst gedeihe es sehr gut.*
>
> *Das beschriebene Verhalten zeigt sich auch in der Untersuchungssituation. Die Mutter legt ihr Kind auf den Wickeltisch, umfasst es seitlich umspannend an beiden Ärmchen, stellt seine Füße gegen ihren Bauch, beugt sich in einem angemessenen Abstand über das Kind. Sie spricht es liebevoll zugewandt, in „Ammensprache" und mit einem offenen, lachenden Gesicht (Augen, Mund) mit seinem Namen an. Das alles sind optimale Voraussetzungen einer gelingenden Mutter-Kind-Interaktion. Das Kind wendete seinen Kopf umgehend nach rechts. Als die Mutter (auf Anweisung der Beraterin) nichts sagt, bewegte es seinen Kopf wieder in die Ausgangsposition (Blick zur Decke). Eine zweite Ansprache zeigt die gleiche Reaktion. Nach einer genaueren kinder- und fachärztlichen Untersuchung (HNO -und Augenarzt) sowie der Überprüfung durch eine Orthoptistin stellt sich eine hochgradige Sehschwäche auf beiden Augen heraus. Das Kind wendetee sich nicht ab, sondern mit dem ihm verlässlichsten Sinnesorgan (dem Ohr) der Mutter zu. Nach einer Brillenversorgung nimmt das Kind nun auch über das Sehen Kontakt mit der Mutter auf.*

6.3 Hilfe- und Förderplanung

Kinder mit besonderem Bedarf sollten prozesshaft und strukturiert beobachtet werden. Erst dann ist es möglich, ihren Entwicklungs(zu)stand zu beurteilen und den Unterstützungs- und Förderbedarf festzustellen. Anschließend können notwendige, unterstützende Handlungsschritte und Maßnahmen eingeleitet und der Entwicklungsprozess dokumentiert werden. Dazu werden in der (Heil-)Pädagogik individuelle Entwicklungs- und Förderpläne entwickelt und eingesetzt. Konkret sind für den Prozess der Förderplanung sieben Schritte sinnvoll, die hier in Stichworten vorgestellt werden:

> ### In sieben Schritten zur Hilfe- und Förderplanung
>
> 1. **Diagnostik des gegenwärtigen Entwicklungsstandes**
>   - Differenziertes Beobachten, Beschreiben aller Entwicklungsbereiche (Wahrnehmung, Motorik, Emotionalität, Soziabilität, Kognition, Kommunikation, Selbstständigkeit, Lern- und Arbeitsverhalten, Lebensgestaltung und Selbstverwirklichung)
>   - Anamnese
>   - Einbezug der bestehenden Diagnosen aller an der Begleitung des Kindes und seiner Familie beteiligten Professionen (Kindergarten, Hort, soziotherapeutische, medizinische, psychologische Maßnahmen); Familienanamnese und Berücksichtigung der Umgebungsbedingungen; Beschreibung des bisherigen Entwicklungsverlaufs (Besonderheiten, Krisen etc.)
>   - Eventueller Einsatz verschiedener diagnostischer Beobachtungsinstrumente (z.B. MOT 4–6, KTK, R 6–6 E, Verhaltensbeobachtungen, Fragebögen, Interviewleitfäden etc.)
>
>   Beachte: Schweigepflichtentbindung
> 2. **Prioritätensetzung bei der Auswahl von Schwerpunkten der Förderung**
>   - Hypothesenbildung zu Zusammenhängen und Ursachen
>   - Vermutungsdiagnose mit Begründung
> 3. **Konkretisierung der Ausgangslage in Bezug auf den ausgewählten Schwerpunkt**
> 4. **Ableitung von Förderzielen (systemischer Ansatz)**
>   - Für das Kind selbst
>   - Für Bezugspersonen/Sorgeberechtigte (Eltern)
>   - Für Betreuungspersonen/-einrichtung (Kindergarten, Schule, Hort, Wohngruppe etc.)
>   - Insgesamt Entwicklung von Grob- bzw. Richtzielen und daraus Fein- bzw. Nahziele ableiten
>
>   Beachte: Schweigepflichtentbindung, Kooperationsvereinbarung, Kontrakt(e)
> 5. **Planung konkreter Förderangebote**
> 6. **Umsetzung der Planung und begleitende Dokumentation**
>   - Das heißt: Dokumentation und Auswertung der Fördereinheit(en) inklusive Schlussfolgerung und Fazit
> 7. **Evaluation des Förderplans**

Zieldefinition: Der Weg zu einem sinnerfüllten Leben

Ist die Diagnose abgeschlossen, sollte eine möglichst genaue Zielbestimmung stattfinden, um förderliche Entwicklungsbedingungen für das Kind zu schaffen. Damit erreichbare und sinnvolle Ziele formuliert werden können, sind folgende Fragen hilfreich, die an Kapitel 3.2 anschließen:

6.3 Hilfe- und Förderplanung

▸ Welche Veränderungen in welchen Bereichen, in welcher Art und Weise sollten erreicht werden?
▸ Liegt der Veränderungsschwerpunkt tatsächlich auf dem Kind oder sind Veränderungen im direkten Umfeld notwendig (räumliche, personale Veränderungen, Erziehungsverhalten, Lebensbedingungen, Regeln und Abläufe des Alltags)? Welche?
▸ Welche nächsten Schritte sind notwendig (zeitliche, räumliche, personale Umstrukturierung des Alltags, Beratung durch andere Professionen, weitere ärztliche Abklärungen, Installation von Unterstützungs- und Hilfesystemen wie Eins-zu-Eins-Betreuung in der Einrichtung, Gruppen- oder Einrichtungswechsel, Frühförderung oder andere therapeutische Begleitung)?
▸ Wer ist wofür zuständig? Wer tut was, wann, wie, wo, warum, wofür, mit wem?
▸ Bis wann sollte was wie erfolgt bzw. erreicht sein?

Sowohl diesen Fragen als auch der Zielformulierung liegt die Berücksichtigung der Befindlichkeit des Kindes und seiner aktuellen Möglichkeiten zugrunde.

Generell ist es die Aufgabe einer (Heil-)Pädagogin bzw. eines Pädagogen gemäß der Diagnose des aktuellen Entwicklungsstandes (Ist-Stand) Ziele zu entwickeln, um eine Annäherung an den zukünftigen Entwicklungsstand (Soll-Zustand) zu ermöglichen, der den Möglichkeiten des Kindes entspricht. Dabei gelten:

▸ Offenheit und Flexibilität
▸ „Heilpädagogische Bedürftigkeit" als Ausgangspunkt (vgl. Maslowsche Bedürfnispyramide)
▸ Entwicklungsaufgaben als Orientierungsrahmen in Anlehnung an die Entwicklungsphasen nach Erikson (vgl. Kapitel 4.1)
▸ „Innerer Halt" als grundlegendes Erziehungs- und Förderziel heilpädagogischer Arbeit

Hier lautet „die heilpädagogisch entscheidende Frage […] nicht: Wie ändert man ein kindliches Störverhalten?, sondern: Wie stelle ich mich einem Kind dar, dass es mich in einer Art und Weise erlebt, die ihm ein angemesseneres Verhalten ermöglicht?" (Kobi 1993, S. 60).

Das Kind gibt den Weg und das Tempo an. Dies geschieht nicht losgelöst von einem gesellschaftlichen Bezugsrahmen, sondern in einer dialogischen Auseinandersetzung (nicht zwangsläufig sprachlich kommuniziert) mit den pädagogisch Tätigen. Lösungswege und Ziele sind miteinander zu suchen. Auffälligkeit wird nicht überbewertet oder rein technisch-funktional „bearbeitet". (Heil-)Pädagoginnen und Pädagogen arbeiten nicht „am Kind", sondern mit dem Kind und seinen Bezugssystemen.

Dabei kommt es zur Entwicklung variabler Handlungsziele über das gemeinsame Gestalten des Erfahrungs- und Lebensraumes. Daraus erwächst das Erfordernis, Handlungsangebote und -schritte zu ändern und anzupassen.

> **(Heil-)Pädagogische Zielsetzung**
>
> Ziele aus der Bedürftigkeit des beeinträchtigten Kindes sollen so entwickelt werden, dass es dem Kind möglich wird, durch das Erreichen dieser Ziele und die Beseitigung des Mangels bzw. der Störung die ihm aufgegebenen Entwicklungsaufgaben zu leisten, um sinnerfüllt zu leben.

Die individuellen Möglichkeiten werden in der (Heil-)Pädagogik gefördert, indem der Erfahrungs-, Erlebens- und Erkenntnishorizont ausgedehnt wird. Es geht nicht um Vergleichbarkeit, Normierung oder Normanpassung. Letztlich ist es das Ziel aller (heil-)pädagogischer Bemühungen, sich als Erzieherin oder Erzieher weitestgehend überflüssig zu machen und damit der Selbstorganisation und Selbsterziehung des Kindes Raum zu geben.

Dreher (vgl. Köhn 2001, S. 247) fasst folgende **Entwicklungsaufgaben** zusammen, **die der Mensch im Laufe seines Lebens bewältigen muss:**

Körper	Akzeptieren des eigenen Körpers, der lebensgeschichtlich bedingten Veränderungen
Selbst	Entwickeln einer Identität mit dem Wissen um die eigenen Fähigkeiten und Fertigkeiten, Stärken und Schwächen, Bedürfnisse und Wünsche, Ziele etc.
Rolle	Auseinandersetzung mit Menschen eigenem und anderen Geschlechts, den Rollenbildern und Erwartungen der Gesellschaft Finden der eigenen Rolle und Vermeidung von Rollendiffusion
Ablösung/ Selbstständigkeit	Unabhängigkeit von Eltern, Fürsorge und Pflege Dritter (Auflösung der Dyade / Triade, Hinwendung zur Peergroup, eigene Liebesbeziehungen etc.)
Peergroup	Aufbau eines Freundeskreises mit Altersgenossen beiderlei Geschlechts
Intimität	Auseinandersetzung mit eigener Geschlechtlichkeit, Sexualität und Gestalten intimer Beziehungen mit einem Gegenüber
Partner/Familie	Entwickeln von Vorstellungen zu (Ehe-)Partner und Familie
Werte	Eigenes Menschen- und Weltbild entwickeln und als Grundlage eigenen Denkens, Fühlens und Handelns erkennen
Zukunft	Entwickeln einer eigenen, realisierbaren Zukunftsperspektive

6.3 Hilfe- und Förderplanung

Lebenssinn und Lebensgenuss

Der Mensch strebt danach, ein erfülltes Leben zu führen, es mit Sinn zu füllen und Lust am Leben zu spüren und zu genießen. Neben der Befriedigung lebensnotwendiger vitaler Bedürfnisse wie das nach Kommunikation, Luft, Gesundheit oder Nahrung nennt Köhn folgende existenzielle Ziele (vgl. ebd., S. 849ff.):

1. das Erfüllen von Verhaltensnotwendigkeiten, die das Einhalten gesellschaftlicher Verhaltensnormen bedeuten,
2. die Verwirklichung von Leistungsnotwendigkeiten, bezogen auf die eigene und gemeinschaftliche Lebens- und Daseinsgestaltung,
3. das Bemühen um Autonomie, gemeint ist die Emanzipation, das Entwickeln einer stabilen Ich-Identität sowie das Leben in innerseelischer Freiheit.

Der Psychologe Abraham Maslow veranschaulichte in den 1950er Jahren die existenziellen Bedürfnisse und Ziele in seiner sogenannten Bedürfnispyramide. In dieser wird das Bedürfnis nach einem sinnvollen, individuell und kreativ gestalteten Leben als eines beschrieben, das nicht aus einem Mangel, sondern aus dem Bedürfnis nach Wachstum entsteht und dementsprechend motiviert ist (vgl. Köhn 2001, S. 816f.). Die Voraussetzung zur Befriedigung dieser sogenannten Grund- und Mangelbedürfnisse ist eine gewisse Ordnung der – äußeren – Umwelt, etwa durch die Merkmale Freiheit und Gerechtigkeit.

Abbildung 20: Bedürfnispyramide nach Maslow 1977 (vgl. Köhn 2001, S. 816)

Die menschliche Fähigkeit und Möglichkeit zu taktilem, oralem, kommunikativem, sexuellem und ästhetischem Genuss sowie das Vermögen, eigene Bedürfnisse und Vorstellungen zu erkennen, zu differenzieren und zu realisieren, ermöglichen Lebensgenuss. Es ist die Gelegenheit zu einem Leben im Einklang mit den eigenen frühesten Erfahrungen. Daraus erwachsen viele unterschiedliche Fähigkeiten: die Beziehungs- und Kommunikationsfähigkeit; die Fähigkeit zu lieben, Freude zu empfinden, zuzulassen und genießen zu können; Ruhe zu finden und zu nutzen; die Fähigkeit, fantasievoll, kreativ und spielerisch das Leben zu gestalten; gerecht, zugewandt, vorurteilsfrei, tolerant, aber auch produktiv kritisch zu sein; die Fähigkeit zur (Selbst-)Erkenntnis zu entwickeln und Fragen nach dem Sinn des Lebens als empfindendes und denkendes Wesen stellen, ergründen und reflektieren zu können. Das Streben nach Lebensgenuss heißt, geben und empfangen zu können, kreativ und religiös zu sein, nicht über die Absurditäten des Lebens zu klagen und aufgrund dieser zu verzagen, sondern diese aushalten zu können, neugierig zu sein, zu erkennen, demütig – in Bezug auf das Leben als endliches Geschehen – und ohne Furcht vor dem Tod zu sein (vgl. Köhn 2001, S. 851).

Wie Köhn (2001) darlegt, hat das Leben in einer industrialisierten und globalisierten Welt – in der Mobilität, Flexibilität und gesundheitliche Unversehrtheit als unerlässlich gelten – den Verlust eines Ganzen und die Zersplitterung des „Daseinsgefüges" (ebd., S. 75) zur Folge; daraus resultieren das Gefühl der Heimatlosigkeit und der Entfremdung von sich selbst, von den Mitmenschen und von der Welt. Diese Umgebung bietet nur unzureichend Anreiz und Möglichkeit, in ihr Erfahrungen zu machen, die den Menschen befriedigen. Solche Erfahrungen bedeuten aber nach Dewey erhöhte Vitalität und den aktiven Umgang mit der Welt, sie geben Stabilität. Die Freude und Zufriedenheit an „gut getaner und nützlicher Arbeit" (Dewey 1980, S. 396) sowie am gemeinsamen Tun sind von großer sinnstiftender Bedeutung. Das Gefühl der Freude oder der Zustand von Erfüllung und Harmonie sind grund- und energiegebend und helfen, konfliktreiche, schwierige Zeiten zu überstehen und zu bewältigen (vgl. ebd., S. 26f.).

Für die Heilpädagogik bedeutet das, die eben genannten Lebensziele als Ziele der Erziehung und Förderung anzustreben. Jedoch nicht nur für das verhaltensauffällige Kind, sondern auch für sich selbst etwa mit Blick auf die Arbeitsbedingungen. Dabei müssen zunächst alle vorhergehenden Bedürfnisse in ausreichendem Maße befriedigt sein, um ein höheres Lebensziel – bis hin zum höchsten Ziel des Lebensgenusses – erreicht sein (siehe Abbildung 18). Das nüchterne Reflektieren der angestrebten Ziele – erreichbare oder notwendige – ist in der Arbeit der Heilpädagogin bzw. des Pädagogen mit dem Kind und dessen Bezugspersonen unumgänglich und unerlässlich.

Beispiel für eine Zieldefinition

Dany ist ein sehr bedürftiger fünfjähriger Junge, der aus allen Bereichen menschlichen Werdens und Seins Angebote benötigt. Bei seiner hochkomplexen Problematik (Erfahrung häuslicher Gewalt, Mangel an Zuwendung durch die Eltern, inzestuöse Familiensituation, starke Anpassungsstörung im Neugeborenenalter, Rückzugstendenz, Mutter-Kind-Interaktionsstörung etc.) gilt vordergründig als Nahziel, Dany eine Ahnung von den im Folgenden aufgeführten Zielinhalten zu vermitteln, die Basis zu legen und zu beginnen, an den einzelnen Zielen zu arbeiten. Als Ziele der heilpädagogischen Begleitung wurden formuliert:

- Erleben von Beständigkeit, Struktur, Verlässlichkeit, Geborgenheit, Schutz und fördernder Beziehung zwischen Menschen
- Angstreduktion
- Stimmungsaufhellung und Stimmungsstabilisierung
- Erfahren entsexualisierter sozialer Handlungsspielräume
- Entwicklung altersadäquater Interessen und Fähigkeiten
- Förderung der Eigen- und Fremdwahrnehmung
- Erleben basaler und elementarer Bedürfnisse durch die Möglichkeit zur Regression
- Verbesserung des Zuganges zu eigenen Gefühlen
- Verbalisieren eigener Bedürfnisse und Wünsche
- Stärken des Selbstvertrauens und Entwicklung des Selbstwerts
- Identitätsentwicklung und Ich-Stärkung
- Entwicklung eigener Handlungs- und Problemlösekompetenzen
- Entwicklung und Förderung kommunikativer und sozialer Kompetenzen

Dany soll es ermöglicht werden, Geschehenes zu formulieren und einzuordnen, neue Handlungsmöglichkeiten und Beziehungsgestaltungsmuster zu erfahren und zu integrieren, sich von alten Strukturen zu lösen sowie eine eigenständige Persönlichkeit mit einem positiven, gesunden und starken Selbstwert und ebensolcher Identität auszubilden.

7.
Welche Handlungsmöglichkeiten sind bedeutsam in der heilpädagogischen Praxis?

> ## In diesem Kapitel erfahren Sie
>
> – welche Rolle die Lebenswelt des Kindes bei der (heil-)pädagogischen Handlungsplanung spielt
>
> – dass die Zusammenarbeit mit den Eltern für das Wohl des Kindes notwendig ist
>
> – dass die Fallberatung ein wichtiges Instrument in der (heil-)pädagogischen Arbeit darstellt
>
> – wie Interdisziplinarität neue Handlungswege eröffnen kann

Es ist notwendig, intensiv und differenziert hinzuschauen und die individuelle Notlage, Befindlichkeit sowie die Lebens- und Entwicklungsbedingungen jedes Kindes, das in seinem Verhalten als auffällig erscheint, zu verstehen. Erst nach diesem (heil-)pädagogischen Verstehensprozess können notwendige und langfristig wirksame Handlungsschritte entwickelt und eingeleitet werden. Die Kinder weisen durch ihr Verhalten auf Störungen in ihren Lebens-, Lern- und Beziehungsverhältnissen hin, die sie nicht alleine bewältigen und überwinden können, was in einem besonderen Maße Achtsamkeit erfordert. Achtsamkeit bezieht sich dabei nicht nur auf die Befindlichkeit und Lebenssituation, das Wesen und die Voraussetzungen des Kindes, sondern auch auf sein Bezugssystem.

Zum einen erfordert die pädagogische Arbeit und Begleitung einen sorgsamen, authentischen, akzeptierenden und wertschätzenden Umgang mit dem Kind, zum anderen mit den Eltern und seinen Geschwistern, aber auch mit den weiteren Systemen wie Kindergartengruppe oder Peergroup (vgl. Kapitel 2.3).

In der **lebensweltbezogenen Begleitung eines Kindes** mit herausfordernden Verhaltensweisen sind folgende **Grundlagen** erforderlich:

- Intensive, durch Transparenz, Achtsamkeit und Wertschätzung geprägte Zusammenarbeit mit den Eltern
- Regelmäßige Fallberatung und -supervision
- Zusammenarbeit mit Fachleuten anderer, zum Verstehen und sinnvollen Begleiten notwendiger Disziplinen
- Unterstützend wirkende Teamarbeit und Teamsupervision
- Unterstützung durch die Leitungsebene und Fachberatung
- Spezifische Weiterbildungen

Die Begleitung eines Kindes, das sich in dieser Notlage befindet, kann für alle Seiten nur befriedigend gelingen, wenn die (heil-)pädagogisch Tätigen auch mit sich selbst achtsam umgehen. Häufig erschweren bestimmte Rahmenbedingungen die (heil-)pädagogische Arbeit.

Dazu zählen organisatorische und strukturelle Aspekte sowie Mängel in der räumlichen und personellen Ausstattung und zu hohe, sich widersprechende Ansprüche und Erwartungen. Aber auch die konkrete Auseinandersetzung und Begegnung mit dem hochbelasteten Kind erfordern ein hohes Maß an Energie und Kraft.

So geraten (Heil-)Pädagoginnen und Pädagogen nicht selten an ihre eigene Belastungsgrenze. In der Reflexion des Be- und Erziehungsgeschehens ist es deshalb wichtig, Störungen und konkret belastende Momente zu erkennen und zu ergründen. Im folgenden Beispiel soll ein sich aufbauendes und übertragendes Überlastungs- bzw. Überforderungssystem nachvollziehbar werden:

> Der achtjährige Vincent besucht die dritte Klasse einer Grundschule. Er fällt den Lehrkräften und pädagogischen Fachkräften durch folgende Verhaltensweisen auf:
>
>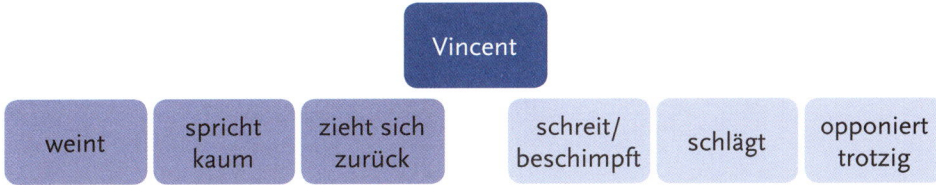
>
> Vincent lebt mit seiner alleinerziehenden, berufstätigen Mutter und ihrem neuen Lebensgefährten in einer Drei-Zimmer-Wohnung einer Kleinstadt. Nach einer sehr belastenden Lebensphase, die von Streit, Beschimpfungen, Vorwürfen und körperlichen Auseinandersetzungen der Eltern geprägt war, haben sie sich vor vier Jahren getrennt.
>
>
>
> Der Vater zog aus der gemeinsamen Wohnung aus und lebt seitdem mit einer neuen Lebenspartnerin und deren fünfjährigem Sohn. Das Verhältnis der Eltern ist weiterhin hochbelastet. Wiederholt gibt es Streitigkeiten mit Abwertungen und Vorwürfen, vor allem der Mutter gegenüber dem Vater, die auch schon offen vor Vincent ausgetragen wurden. Vincent und sein Vater hatten ein sehr inniges Verhältnis, doch gestaltet sich der Kontakt jetzt schwierig, da die Mutter ihn verdeckt unterbindet. Mehrere Versuche des Vaters, Kontakt zu seinem Sohn aufzubauen, scheitern. Die Mutter äußert vor Vincent, dass der Vater ja nun eine neue Familie habe, die ihm viel wichtiger sei. Wenn Vincent weint oder sich verschließt, wirft sie ihm vor, er sei wie sein Vater.
> Vincent ist mit dieser Situation, den Vorwürfen gegen den Vater (und indirekt gegen sich) völlig überfordert. Er vermisst den Vater und gerät in einen Loyalitätskonflikt, den er nicht auflösen kann.
> Er fühlt sich schuldig, ist voller Schamgefühl und hat Angst auch noch die Mutter zu verlieren.

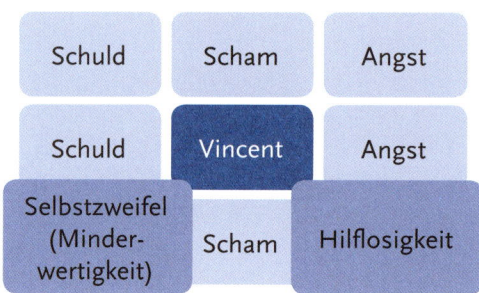

fühlt sich hilflos und minderwertig, zweifelt an sich selbst, ohne das alles aber benennen zu können.

Die herausfordernden Verhaltensweisen des Jungen sind mittlererweile so massiv, dass er weder lernen noch spielen kann. Kein Pädagoge in Schule oder Hort erreicht ihn. Die Lehrkräfte und pädagogischen Fachkräfte fühlen sich

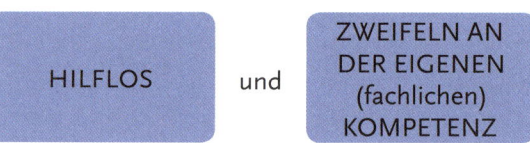

Vermutlich wird nun im Team nach den Ursachen sowie Zuständigkeiten für das Dilemma und Erklärungen für das Verhalten von Vincent gesucht. Im **ungünstigsten Fall** klingt das dann ungefähr so:
- über Vincent: „Er ist eben schwierig",
- über die Mutter: „Sie reagiert ja auch so…"
- über den Vater: „Der kümmert sich ja nicht…"
- in Bezug auf die eigenen (pädagogischen) Strukturen: „Wir sind eben nicht die richtige Einrichtung für ihn."

Dabei wäre hier nun wichtig, zu erkennen, was (vor unseren Augen und) hinter dem Verhalten von Vincent und dieser herausfordernden Situation steht. Dabei ist anzuerkennen, dass
- dies (für alle Beteiligten) eine hochbelastete und -belastende Situation ist,
- Verhalten ein Ausdruck des Erlebens, Denkens und Fühlens des Kindes ist,
- herausforderndes Verhalten eine sensible Reaktion auf gestörte Beziehungs- und Entwicklungsverhältnisse ist,
- der Mensch nicht nicht kommunizieren kann; allein durch seine bloße Anwesenheit stellt er dem anderen eine Frage und ist zur Antwort durch den anderen herausgefordert (Resonanz und Zwischenleiblichkeit),
- Emotionen und Grundbedürfnisse elementar und bestimmend sind, nach Befriedigung suchen,
- der Mensch am Du zum Ich wird (Ich erkenne mich in Dir),

- es in Beziehungen zu Übertragungen und Gegenübertragungen kommen kann,
- es „ein ganzes Dorf braucht", um ein Kind zu erziehen (Entlastung durch Team- und Fallberatung, Supervision, Teamarbeit etc.).

Hinter den destruktiven (aggressiven und depressiven) Verhaltensweisen von Vincent stehen Stimmungen, Gefühle, Affekte und das Erleben und Denken (z.B.: „Ich bin schuld."). Diese Gefühle und die reale Situation belasten ihn sehr. Neben einer sensiblen, stärkenden Zusammenarbeit mit den Eltern und der Stärkung des Kindes über eine tragfähige (heil-)pädagogische Beziehung ist auch die Selbstfürsorge für die Begleiterinnen und Begleiter mithilfe der gelisteten Verstehenszusammenhänge notwendig.

7.1 Gestaltung der Lebenswelt

In der Begleitung eines Kindes mit herausforderndem, auffälligem Verhalten geraten die gesamte Umwelt und die sozialen Kontakte, also die gesamte Lebenswelt des Kindes, in den Fokus der Betrachtung. Was bedeutet das nun genau? Welche Aspekte spielen eine Rolle? Und warum sollten sie in den Blick genommen werden? Welche Rolle spielt die alltägliche Lebenswelt?

Die alltägliche Lebenswelt ist sinnlich wahrnehmbar, wahrhaftig und unmittelbar. Jedoch ist sie nicht rein sensorisch fixiert, sondern meint die „kommunikative" Erfahrung wechselseitig aufeinander bezogener Subjekte (vgl. Gröschke 1997, S. 145). Sie vollzieht sich in einem Prozess sozialer Wahrnehmungen. Mit dem Ziel, sich in seiner Lebenswelt und in seinem Alltag zurechtzufinden, sucht der Mensch nach Erklärungen für die Ursachen, Gründe und Motive eigenen und fremden Handelns. Diese sogenannten naiven Verhaltenstheorien aus der Sozialpsychologie sind Ergebnisse sozialer Wahrnehmung. Dabei werden Tatsachen symbolisch vorinterpretiert; Zuschreibungen, Attributionen, Urteile, Verurteilungen und Vorurteile entstehen (vgl. Kapitel 1.4 & 2.4).

Gröschke beschreibt die alltägliche Lebenswelt als ein konkretes, subjektives und individuelles Erleben und Ertragen einer mit anderen Menschen geteilten Wirklichkeit. Dabei sind die Grenzen der der Person zugänglichen Realität nicht fix, sondern durch Erfahrungen veränderbar. Die persönliche Lebenswelt endet am subjektiven Horizont, am Übergang zum Unbekannten und Unverständlichen. „Nicht alles kann ich (sofort) verstehen" (Gröschke 1997, S. 145). In der alltäglichen Lebenswelt wirken die unterschiedlichen Lebensweltdeutungen in einem gemeinsamen Lebensraum handlungsleitend und beeinflussen das Verhalten und die Interaktion der Menschen. Die soziale Lebenswelt ist durch sogenannte fremde und Wir-Gruppen organisiert. Über Zugehörigkeit und Abgrenzung normiert der Mensch sein Denken, Fühlen und Handeln.

Um sich in Alltagsvollzügen abzustimmen, müssen die Personen kommunizieren. Dieser Prozess lebensweltlicher Verständigung wird nicht nur über Sprechhandlungen realisiert, sondern überwiegend nonverbal über Gesten, Gebärden, Mimik oder Habitus. Dabei ist das regulierende Moment alltäglicher Handlungen die Umgangssprache. Alltagskommunikation ist ursprünglich, da auch ein Augenblick, eine Berührung, das Spüren der Anwesenheit des anderen erfahrbar sind (vgl. auch Kapitel 1.4 & 4.4).

Zudem weist die menschliche Lebenswelt eine Struktur auf, die als Routine verstanden wird. Im alltäglichen Leben werden viele gewöhnliche, das heißt, immer wiederkehrende Dinge, Situationen und Abläufe erlebt. Häufig erscheinen sie unwichtig, doch in der Summe genommen reihen sie sich aneinander und werden zu dem, was das Leben ausmacht (vgl. Gröschke 1997, S. 158). Scheinbar erinnert und nährt sich der Mensch vor allem von dem Besonderen, von herausstechenden positiv oder negativ erlebten Ereignissen, doch sind gerade die Alltäglichkeiten bedeutsam für das Wohlbefinden, die Zufriedenheit und Gesundheit des Menschen; das bestätigen Erkenntnisse der klinisch-psychiatrischen Stress- und Bewältigungsforschung, wie zum Beispiel das Leipziger Ereignis- und Belastungsinventar von Richter und Guthke (1996).

> ### Beispiel für die Bedeutung von Routinen
> So erinnern sich Erwachsene an Rituale, die sie als Kind erlebt haben:
> „Mein Vater setzte sich jeden Abend an mein Bett und sang: ‚Guter Mond, du gehst so stille' und gab mir zur guten Nacht einen Kuss auf die Stirn." „Nach der Arbeit holte mich meine Mutter vom Kindergarten ab und wir liefen – vom Tag berichtend und auch schweigend – den weiten Weg nach Hause."

Durch das Fühlen, Denken, Sprechen und Tun der Menschen werden Alltag und Lebenswelt hervorgebracht, nämlich durch:
▸ sinnhaft-verstehendes Ordnen und Mitteilen von Eindrücken („Ich sehe das so!") und
▸ konzentrierte sinn- und zweckmotivierte Handlungen („Wir machen das so!").

Daraus erwachsen Verlässlichkeit und Verbindlichkeit, Bindung und Verantwortung füreinander. Im Alltag vollzieht sich so der Großteil (heil-)pädagogischer Praxis. Aus diesem Verständnis entsteht ein Mandat der (heil-)pädagogisch Tätigen für die Lebenswelt des Kindes.

> **Lebenswelt in der Heilpädagogik**
>
> Das einheitsstiftende, verbindende Moment (heil-)pädagogischer Theorie und Praxis ist der lebensweltliche Bezug. Je intensiver und mehr über Lebenswelt nachgedacht wird, umso mehr verliert sie ihren Charakter von Ursprünglichkeit und Unkompliziertheit. Alles, was neben dem Kind zeitlich und räumlich existiert, wird zum Bestandteil seiner Lebenswelt und muss in – für das Kind und seine Umgebung – sinnvolle Beziehung gesetzt werden (vgl. Gröschke 1997, S. 152).

Gestaltung von räumlichen, personellen und zeitlichen Bedingungen

Die personellen, räumlichen und zeitlichen Bedingungen sind für die Entwicklung eines Menschen maßgeblich. Ist die Lebenswelt eines Kindes geprägt von passiver Aufnahme willkürlicher Reize ohne sinnerschließende Kommunikation und Strukturierung, sind lebensweltliche Erfahrungsräume verarmt, monoton oder durch starre Routinen geprägt, so verlieren und reduzieren sich Wahrnehmungsmöglichkeiten. Es fehlen unmittelbar sinnlich und leibhaftig vermittelte Erfahrungen. Subjektivität geht verloren, und es entsteht im Menschen ein Gefühl von Belanglosigkeit, Sinnlosigkeit und Willkür.

Verhaltensauffälligkeiten bei Kindern sind Ergebnis verarmter Erfahrungen durch reduzierte oder überfordernde Wahrnehmungen. Folglich muss ein Verstehensprozess in Gang gesetzt werden. Das Verstehen lebensweltlicher Situationen und des Verhaltens als Symptom bzw. Symbol eines gestörten Verhältnisses zwischen der Person und ihrer Umwelt darf nicht darin enden, dass dieser Zustand zur Kenntnis genommen und als unabänderlich toleriert wird. Die Situation kann und muss verändert werden, um Entwicklung und damit angemessenes Verhalten wieder zu ermöglichen.

Häufig ist das Alltagsleben, gerade in Kindertageseinrichtungen, nach funktionalen Kriterien der Zweckmäßigkeit und der technischen Effizienz geregelt (vgl. Gröschke 1997, S. 153). Dabei geraten die Schaffung und Sicherung von Lebensqualität, Erfahrungsräumen und Entfaltungsmöglichkeiten in den Hintergrund und werden damit zur notwendigen Aufgabe der (heil-)pädagogisch Tätigen.

Die (Um-)Gestaltung der Räume als Lebens- und Arbeitsort zu Orten von Bedeutung, Gemeinschaft, Zugehörigkeit, Geborgenheit, Intimität und Persönlichkeit führen zur Reduzierung anonymisierter und standardisierender Systemreglements in Verwaltung, Organisation und Management (vgl. Theunissen in: Gröschke 1997, S. 154).

> ### Beispiel für ungünstige Bedingungen
>
> Eine Erzieherin eines integrativ und offen arbeitenden Grundschulhortes mit 467 Kindern berichtet: „Ich bin froh, wenn ich das Kind wiedererkenne. Seinen Namen, wer dieses Kind ist, was es liebt und was es belastet weiß ich aber noch lange nicht."

Forschungen zu zeitlichen Strukturen alltäglicher Lebenswelt im Bereich Frühförderung (vgl. Wöhler 1988) lassen sich leider noch immer auf aktuelle Erfahrungen pädagogisch-therapeutischen Personals, insbesondere im Elementarbereich wie in Krippe, Kindergarten oder Frühförderstellen, übertragen. Vor allem bei Kindern, deren Entwicklung ins Stocken geraten, verzögert oder gestört ist, werden die verschiedensten zeitlichen Abläufe durch die Begleitung und Behandlung, Beratung und Überweisung zur Abklärung durch weitere Fachleute in das Leben des Kindes und seiner Familie hineingetragen. Oft sind diese „Termine" nicht oder nur schwer mit dem alltäglichen Lebensrhythmus des Kindes und der Familie zu vereinbaren. Es kann ein Gefühl des Fremdbestimmtseins durch den Eingriff in die Privatsphäre entstehen. Es kann aber auch als unterstützend erfahren werden, wenn eine koordinative, ganzheitliche Familienhilfe durch partnerschaftlich gelebte Eltern- und Familienarbeit gelingt. Aufseiten der Erziehenden steht nach der Phase der Wahrnehmung und Beobachtung die Phase des Begleitens an. Die Handlungen konzentrieren sich darauf, eine vertrauensvolle Beziehung aufzubauen, individuelle Eigenarten des Kindes zu akzeptieren, dessen Selbstwertgefühl zu stärken und eindeutig zu kommunizieren.

Um akuten Störungen (Eigen- und Fremdgefährdungen) zu begegnen, bieten sich die folgenden **(heil-)pädagogischen Interventionen** an – abhängig von der Notlage und Verfassung sowie der Eigenart des Kindes:

▶ Regeln und Rituale mit und für alle Beteiligten entwickeln und festigen
▶ (Neu-)Strukturierung der Räume und Abläufe im betroffenen System (z.B. Kindergarten)
▶ Eindeutig und verlässlich Grenzen setzen (eventuell über spezifischen Trigger, Blick, Berührung, akustisches oder visuelles Signal)
▶ Präsenz zeigen (Blick, Ansprache, körperliche Annäherung)
▶ Konsequenzen verdeutlichen
▶ Umstrukturieren und Umgruppieren
▶ Verhaltensmodifikatorische Elemente wie das Verstärken oder temporäre Herausnehmen des Kindes oder der anderen Kinder (einen sicheren Ort, Raum schaffen).

Die **Basis des pädagogischen Handelns** bilden verschiedene Einstellungen und Haltungen sowie unterschiedliche Handlungsoptionen:

7.1 Gestaltung der Lebenswelt

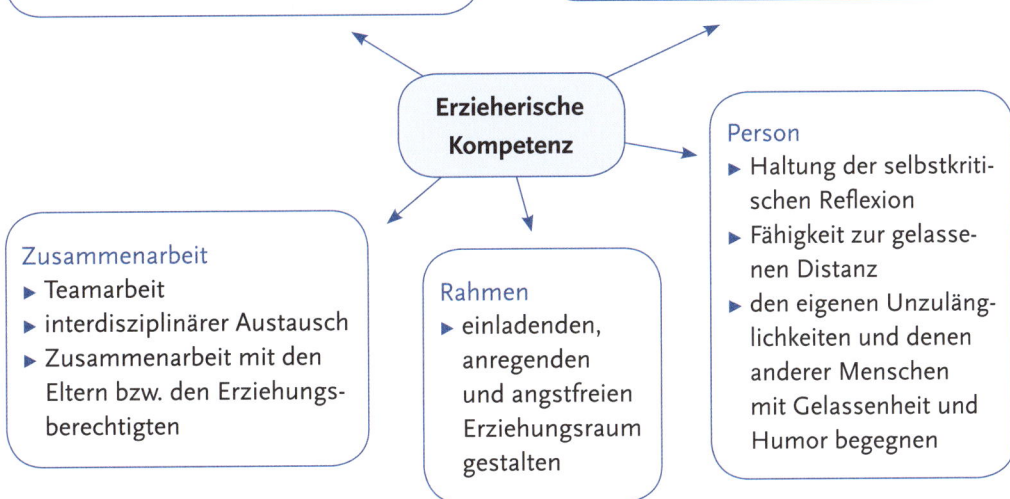

Abbildung 21: Gestaltung der Lebenswelt durch die (heil-)pädagogisch Tätigen aufgrund ihrer erzieherischen Kompetenz

Aus diesen Bedingungen und Grundlagen erwachsen **erzieherische Aufgaben und Angebote** (vgl. Köhn 2001, S. 31):

- **Äußerer Halt** durch eindeutigen Orientierungsrahmen in überschaubarer Lebenssituation
- **Innerer Halt** durch Sicherheit und Geborgenheit spendende Zuverlässigkeit
- **Vertrauen** durch unmittelbar spürbare selektive Authentizität sowie Selbst- und Fremdakzeptanz
- **Empathie**, die Reaktionen, Handlungsweisen, Auffassungen etc. des Kindes von dessen Voraussetzungen her verstehen und darauf angemessen eingehen
- **Offenheit und Spontaneität**, indem man sich auf affektives, psychosomatisches und intellektuelles Geschehen bei sich und den Kindern einlässt, sowie Bereitschaft zur freien Kommunikation

▶ **Permissivität** (Freizügigkeit) durch Gewähren individueller Freiheit beim sinnvollen Suchen und Bestimmen eigener Ziele
▶ **Interdependenz** (gegenseitige Abhängigkeit) durch ein ausgewogenes Verhältnis zwischen eigener und kindlicher Autorität, den Mitbestimmungsbedürfnissen und Autonomiewünschen.

Entscheidend sind das Reflektieren der Beziehung und die fundierte Einschätzung der Befindlichkeit des Kindes in der aktuellen Situation. Darauf basiert die Wahl angemessener und geeigneter Mittel in der Gestaltung der (heil-)pädagogischen Beziehung.

Diese Ausführungen zu einem systematischen, wertgeleiteten heilpädagogisch begründeten Vorgehen in der Zusammenarbeit mit einem (hoch-)belasteten Kind verdeutlichen die Notwendigkeit und die Bedeutung eines sensiblen Verstehens der Wirkzusammenhänge in dem individuellen (Er-)Leben des Kindes. Um sinnvolle, wirksame Ansätze für die Begleitung des Kindes und seiner Bezugssysteme entwickeln zu können, müssen begünstigende und erschwerende Bedingungen, Faktoren und Ursachen und das Fehlende, also der Bedarf des Kindes, analysiert und verstanden werden.

Liegen die **Ursachen und Störungen in der ersten Adaptionsphase** der emotionalen Entwicklung (siehe Kapitel 4.1), in den damit unbefriedigten Grundbedürfnissen, den anhaltenden ungünstigen Entwicklungsbedingungen und der zusätzlich daraus erwachsenen Diskrepanz zwischen der emotionalen Entwicklung des Kindes und seiner kognitiven Entwicklung, ist die Entstehung von Verhaltensauffälligkeiten oder gar die Ausprägung einer Verhaltensstörung wahrscheinlich. Dieser kann wirkungsvoll basal und körperorientiert sowie an den emotionalen Grundbedürfnissen eines Neugeborenen ausgerichtet begegnet werden. Dazu gehören die Vermittlung von Sicherheit, um soziale Kontakte als positiv, sichernd, verlässlich erlebbar werden zu lassen, die Vermeidung körperlichen Unwohlseins und die Förderung der Integration verschiedener Reize.

Kinder mit **desintegrierten Verhaltensstörungen** benötigen zur Entwicklung von Bindungsfähigkeit Unterstützung in der Affektregulierung (Hilfs-Ich). Das bedeutet, dass sie insbesondere in Konfliktsituationen nicht alleingelassen werden dürfen. Ein scheinbar notwendiges „Time-out" in einer Eskalationssituation oder bei einem Wutanfall ist ungeeignet, verstärkt es doch die zugrunde liegende Irritation. Zudem stellt die Anforderung, in einer Stress- oder Frustrationssituation eigene Befindlichkeiten und Bedürfnisse hinter die der anderen zurückzustellen oder sich in eine Gruppe einzugliedern und deren Regeln zu befolgen, eine absolute Überforderung dar.

In der Arbeit mit Kindern mit **desorganisierter Verhaltensstörung** sind Hilfen bei der Affektregulierung und äußere Strukturierung von größter Bedeutung für das Erleben von Selbstbestimmung und Autonomie und die Förderung der Individuation (vgl. Sappok 2019, S. 212).

(Hoch-)belastete, traumatisierte oder gar komplex-traumatisierte Kinder benötigen tragfähige, verlässliche, positive Beziehungserfahrungen. Denn "jedes hochbelastete Kind hat Beziehungsverletzungen erlebt, ist (beschämt, verachtet, vernachlässigt, entwürdigt, d. Verf.),

7.1 Gestaltung der Lebenswelt

alleingelassen, gequält, geschlagen worden. All das bewirkt Beziehungsverletzungen. Und Beziehungsverletzungen brauchen Beziehungswürdigung und Beziehungsheilung" (Baer 2019). Diese Kinder benötigen in einem besonderen Maße:

- Orientierung und Halt durch Rahmung mittels für sie (vor allem „gefühlt") sicherer Orte
- Angstfreie Lebensräume (kein „Täter"-Kontakt, keine Retraumatisierung durch Effizenz und Unachtsamkeit)
- Klare Strukturen, verlässliche Absprachen
- Eindeutige, nachvollziehbare, an den (basalen) Grundbedürfnissen (siehe Kapitel 1.1) und aktuellen Möglichkeiten (siehe Kapitel 4) orientierte Regeln
- Gerechtigkeit (im Sinne der drei Siebe des Sokrates: Wahrheit, Güte, Notwendigkeit)
- Spiegelung
- Transparenz
- Eine erwachsene Person, mit der sie Bindung erfahren und üben können
- Beziehungssicherheit und positive Beziehungserfahrungen
- Spürende Begegnungen (schauen, hören, tönen, greifen, halten, drücken, (an-)lehnen)
- Ein Gegenüber und ein Gegenüberseindürfen
- Bedeutsamkeit
- Ich-Stärkung
- Selbstwirksamkeitserfahrungen (ebd.)

Neben der wichtigsten (heil-)pädagogischen Intervention in der Arbeit mit hochbelasteten Kindern und ihren Bezugssystemen, dem (Aus-)Halten, und den oben genannten orientierunggebenden und rahmenden Gestaltungsmöglichkeiten reicht das heilpädagogische Handlungsrepertoire in die verschiedensten Dimensionen (von der Planung gezielter Begleitungssituationen bis zu metakommunikativen Aspekten).

Konkret bedeutet dies, notwendige fehlende Informationen zu beschaffen, kontextuelle Bedingungen zu erschließen und in der Zusammenarbeit und Planung zu berücksichtigen, Wirkzusammenhänge, Belastungen (auf allen Seiten), Fragestellung und Zeit, räumliche und materielle Bedingungen und Möglichkeiten zu klären sowie konkrete, realistische Ziele zu formulieren (Wer braucht was und wer kann wie was leisten?).

Um dabei keine Pauschal"bearbeitung" zu entwickeln, bedarf es ein hohes Maß an Achtsamkeit (innerer und äußerer), Respekt und Zeit. Nur dadurch wird es möglich, dem Kind und seinen Bezugssystemen wach und ruhig, wertschätzend, ruhig und freundlich, gelassen, wertfrei fragend und kongruent zu begegnen.

Erst das Bewusstmachen **metakommunikativer Anteile** ermöglicht wiederum eine solche Begegnung, in der ein sachlicher, förderlicher Umgang (sich nicht verstricken lassen oder angegriffen fühlen) gelingen kann. Dazu ist es notwendig, zunächst das Verhalten des Kindes zu beschreiben und nicht zu bewerten. Eigene und beim Kind und seinen Bezugssystemen wahrgenommene Gefühle, Gedanken, Absichten müssen angemessen wahrgenommen und formuliert werden. Außerdem müssen Kommunikationsmuster und -niveau erkannt und beachtet, die wirkenden Übertragungs- und Gegenübertragungsphänomene, die intrapsychischen/interpersonellen (innerseelischen) sowie sachlichen/instrumentellen (interaktionellen) Prozesse (Umgang mit Dingen und Gegebenheiten) und Beziehungsmuster (Dependenz etc.) erkannt werden. Auch die Fähigkeit zur Unterscheidung der Inhalts- und Beziehungsebene (siehe Kommunikation) und zur differenzierten Selbst- und Fremdwahrnehmung („Bewusstheitsrad") sind bedeutsam für das Gelingen der Begleitung.

In der Gestaltung einer tragfähigen heilpädagogischen Beziehung können **pädagogisch-didaktische Mittel** unterstützend angewandt werden. Hierzu zählen:
- Ermutigen,
- Vormachen und Erklären,
- Fragen,
- Erwartungen klären und einordnen,
- Aufmerksam machen und Üben
- Fordern und Anerkennen (auch und v.a. kleine Fortschritte).
- Auch das Konfrontieren – entsprechend dem Bedarf des Kindes und seiner Bezugssysteme – kann als adäquates Mittel eingesetzt werden.

Als **konfrontative pädagogische Interventionen** können u.a.
- das Standhalten und Spannung aushalten (auch gerichtetes Schweigen),
- Ignorieren und Verzögern,
- Begleiten und Führen,
- Konsequenzen ankündigen und erleben lassen,
- Gefühle herauslassen (spiegeln etc.),
- Erfahrungen und damit verbundene Gefühle verdeutlichen,
- Wirkung des Verhaltens und vermutetes Erleben,
- Ängste etc. des Kindes (stellvertretend) formulieren,
- Verhalten reflektieren und alternative, korrigierende Verhaltensweisen erarbeiten und ermöglichen,

stärkend für das Kind sein.

Insbesondere in der konfrontativen Begegnung ist es unabdingbar, mögliche Trigger des Kindes zu kennen, um eine Retraumatisierung zu vermeiden.

Derartige **kindzentrierende Handlungsansätze**, welche das Aufdecken und Nutzen von Stärken und Ressourcen des Kindes sowie das Vertrauen in kindliche Entwicklung als Grundlage haben, sind wirksamer, wenn sie durch ein **systemisch-lösungsorientiertes Vorgehen** begleitet sind. Das Kind kann nur im Wissen über seine Lebenswelten verstanden werden. Über ein verstehendes Sich-einlassen auf die Lebenswelten des Kindes – ohne die notwendige Distanz zu verlieren und das eigene Wohlbefinden zu gefährden – können für das Kind bedeutsame Einflüsse seiner Umgebung (Familie, Freunde, Schule u.a.) und deren Ressourcen erkannt werden, um geeignete Unterstützungs- und Lösungsmöglichkeiten zu erarbeiten.

7.2 Zusammenarbeit mit den Eltern

Um förderliche Bedingungen für die weitere Entwicklung schaffen zu können, ist es notwendig, die aktuelle Lebens- und Erlebenssituation des Kindes in ihrer Vielschichtigkeit zu erfassen. Dabei ist vertrauensvolle und wertschätzende Zusammenarbeit mit den Eltern ein wesentlicher Bestandteil. Doch häufig gestaltet sich die Zusammenarbeit aus vielerlei Gründen schwierig. Diffuse oder konkrete Sorgen und Ängste, Erwartungen, Vorbehalte und Vorurteile aufseiten der Eltern oder auch der pädagogisch Tätigen können die Zusammenarbeit erschweren. Unzureichende Transparenz, Eindeutigkeit und Nachvollziehbarkeit inter- und intrapsychischer Prozesse sind oft der Grund dafür.

Beispiel für eine konfliktbehaftete Zusammenarbeit

Der Kindergarten soll in etwa sechs Wochen in eine Integrationseinrichtung umgewandelt werden. Am Morgen tritt eine Mutter an die Erzieherin heran und fragt: „Sagen Sie, soll das jetzt der Dauerzustand werden? Ich habe gehört, dass dieses schreckliche Kind hier in unserer Einrichtung bleiben darf, obwohl wir Eltern das nicht wollen. Wir haben uns doch eindeutig dagegen ausgesprochen. Wir wollen schließlich unsere Kinder schützen. Und nun sollen noch mehr von der Sorte kommen? Können Sie mir sagen, was das werden soll?"

Mit diesem „schrecklichen Kind" ist die siebenjährige Sina gemeint, die durch ihr impulsives, aggressives, sich selbst und andere gefährdendes Verhalten auffällt. Trotz vieler Bemühungen und Hilfsangebote an Sinas Familie durch das Fachpersonal scheint sich in den letzten eineinhalb Jahren nicht viel am Verhalten des Mädchens verändert zu haben. Vor etwa einem Jahr fand eine umfassende Diagnostik durch das nahegelegene sozialpädiatrische Zentrum statt, bei der neben einer Sprachentwicklungsverzögerung eine taktil-kinästhetische Wahrnehmungsstörung diagnostiziert wurde.

Was tun Sie als pädagogische Fachkraft? Wie reagieren Sie auf die Fragen der Mutter? Wie erklären Sie ihr den Sinn und Zweck, die Möglichkeiten und Herausforderungen heilpädagogischer und integrativer Arbeit?

Dem institutionellen Auftrag und ihrer fachlichen Kompetenz entsprechend gestalten die pädagogisch Tätigen die Zusammenarbeit mit den Eltern in Befunderhebung, Erziehungs- und/oder Elternberatung. Zudem können sie auf weitere geeignete Möglichkeiten und Zuständigkeiten anderer Fachleute (Kinder- und Fachärzte, Beratungsstellen etc.) hinweisen und diese vermitteln (vgl. auch Kapitel 7.4).

Als Formen der Zusammenarbeit innerhalb der gesamten Gruppe der Kindertageseinrichtung haben sich – neben individuellen Situationen der Elternberatung und Erziehungsberatung – themenbezogene Elternabende oder Gesprächs- und Trainingsgruppen für Eltern bewährt. Um eventuelle Berührungsängste mit oder Vorurteile gegenüber der Arbeit der pädagogisch Tätigen abzubauen, kann es auch hilfreich sein, wenn Eltern eingeladen werden, im Alltag der Kindertageseinrichtung für eine bestimmte Zeit Gast zu sein. Diese Form ist mittlerweile fester Bestandteil der pädagogischen Arbeit in Kindertageseinrichtungen, die als Familienzentren ausgewiesen sind.

In der Zusammenarbeit mit Eltern herausfordernder Kinder reflektieren die (heil-)pädagogisch Tätigen die intrapsychischen und interpsychischen gestörten Beziehungs- und damit Erziehungsverhältnisse vor dem Hintergrund ihrer eigenen Real- und Übertragungsbeziehungen zu Kind und Eltern (vgl. Kapitel 4.4). Sie versuchen zu erfassen, wie Mutter und Vater ihre Elternschaft mit Blick auf die eigenen lebensgeschichtlichen und gesellschaftlichen Erfahrungen und Anforderungen verstehen und aus welchen Motivationen heraus sie ihr Erziehungshandeln ausüben. Die (Heil-)Pädagogin bzw. der Pädagoge
▶ prüft die Fähigkeit und Bereitschaft der Eltern zur Mitarbeit,
▶ bemüht sich um die Mobilisierung der vorhandenen Kräfte und
▶ erstellt zum Verständnis der Gegebenheiten und möglicher Vorgehensweisen eine Familien- und Milieu-Anamnese.

Hilfreiche Zusammenarbeit setzt sowohl bei den Eltern des Kindes mit herausforderndem Verhalten als auch bei der Heilpädagogin bzw. dem Heilpädagogen **Bereitwilligkeit und die Fähigkeit zur Mitarbeit** voraus. Das sollte vorab gemeinsam sorgfältig geprüft werden. Dabei sind folgende Gesichtspunkte zu berücksichtigen (vgl. Dührssen 1977):
▶ **Orientierung an dem vorhandenen Kräftereservoire der Eltern:** Es geht darum, einen Überblick über Belastungen zu bekommen, die über die konkrete Sorge für das Kind hinausgehen, zum Beispiel finanzielle, gesundheitliche oder einfach nur Alltagssorgen. Zu welcher Leistung im Sinne kontinuierlicher Mitarbeit sehen sich die Eltern realistisch in der Lage? Die Pädagogin bzw. der Pädagoge hat die Aufgabe, mit den Eltern deren tatsächlichen Möglichkeiten abzuwägen, um zu überschaubaren, nachvollziehbaren und tragfähigen Entscheidungen zu gelangen.
▶ **Verstehen der Situation der Eltern:** Die Eltern sollen in ihrer Lebensführung und Entscheidungsfindung nicht vorverurteilt werden. Ebenso wenig sollten sich die pädagogisch Tätigen mit dem Kind gegen die Eltern verbünden.
▶ **Familien- und Milieu-Anamnese:** Diese ermöglicht es, die besondere Geschichte und Situation des Kindes sowie die Lebensbedingungen der Familie nachzuvollziehen und angemessene, sinnvolle pädagogische Hilfen leisten zu können. Man kann eine Sprache entwickeln, die von den Eltern nicht nur verbal, sondern vor allem mit Blick auf ihren individuellen und milieuspezifischen Erfahrungshintergrund verstanden werden kann.
▶ **Entlastung der Eltern und Umstimmung der Gefühlslage:** Die Aussicht auf Veränderung der als belastend empfundenen Situationen ermöglicht oft den Durchbruch zu ungeahnten psychischen und physischen Kräftereserven und Ressourcen. Erst danach kann eine Beratung überhaupt hilfreich sein und aufgenommen werden.

Gesprächsführung im pädagogischen Alltag

Sucht man den Kontakt, so ist auch im sozialen Bereich generell Wissen um die Gesprächsführung notwendig. Es ist wichtig, sich über grundlegende Einflussfaktoren klar zu werden und zu überlegen, welche Rolle man in dem zu planenden Gespräch spielen und wie bzw. ob man die Situation beeinflussen kann, möchte oder auch sollte.

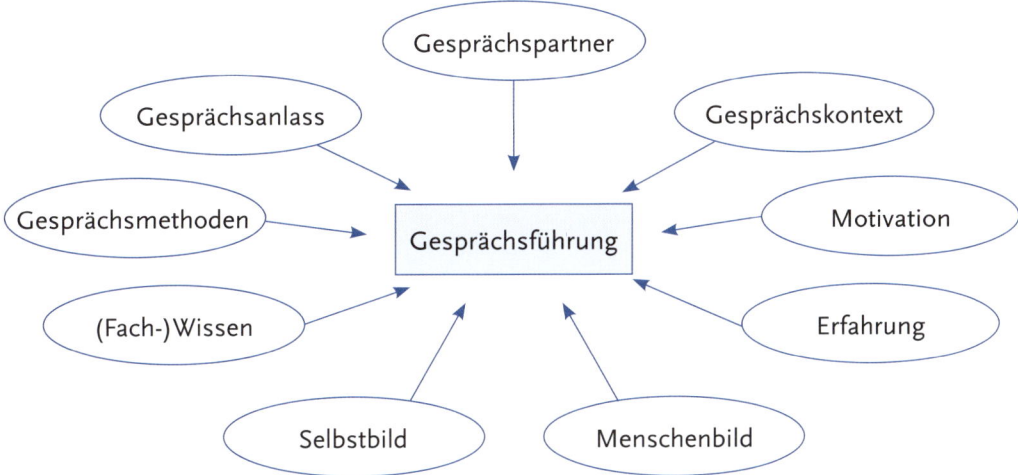

Abbildung 22: Einflussfaktoren auf die Gesprächsführung (vgl. Huisken 2008, S. 10)

In der **Gesprächssituation** spielen **zahlreiche Faktoren** eine Rolle:
- **Gesprächspartner:** Der Gesprächsverlauf und das Verhalten werden von den Gesprächspartnern beeinflusst. Dabei spielen die jeweiligen Einstellungen, Wünsche oder auch Ziele eine Rolle.
- **Gesprächsanlass:** Der Anlass kann sich spontan ergeben oder geplant festgelegt werden.
- **Gesprächskontext:** Der Kontext bestimmt, ob das Gespräch einen formellen (Mitarbeiter-, Eltern-, Entwicklungs-, Beratungsgespräch) oder informellen Charakter (Alltags-, Tür-und-Angelgespräche) hat. Vom Charakter des Gesprächs ist abhängig, welche Gesprächstechniken und -kompetenzen eingesetzt werden.
- **Motivation:** Ein tatsächliches Interesse und Anteilnahme sowie die innere Überzeugung haben Einfluss auf das Gesprächsverhalten der Beteiligten und damit auf den Gesprächsverlauf.
- **Gesprächsmethoden:** Verschiedene Gesprächsmethoden zu beherrschen, wie aktives Zuhören oder Paraphrasieren, sind bedeutsam für den Verlauf des Gesprächs.
- **Fachwissen:** Fachwissenschaftliche und berufspraktische Kenntnisse sind bei Gesprächen im sozialen Bereich auf jeden Fall grundlegend.
- **Erfahrung:** Erfahrungen mit verschiedenen (auch konflikthaften) Gesprächssituationen beeinflussen die Gesprächskompetenzen. Es geht um einen souveränen Umgang mit Fragen, Sorgen, Ängsten und Kritik.

▶ **Menschenbild:** Haltungen sind eng mit dem Bild vom anderen, der Vorstellung vom Wert des Menschen, seiner Fähigkeit, Probleme zu bewältigen, verbunden.
▶ **Selbstbild:** Es hat wesentlichen Einfluss auf das Gesprächsverhalten (z. B. Kritikfähigkeit, Toleranz).

Vorbereitung von Elterngesprächen

Vor diesem Hintergrund sollten Elterngespräche entwickelt und geplant werden. Dazu gehört eine gute Vor- und Nachbereitung. Hilfreich sind auch hier die (heil-)pädagogischen Grundfragen (vgl. Köhn 2001, S. 499; vgl. auch Kapitel 3.2). Zum einen strukturieren sie die Selbstreflexion, zum anderen die Besprechung im Team, bei dem das geplante Elterngespräch vorgestellt wird.

Fragen	Selbstreflexion	Teambesprechung
Wer?	Wer sind die Eltern? Was weiß ich von ihnen? Welche Ressourcen hat die Familie? Was kann sie beitragen? Welche Erwartungen habe ich an das Gespräch? Gibt es Vorbehalte aufseiten der Gesprächspartner (Eltern/Fachkräfte)?	Wer hat das Anliegen zum Gespräch? Gibt es offene oder verdeckte Aufträge von der Erzieherin bzw. dem Erzieher an das Team oder umgekehrt? Können diese erfüllt werden, wie und durch wen? Gibt es Alternativen dazu?
Was?	Was möchte ich den Eltern mitteilen? Was erwarte ich von den Eltern an Informationen und Unterstützung?	Was soll der Gegenstand des Gesprächs sein?
Wie?	Wie möchte ich es mitteilen?	Wie?
Wann?	Sollte im Vorfeld des Gesprächs eine Vorstellung im Team erfolgen, sodass über die Darstellung und die Reflexion eine notwendige Objektivität erreicht werden kann?	Welche Lösungsversuche wurden vonseiten der Einrichtung bereits unternommen? Wann soll das Gespräch stattfinden? An welchem Ort?
Wohin?		Was soll nach dem Gespräch geklärt sein?
Warum?	Welches Ziel möchte ich mit diesem Gespräch erreichen?	Welches Ziel kann für das Gespräch formuliert werden?

Die Entscheidung, welche Personen zu dem Gespräch eingeladen werden, sollte im Vorfeld mit den Eltern geklärt werden. Bereits in der Einladung oder im Vorgespräch zur offiziellen Einladung sollte der Gegenstand des Gesprächs – kurz und objektiv formuliert – benannt werden.

Zu einer Einladung gehört immer ein konkreter Terminvorschlag. Dieser Vorschlag sollte sich an den Möglichkeiten der Eltern orientieren. Eine entsprechende Flexibilität (in der Mittagspause, vor Dienstbeginn oder nach Dienstende) seitens der Erzieherin bzw. des Erziehers ist hierbei erforderlich. Zudem sollte die Dauer des Gesprächs von etwa 60 bis 90 Minuten erwähnt werden. Sollte mehr Zeit zur Klärung der Fragen benötigt werden, ist es günstig, einen zweiten Termin abzustimmen.

Vor dem Gespräch mit den Eltern sollte ein geeigneter Raum gefunden werden, in dem eine ungestörte, angenehme Atmosphäre herrscht (kein Durchgangs- oder zu dieser Zeit genutztes Gruppenzimmer, keine Abstellkammer, Tageslicht, reizreduziert, nicht steril, geeignete Sitz- und Schreibgelegenheiten, Getränke). Optimal ist, wenn der Raum im Vorfeld für das Gespräch vorbereitet ist (genügende Anzahl an Stühlen, Gläsern, Getränke, eventuell Papier und Stift, Akte zum Kind).

Durchführung und Nachbereitung von Elterngesprächen

Nach einer einladenden Begrüßung wird nach dem Befinden der Eltern und des Kindes gefragt. Anschließend geht es um Fragen und Erwartungen der Eltern und der Erzieherin bzw. des Erziehers, die mit dem Anlass und dem Ziel des Gesprächs zusammenhängen. An dieser Stelle sollte auch geklärt werden, ob Notizen gemacht werden können.

In der Eingangsphase können unausgesprochene Signale und eventuelle Spannungen erkannt und angesprochen werden, um einen günstigen Verlauf des Gesprächs zu ermöglichen. Grundsätzlich gilt: Eltern werden in ihren Aussagen, Meinungen, Ängsten, Sorgen, Befürchtungen und Überzeugungen ernst genommen. Ein guter Gesprächsöffner ist die Frage: „Wie erleben Sie Ihr Kind im Moment bzw. in der letzten Zeit? Was erfreut, was irritiert, was ärgert Sie?"

Nach dem Bericht der Eltern schildert die Erzieherin bzw. der Erzieher den Eindruck vom Kind möglichst objektiv. Dabei wird mit den Stärken des Kindes begonnen, ganz gleich, wie störend sein herausforderndes Verhalten empfunden wird.

Das Anliegen, also die Aufgaben, die gelöst werden wollen, formuliert die Erzieherin bzw. der Erzieher als subjektives Erleben. Der Sachverhalt wird objektiv und ohne Interpretationen oder Erklärungen beschrieben.

Fallbeispiel für widersprüchliche Erfahrungen mit einem Kind

Der sechsjährige Richard verweigert in der Schule und im Hort jegliche Mitarbeit. Er läuft (barfuß) fort, beschimpft das Lehrpersonal, die Erzieherinnen und Erzieher, wirft mit Gegenständen und verspritzt sein Getränk im ganzen Raum. Er springt andere Kinder an und schlägt auf sie ein, tritt nach allem, was ihm in den Weg kommt, schreit und weint laut, wenn er angesprochen oder festgehalten wird. Geschieht einem anderen Kind ein Unrecht, verteidigt er es wortgewandt und mit aller Überzeugungskraft. Richard äußert, nichts zu können und nichts wert, niemandem wichtig zu sein. Sobald seine Mutter er-

> *scheint, um ihn abzuholen, scheint „ein Schalter umgelegt zu sein". Er umarmt sie zärtlich, strahlt sie an und fragte nach ihrem Befinden. Dann sucht er seine Sachen sorgsam und konzentriert zusammen und verlässt mit ihr fröhlich plaudernd die Schule.*
> *Im Elterngespräch reagiert die Mutter auf die Schilderungen der Erzieherin mit den Worten: „So kenne ich Richard nicht! Bei uns zu Hause macht er das nicht!" Richard hatte nur wenige Wochen vor seiner Einschulung in die Grundschule seinen Vater durch einen tragischen Unfall verloren. Er liebte ihn sehr.*

Folgen die Eltern den Ausführungen der Erzieherin bzw. des Erziehers, kann das Gespräch folgendermaßen fortgesetzt werden und zu einem gemeinsamen Austausch führen: „Wie erleben Sie Ihr Kind zu Hause? Können Sie eine Veränderung feststellen? Welche? Haben Sie daheim schon ähnliches Verhalten beobachtet? Können Sie sich das erklären? Wie?" Im Dialog mit den Eltern lassen sich nun die Fragen klären und gemeinsame Überlegungen zum weiteren Vorgehen angehen, wie etwa die Beachtung der Bringzeit oder die Hinzunahme externer Hilfen etc.

Was erwarten oder wünschen sich die Eltern von der Kindertageseinrichtung bzw. die Kindertageseinrichtung von den Eltern? Lehnen die Eltern die weitere Auseinandersetzung mit den Fragen ab, müssen ihre Ansichten akzeptiert werden. In der Zusammenarbeit stößt die Erzieherin bzw. der Erzieher nun an Grenzen. Indem die Empfehlung ausgesprochen worden ist, externe Hilfen in Anspruch zu nehmen, wird die Verantwortung zurück an die Eltern übergeben. Diese Absprache sollte zusammen mit den weiteren Vereinbarungen für die Begleitung des Kindes im Gesprächsprotokoll schriftlich festgehalten und von beiden Partnern unterschrieben werden. Ein neuer Gesprächstermin sollte festgelegt werden, um die Situation nachzubereiten und zu evaluieren.

Nach dem Gespräch werden Informationen, Eindrücke, Beobachtungen, Hypothesen, Ziele und weitere als notwendig betrachtete Vorgehensweisen schriftlich festgehalten und in der nächsten Teambesprechung gemeinsam reflektiert.

Neben Gesprächen kann die **Zusammenarbeit mit Eltern** auch **im gemeinsamen Tun** realisiert werden – zum Beispiel durch

- Beteiligung der Eltern an der Organisation und Durchführung von Festen (Weihnachtsmärchen vorlesen, St.-Martins-Umzug, Zuckertütenfest etc.)
- Ausflüge
- Projekte (Nationalitäten, Berufe der Eltern, Großelternnachmittag, Projekte wie Tierhaltung, bei dem die Eltern, die Kinder und das Team sich die Versorgung und Pflege der Tiere teilen)
- Andere Aktivitäten (Frühjahrs- und Herbsteinsatz im Haus, Garten und Hof der Einrichtung; Neugestaltung der Räume und Außenanlagen mithilfe der Kinder, Eltern und des Teams)

7.3 Systemische Fallarbeit

Eine konkrete Handlungsmethode im Umgang mit herausfordernden Kindern ist die Fallarbeit. Es ist eine Methode zum Erkennen der individuellen Eigenart und Befindlichkeit des Kindes in seiner sozialen Umwelt, unter besonderer Berücksichtigung seiner Erziehungsverhältnisse und zur Entwicklung passender erzieherischer und entwicklungsfördernder Hilfen.

Eine geeignete Grundlage für die allgemeine pädagogische Arbeit bietet die **Kollegiale Fallberatung** (siehe Anhang, Seite 175) oder das folgende dafür abgewandelte Handlungsmodell **systemischer Fallarbeit** nach Köhn (2001, S. 499). Besondere Aufmerksamkeit gilt in diesem Handlungsmodell der Reflexion der Beziehung des Kindes mit der (Heil-)Pädagogin bzw. des (Heil-)Pädagogen (Erleben und Verhalten), um diese in der Real- und Übertragungsbeziehung angemessen gestalten zu können. Dazu gehören die Reflexion der Beziehungsgestaltung zu Eltern und Bezugspersonen des Kindes sowie die Entwicklung konkreter Handlungsschritte. Schwerpunkte der Fallbesprechung sind Information, Reflexion, Entwicklung von Handlungsansätzen sowie die anschließende Überprüfung der Umsetzung (Evaluation).

Planung einer systematischen Fallanalyse	
INFORMATION	1. Fragestellung bzw. Thema der Fallarbeit ▸ Präsentation anhand der Akte, Aufschriften, Dokumentation (Beobachtungen etc.) ▸ Genogramm („Stammbaum", durch den mittels definierter Symbolik Familienverhältnisse dargestellt werden) ▸ Bilder oder Gegenstände, die einen symbolischen Eindruck über die Befindlichkeit des Kindes vermitteln können ▸ Darstellung einer „typischen" Alltagssituation als exemplarisches Beispiel
REFLEXION	2. Reflexion der verschiedenen Informationsinhalte in ihrer Wechselwirkung und Bedeutung für die ▸ Befindlichkeit des Kindes und ▸ Beratung der Bezugspersonen 3. Entwicklung eines Lebensmottos für das Kind 4. Begründung des Verstehens
HANDLUNGS-ANSÄTZE	5. Ziele und Vorgehen im heilpädagogischen Handeln ▸ Weitere Befunderhebung ▸ Interventionen im Prozess der Begleitung sowie im Prozess der Beratung ▸ Klärung organisatorischer Fragen, Kompetenzabstimmung ▸ Offene Fragen

	Planung einer systematischen Fallanalyse
EVALUATION	6. Prozessüberprüfung ▶ Ergebnis der Fallarbeit ▶ Erreichen der Ziele ▶ Vorbereitung auf die nächste Fallbesprechung und Supervision 7. Neufassung bzw. Fortschreibung der Ziele 8. Bericht, Stellungnahme, Gutachten

In der Fallarbeit stellt die begleitende, heilpädagogisch tätige Person das Kind dem Team in der Kindertagesstätte vor. Dazu sollte sich die (Heil-)Pädagogin bzw. der Pädagoge über einige Punkte Klarheit verschaffen. Grundsätzlich gilt es, einen Überblick über Anlass, Symptomatik, Diagnose und Fakten zu bekommen. Darüber hinaus sind Überlegungen zu folgenden Fragen sinnvoll:

▶ **Welche heilpädagogische Bedürftigkeit ist erkennbar?** Das heißt: Welche Bedürfnisse hat das Kind? Was bedeuten diese Bedürfnisse in seinem Leben? Wie setzt das Kind seine Suche nach Bedürfnisbefriedigung um? Welche Möglichkeiten stehen der (Heil-)Pädagogin bzw. dem Pädagogen zur Verfügung, um zu angemessener Bedürfnisbefriedigung und Mangelbeseitigung beizutragen?
▶ **Wer bist du für mich?** Als „wer" erscheint das Kind im Erleben der (Heil-)Pädagogin bzw. des Pädagogen und im Erleben des Teams?
▶ **Wer bin ich für dich?** Als „wer" erscheint die (Heil-)Pädagogin bzw. der Pädagoge im Erleben des Kindes und seiner Bezugspersonen sowie im Erleben des Teams?
▶ **Was geschieht zwischen uns?** Welche Struktur und Dynamik hat die personale Beziehung des Kindes und der (Heil-)Pädagogin bzw. des Pädagogen, wie werden die Real- und die (Gegen-)Übertragungsbeziehungen reflektiert?
▶ **Wer sind wir füreinander?** Welche Struktur und Dynamik hat die Beziehung zwischen (Heil-)Pädagogin bzw. Pädagoge und Kind in Bezug auf die Beratung der Bezugspersonen und umgekehrt?

Die Beziehung ist so intensiv zu reflektieren, damit die heilpädagogisch Tätigen sich mit ihrer **beruflichen Rolle** auch als Person immer weiter in den **fördernden Dialog** mit dem Kind einlassen können, um aus dem **einfühlenden Verstehen** heraus Antworten zu finden, die die Beziehung des Kindes zu sich, zu seinen Bezugspersonen und zur Welt positiv verändern.

Damit der Fall inhaltlich und zeitlich effektiv besprochen werden kann, hilft es, organisatorisch einige Vorbereitungen zu treffen. Die Materialien, die in der Begleitung entstanden sind, wie Bilder, Zeichnungen oder Gegenstände, und in der Fallbesprechung zum Verständnis veranschaulichend wirken können, werden bereitgestellt. Für das Protokoll bittet man vorab eine Kollegin oder einen Kollegen, die Schriftführung zu übernehmen, damit man selbst nicht durch diese Aufgaben beim Vortragen behindert wird.

7.3 Systemische Fallarbeit

Die **Schilderung des konkreten Falls in der Teamsitzung** beginnt am besten mit einem kurzen Überblick über die wesentlichen Eckdaten. Sie können anhand der folgenden Gliederung vorgestellt werden, zum Beispiel mithilfe von PowerPoint-Präsentation, Overheadprojektor, Flipchart oder Handzettel:

- **Eckdaten und Hintergrund:** Fragestellung bzw. Thema der Fallbesprechung, Anlass, Beschreibung einer bzw. mehrerer typischer Situationen bezogen auf Stärken und Auffälligkeit(en), Kind (Geburtsdaten, Stellung in der Geschwisterreihe), Mutter/Vater (Alter, Beruf, Eindruck, Kurzdaten), Geschwister, Großeltern, Familien- bzw. Milieu-Anamnese, Genogramm, sonstige Bezugspersonen, Anamnese, Informationen zu Kinderkrippe, Kindergarten, Schule/Hort (Soziogramm), Stärken, Ressourcen, Belastungen, Besonderheiten
- **Befunde:** medizinische, psychologische Untersuchungsbefunde, therapeutische Einschätzungen, Entwicklungsleiste des Kindes (unter Berücksichtigung der psychosexuellen Entwicklung), Inhalte, besondere Themen und Verlauf der Begleitung in kurzer Zusammenfassung, bereits installierte Hilfen (Familienhilfe, Therapien u.a.)
- **Lebensmotto:** Formulieren eines (vermuteten, aktuellen) Lebensmottos des Kindes, z.B. „Ich bin der König der Welt" oder „Ich bin ein Unfall, sagen Mama und Papa."
- **Symbol für das Kind:** Finden eines Symbols für das Kind (bewegt, unstet, grenzsuchend und -bedürfend, kontaktfreudig wie ein Flummi; sanft, liebevoll, gesellig, freiheitsliebend, ungestüm, grobtapsig, vielleicht mitunter zu derb wie ein Bär) – gerne das Symbol als gestaltgewordenes Objekt bereitlegen, um Bedürfnisse und Stärken zu begreifen
- **Aktuelle Einschätzung, Ziele** und mögliche Vorgehensweisen

Die Einzelheiten der Besprechung kann die (Heil-)Pädagogin bzw. der Pädagoge vorbereiten, indem sie oder er die jeweiligen Punkte an die passenden Fragen knüpft. Die Checkliste gibt dabei den roten Faden vor.

Checkliste für eine Fallbesprechung

Vorbereitung der Fallbesprechung
- Wer hat das Problem = die Aufgabe (in der Regel der, der vorstellt)?
- Wie kann man das Problem benennen?
- Was soll durch die Fallbesprechung erreicht werden?

Durchführung der Fallbesprechung
1. Verhaltensbeschreibung
   - Was tut das Kind, der Elternteil, der ..., die ...?
   - Wie (re-)agiere ich?
   - Was tun andere beteiligte Menschen, Institutionen?
2. Analyse der Erklärungsansätze
   - Was denke oder fühle ich, was die anderen beteiligten Personen bei diesem Verhalten?

- Was vermute ich, wie erkläre ich es?
- Was liegt dem Verhalten möglicherweise zugrunde?
- Was bezweckt es, welchen Sinn hat das Verhalten für das Kind? Welches Ziel verfolgt es vermutlich mit diesem Verhalten?

3. Bisherige Lösungsversuche
   - Was habe ich, haben Eltern, Kolleginnen und Kollegen, andere beteiligte Personen bisher getan, um das Verhalten zu ändern oder besser damit umzugehen?
   - Mit welchem Ergebnis?
4. Ausnahmen
   - Gibt es Ausnahmen vom Problemverhalten, beim wem?
   - Welche sind das und worin unterscheiden sie sich von sogenannten typischen oder schwierigen Situation?
5. Ressourcen
   - Welche Ressourcen, „andere Seiten", Kraftquellen nehme ich beim Kind, bei seiner Familie, bei mir, bei anderen beteiligten Personen und Institutionen wahr?
   - Was erlebe ich als stärkste Ressource?
6. Ziele
   - Was will, was kann ich erreichen (positiv formuliert, in eigener Kontrolle)?
   - Wie weiß ich es, wenn ich das Ziel erreicht habe (sinnhaft)?
   - Für welchen Kontext soll das Ziel gelten, für welchen nicht?
   - Was verändert sich vermutlich noch, wenn das Ziel erreicht ist?
7. Intervention
   - Welchen Schritt wähle ich als nächsten?

7.4 Interdisziplinäre Zusammenarbeit

„Ohne interdisziplinäre Kontaktaufnahme, Verständigung und Kooperation lassen sich künftige heilpädagogische Fragen nicht hinreichend beantworten" (Speck 1988, S. 222). Diese Aussage fasst die Bedeutung interdisziplinärer Zusammenarbeit im Hinblick auf die (heil-)pädagogische Arbeit im Umgang mit Kindern mit herausforderndem Verhalten zusammen. Für eine verantwortungsvolle Begleitung dieser Kinder ist es notwendig, mit Vertreterinnen und Vertretern anderer Fachdisziplinen zusammenzuarbeiten, sie zu konsultieren, gemeinsame Beratungen zu etablieren und interdisziplinär zu kooperieren.

Erforderlich wird diese Zusammenarbeit aufgrund organisatorischer und struktureller Rahmenbedingungen, der Vielfältigkeit der Erscheinungsformen und Ursachen (Entstehungs- und Verstärkungsbedingungen) von Verhaltensauffälligkeiten im Kindesalter und um dem Kind in seiner Einzigartigkeit gerecht werden und ihm angemessen begegnen zu können.

7.4 Interdisziplinäre Zusammenarbeit

Dafür werden Kenntnisse und die **Unterstützung aus den Nachbarwissenschaften** notwendig:

- Psychologie (Sozial-, Entwicklungs-, Tiefen-, Lern- und Kognitionspsychologie etc.)
- Medizin (Kinderheilkunde, Sozialmedizin, Psychiatrie, Neuropädiatrie, Neurophysiologie etc.)
- Soziologie (Erziehung als gesellschaftliches Grundverhältnis, soziale Schichtung, Milieubildung, gesellschaftliche Prägungen und Ordnungen durch die Familie, Beruf, Bürokratisierung und Technisierung bei Anliegen von Menschen mit Beeinträchtigung oder Behinderung etc.)
- Rechtswissenschaft (BGB, SGB, KJHG, Familien- und Behindertenrecht etc.)
- Philosophie, Theologie, Anthropologie, Ethik

Die Ergänzung durch die Erkenntnisse dieser Fachwissenschaften ist für die heilpädagogische Praxis von großer Bedeutung. Somit wird dem heilpädagogisch-komplementären Ansatz der Pädagogik unter erschwerten Bedingungen entsprochen. Die Hauptaufgabe der Heilpädagogik besteht darin, nach Erziehungsmöglichkeiten zu suchen, auch wenn etwas scheinbar Unheilbares oder Unabänderliches vorliegt.

Diese Herangehensweise erfordert wieder ein Eingehen auf die Grundfragen: Wer? Was? Wo? Wann? Warum? Wozu? Wohin und Wie? (siehe Seite 60), um Erziehung unter erschwerten Bedingungen zu leisten und zu einem Gelingen zu führen. Für eine im Sinne einer ganzheitlichen Förderung glückende, sinnvolle und **heilsame Zusammenarbeit zwischen unterschiedlichen Fachdisziplinen** sind nach Köhn (2001, S. 585ff.) folgende Aspekte wichtig:

Aus Sicht der beteiligten Berufsgruppen	Aus Sicht der Heilpädagogik
▶ Jede der beteiligten Berufsgruppen ist primär für das eigene Arbeitsgebiet zuständig. ▶ Jede leistet ihren spezifischen Beitrag. ▶ Die einzelnen Beiträge sind aufeinander abgestimmt. ▶ Es wird keine Einzeldisziplin aus der Gesamtverantwortung entlassen. ▶ Keine Einzeldisziplin soll a priori alleinbestimmend für die anderen Fachkompetenzen sein.	▶ Es ist ein ausgeprägtes Verständnis der eigenen Berufsrolle erforderlich. ▶ Der eigene Standort sollte deutlich wissenschaftlich verortet und bestimmt sein. ▶ Es wird eine praxisbezogene Handlungskompetenz benötigt.

Als ein Beispiel gelungener institutionalisierter, kooperativer und interdisziplinärer Zusammenarbeit kann die Begleitung von Kindern mit Entwicklungsstörungen etwa in einem sozialpädiatrischen Zentrum angesehen werden, die ein System der frühen Entwicklungs- und Erziehungshilfe ist.

Abbildung 23: Übersicht über mögliche interdisziplinäre Zusammenarbeit einer Kindertageseinrichtung mit externen Partnern

Bei der – leider auch heute noch – oft mangelnden interdisziplinären Zusammenarbeit sind an folgende **Hindernisse** zu denken:
► **Vordergründige Verständigungshindernisse**, wie Arbeitszeitprobleme, Statusprobleme, Barrieren der Fachsprache, persönlichkeitspsychologische Barrieren, aktuelle Arbeitsmarktprobleme, Explosion des Fachwissens, fortgeschrittene und verfestigte Spezialisierung, Abgrenzungsbedürfnisse, falsche gegenseitige Erwartungen, fortschreitende Verrechtlichung, Verfestigungen der institutionellen und technologischen Organisation pro Fach.

▶ **Hintergründige Verständigungshindernisse**, wie Denkansätze, die zum Dissens in der Frage „Was oder wer ist der Mensch?" führen. Weiter sind Dominanzansprüche der naturwissenschaftlich-kausalen Methode gegenüber einem mehr intuitiven, verstehenden Ansatz zu nennen. Es fehlt häufig ein übergeordneter und zugleich ordnender Bezugsrahmen, der die relativ isoliert nebeneinander agierenden Fachdisziplinen einen gemeinsamen Weg finden lässt. Missverständnisse oder Verwirrungen können auch durch die getrennten Teilordnungen entstehen. Oft hindert auch eine Richtungslosigkeit in der grundlegenden Frage nach den Beziehungen der Menschen zur zentralen Ordnung der Welt das Verstehen. Es fehlt ein gemeinsames oder angenähertes Bild vom Menschen und von seiner Bestimmung sowie eine zukunftsweisende Weltethik.

All diese Hindernisse zu beseitigen, dürfte als unrealistisch einzuschätzen sein. Jedoch kommt es auf eine Herausforderung an, der sich die heilpädagogisch Tätigen nicht entziehen können: der geistigen Offenheit und gegenseitigen Wertschätzung. „Es kann weder darum gehen, Kompetenzbereiche abzugrenzen, noch die Einzelziele einander anzugleichen, sondern es muss darum gehen, dass jeder der an der Hilfe Beteiligten sich klar darüber ist, was sein zentrales Anliegen ist und welches die ebenso berechtigten Anliegen der anderen sind. Zwischen diesen Zentren der Hilfe sollen keine Grenzen verlaufen, denn hier liegen die Bereiche der (interdisziplinären) Zusammenarbeit" (Moor 1965, S. 13).

Gesprächsleitfaden für die interdisziplinäre Zusammenarbeit

Der Konsultation, also dem Beratungsgespräch mit einem Mitglieder einer anderen Profession, werden folgende Fragestellungen aus der Sicht der Heilpädagogin bzw. des Pädagogen zugrunde liegen. Sie helfen, das Gespräch und den Austausch zu strukturieren und erleichtern die Zusammenarbeit:

Das Kind verhält sich beobachtbar so, doch ...
▶ Was mag es innerlich erleben?
▶ Was bedeutet das Verhalten für jeden von uns? Was sehen wir neu, wenn wir uns sein Leben vergegenwärtigen?
▶ Was motiviert zum Beispiel zur Aggression, zur Depression, zur Regression? Was führt zur Fixierung?
▶ Wie gehen wir im Alltag mit dem um, was uns als Trotz, Frechheit, Aggressivität, Ungehorsam, Unzuverlässigkeit, Rückzug etc. entgegenschlägt?
▶ Welche symbolische Aussage macht das Kind aus seiner Befindlichkeit heraus über sich selbst?
▶ Was entdecken wir dabei über unsere berufliche Profession hinaus an Aussagen über unser eigenes Menschsein?

Vor möglichen Maßnahmen sollten wir überlegen ...

▸ Was fehlt diesem Kind?
▸ Was müssen wir ihm geben, welche Situationen sollten wir schaffen, damit es sich anders verhalten kann?
▸ Wie müssen wir ihm entgegenkommen, was müssen wir es lehren, damit es eine gegenläufige Erfahrung machen kann?
▸ Was wird uns dabei an Anpassungsfähigkeit, Offenheit, Toleranz und zusätzlicher Mühe abverlangt?
▸ Wer kann in welchen Situationen und mit welchen Mitteln dazu beitragen, dass solche neuen Erfahrungen für das Kind in Beziehungen wahrnehmbar, nachvollziehbar und realisierbar, überprüfbar, sicher und verlässlich werden, damit Misstrauen verringert wird und Vertrauen, Mut und Zuversicht wachsen können?

Inwiefern wirkt die Umgebung beeinträchtigend, behindernd, entwicklungshemmend oder schädigend?

▸ Wer kann was wie tun, um diese Wirkfaktoren auszuschließen oder wenigstens zu mildern?
▸ Mit wem kann ich in dieser Frage als Heilpädagogin bzw. Heilpädagoge zusammenarbeiten?

Diese komplexe Sicht der strukturellen Zusammenhänge kindlicher Entwicklung bildet die Basis für den Ansatz einer Heilpädagogischen Erziehungshilfe und Entwicklungsförderung (HpE) im Sinne einer Hilfe zur Menschwerdung.

Schlusswort

Phänomene wie Erziehung, Überwachung, Kontrolle, Stigmatisierung, Kategorisierung, soziale Selektion, Diskriminierung, Sondierung und Ausgrenzung konkretisieren sich in sogenannten „antisozialen" Verhaltensweisen eines Kindes. Derart isolierende Bedingungen beschränken die Möglichkeiten, das eigene Leben selbstständig und aktiv zu gestalten und zu beeinflussen sowie sich dabei selbst zu entwickeln. Jedes Kind will sich entwickeln und will lernen und sucht so nach Handlungsweisen, die dafür subjektiv sinnvoll erscheinen oder sich als erfolgreich erweisen.

Der Versuch, Kinder an Verhältnisse anzupassen, erzeugt zwangsläufig Widerstand. Widerstand, der nicht notwendigerweise förderlich bewältigt werden kann. Vielmehr muss danach gefragt werden, inwieweit die gegebenen Bedingungen und Verhältnisse an das Kind angepasst werden können. Gesellschaftliche (Lern-)Anforderungen an das Kind entsprechen häufig nicht seinen Lerninteressen oder -notwendigkeiten. So entstehen daraus Behinderungszustände, die sich in Äußerungen wie „Ich bin einfach zu dumm" zeigen.

Daraus folgt: Herausfordernde Verhaltensweisen lassen sich nicht einfach durch eine abgewandelte äußere Lebensbedingung verändern. Die dem betroffenen Kind zur Verfügung stehenden Handlungsweisen, die sich als subjektiv zweckmäßig erwiesen haben, werden weiterhin genutzt, um Herausforderungen zu bewältigen, auch wenn sie im alten Lebensumfeld als unangemessen, störend oder inakzeptabel angesehen wurden. Diese Verhaltensweisen können nur in einem steten gemeinsamen Aushandeln aufgebrochen und verändert werden.

In Therapiesituationen werden die gegebenen Lebenssituationen zwar berücksichtigt, können aber dort doch nur simuliert werden. Oft lassen sich erlernte Kompetenzen in Alltagssituationen kaum anwenden und das Kind greift auf alte Verhaltensmuster zurück. Das Grundproblem sieht Störmer (2013, S. 304) in der Ausklammerung der subjektiven Eigenart des betroffenen Kindes. Weil es bei so vielen davor funktioniert hat, muss es deswegen nicht auch bei ihm funktionieren.

In der Haltung der Eltern, Bezugspersonen und Fachleute wird deutlich, dass sie überzeugt sind zu wissen, was für das Kind gut ist. Dieses Wissen basiert auf einem bestimmten Normen- und Werteverständnis, das sich in spezifischen Handlungsweisen ausdrückt. Scheinlösungen und andere Strategien der Verhaltenskontrolle und Verhaltensmodifikation werden realisiert („Spiel nicht mit den Schmuddelkindern").

Pädagogik muss für einen sinn- und wirkungsvollen Umgang mit Kindern mit herausfordernden Verhaltensweisen Perspektiven für neue Handlungsmöglichkeiten eröffnen und
▶ Lebenspläne stabilisieren,
▶ produktive Lebensbewältigung unterstützen,
▶ individuelle Lebens- und Lernprozesse begleiten,
▶ Beziehungen gestalten und Konflikte bewältigen,
▶ eigene Lösungen und Wege finden lassen, jenseits vordefinierter und vorstrukturierter Lebenswelten.

So gelingen durch wertschätzende und achtsame Begleitung in lebensweltlichen Kontexten Lern- und Entwicklungsprozesse und die Stabilisierung der neu erworbenen Kompetenzen. Die wichtigste pädagogische Aufgabe besteht darin, „das Leben der Kinder zu begleiten und dabei ‚Kindheit' als eine durchaus eigenständige und in sich gültige Lebensform und Lebensphase mit all ihren positiv wie negativ erscheinenden Phasen und Aspekten anzusehen und anzuerkennen" (Krawitz 1996, S. 273).

Im Anhang finden Sie:

- Vorgehen bei der Anamnese
- Beobachtungskriterien für die förderdiagnostische Einschätzung
- Beobachtungsbogen – Beobachtungsprotokoll
- Differenzierung und Konkretisierung der einzelnen Entwicklungs- und Förderbereiche
    - Bereich Wahrnehmung
    - Bereich Motorik
    - Bereich Emotionalität
    - Bereich Kommunikation
    - Bereich Soziabilität
    - Bereich Kognition
    - Bereich Lebensgestaltung und Selbstverwirklichung
    - Kollegiale Fallberatung
- Literatur & Links

Anhang

Vorgehen bei der Anamnese

> Dieser Leitfaden für ein Anamnesegespräch oder einen Elternfragebogen zur Erhebung wesentlicher Daten stellt eine Empfehlung dar. Die aufgeführten Schwerpunkte, die Chronologie und Auswahl der Fragen sind als Ausschnitt und Möglichkeit einer Strukturierung zu verstehen und erheben keinesfalls Anspruch auf Vollständigkeit oder Allgemeingültigkeit. Die Gestaltung eines Anamnesegesprächs oder Elternfragebogens liegt im Auftrag, im Ermessen und der Verantwortung eines jeden (Heil-)Pädagogen und (heil-)pädagogischen Teams. Zu berücksichtigen sind für die Durchführung eines Anamnesegesprächs auch die Vorüberlegungen zur Gestaltung der Arbeit mit den Eltern und Bezugspersonen (siehe Kapitel 7.2).

Anamnesebogen (Leitfaden)

„Haben Sie Dank für die Zeit, die Sie sich für dieses Gespräch nehmen. Um Ihr Kind besser kennenlernen und es in seiner Entwicklung gut begleiten zu können, bitte ich Sie um die Beantwortung einiger Fragen zu den zurückliegenden Lebensjahren und der Lebensgeschichte Ihres Kindes. Dabei werde ich Ihnen auch Fragen zu Ihrem gemeinsamen Leben stellen. Bitte entscheiden Sie, ob und wie ausführlich Sie diese Fragen beantworten möchten."

Einrichtung:		
Name, Vorname:	Geburtsdatum:	
Kosename: Wie rufen Sie oder andere Bezugspersonen (wer?) Ihr Kind?		
erhoben am:	durch:	
Einverständniserklärung/Schweigepflicht liegt vor:		
Gespräch geführt mit/ausgefüllt durch:		

Allgemeine Daten		
Eltern (leibliche)		
Name:	Vorname:	Geburtsdatum:
Beruf:	erwerbstätig als:	

Name:	Vorname:	Geburtsdatum:
Beruf:	erwerbstätig als:	

Pflegefamilie/Adoptivfamilie (sofern relevant)

Name: Vorname: Geburtsdatum:
Beruf: erwerbstätig als:
Name: Vorname: Geburtsdatum:
Beruf: erwerbstätig als:

Weitere Bezugspersonen (Großeltern, Tanten/Onkel, Paten, Nachbarn etc.)

Besonderheiten:

Familienstand:

Geschwister (leiblich, Halb- odere Stiefgeschwister, Pflege- oder Adoptivgeschwister)

Name:	Vorname:	Geburtsdatum:
Name:	Vorname:	Geburtsdatum:
Name:	Vorname:	Geburtsdatum:
Name:	Vorname:	Geburtsdatum:
Name:	Vorname:	Geburtsdatum:

Aktuelle Lebenssituation: Bitte beschreiben Sie kurz Ihre bzw. die aktuelle Lebenssituation Ihres Kindes?

Besonderheiten:

Anlass

Einschätzung der Entwicklung des Kindes durch die Eltern/Sorgeberechtigten: Wie würden Sie Ihr Kind beschreiben? Welche Eigenschaften, Fähigkeiten etc. mögen Sie besonders an Ihrem Kind? Was erleben Sie als Stärke(n) Ihres Kindes? Worüber machen Sie sich Sorgen und Gedanken? Was schätzen Sie im Zusammenleben mit Ihrem Kind als besorgniserregend oder belastend ein?

Erwartung und Einstellung der Eltern/Sorgeberechtigten: Was wünschen Sie sich für Ihr Kind? Was erwarten Sie von unserer Zusammenarbeit? Was sollte so bleiben? Was sollte sich ändern? Und wie (sollte es bleiben oder sich ändern)?

Diagnose/Krankenhausaufenthalte (vergangene, geplante)/laufende Therapien:

Hilfsmittel (Brille, Cochlea Implantat, Einlagen, Korsett, Orthesen o.ä.; seit wann?)

Allergien/Unverträglichkeiten: Seit wann bekannt/diagnostiziert? Welcher Schweregrad, welche Behandlung?

Medikationen: Welche? Seit wann? In welcher Dosierung?

Schwangerschaft: War die Schwangerschaft gewünscht/überraschend? Wie verlief die Schwangerschaft? Gab es Besonderheiten? Gab es Erkrankungen, Operationen der Kindsmutter während der Schwangerschaft? Gab es besonders gute oder belastende Zeiten? Komplikationen? Wie haben Sie sich auf die Geburt vorbereitet? Haben Sie Vorsorgetermine wahrgenommen? Waren Sie und wie lange berufstätig? Haben Sie während der Schwangerschaft geraucht, Alkohol oder Drogen, Schmerz- oder Schlaftabletten eingenommen? Gab es Besonderheiten bei früheren Schwangerschaften? War es eine Mehrlingsschwangerschaft oder Risikoschwangerschaft?

Geburt: Wo und wie haben Sie entbunden? Wie gewünscht? Hausgeburt, im Geburtshaus, Krankenhaus? Wie verlief die Geburt? Wer hat die Geburt begleitet (Partner, Hebamme, Arzt)? War dir Geburt zum errechneten Termin? Vor oder nach dem errechneten Geburtstermin? Sehr rasche, sehr lange Geburt? Spontan? Traten Komplikationen auf? Welche? Wurden geburtsunterstützende Maßnahmen eingesetzt (Wehentropf, PDA, Lachgas, Saugglocke, Zange, andere physikalische Maßnahmen)? Was erlebten Sie als angenehm/unterstützend, was als unangenehm/belastend? Wie erlebten Sie den ersten Schrei Ihres Kindes? Benötigte Ihr Kind Unterstützung beim ersten Atemzug? War eine anschließende Sauerstoffgabe, Überwachung o.ä. notwendig? Wie war das Ergebnis der U1 (Geburtsgewicht, Körperlänge, Kopfumfang etc.)?

Neugeborenenzeit: Wie kam Ihr Kind zu seinem Namen? Wie haben Sie diese Zeit erlebt? Woran erinnern Sie sich besonders in den ersten Tagen nach der Geburt? Gab es Komplikationen (Krankenhauskeiminfektion, Fieber, Krämpfe, Erbrechen etc.)? Wie war der Krankenhausaufenthalt? Was haben Sie empfunden? Wie waren die Entlassung und die ersten Tage zu Hause?

Wie hat Ihr Kind getrunken? Haben Sie ihr Kind gestillt? Wie lange? Wie war sein Schlaf-Wach-Rhythmus? Gab es Besonderheiten (RSV-Erkrankung, Krankenhausaufenthalte, Impfkomplikationen)?

Kleinkindzeit: Wann hat Ihr Kind das erste Mal gelächelt (Engelslächeln)? Zeigte Ihr Kind Angst/Furcht vor fremden Menschen (Fremdeln) oder Situationen? In welchem Alter? Mit wie vielen Monaten sagte es zum ersten Mal „Mama", „Papa" o.ä.? Wann sprach es Zwei- und Dreiwort-Sätze?
Wie gestaltet(e) sich das Sauber- und das Trockenwerden (Windel, Töpfchen, Toilette)? Gab es Besonderheiten, Rückschritte oder späteres Einnässen, Einkoten? Wo und wann besonders? Durchlebte Ihr Kind die Trotzphase(n)? Wann und wie?

Kindergartenzeit: Besucht(e) Ihr Kind einen Kindergarten? Von wann bis wann? Welche Rückmeldungen bekommen/bekamen Sie von den Bezugserzieherinnen Ihres Kindes zum Spielverhalten etc.?

Vorschulzeit: Gab es in dieser Zeit besondere Verhaltensweisen Ihres Kindes? Gab es größere Veränderungen im Leben Ihres Kindes?

Grundschulzeit: Wann wurde Ihr Kind eingeschult (vorzeitig, regulär, nach Schulrückstellung, mit welcher Begründung)? Welche Klasse besucht es heute? Hat es eine Klasse wiederholt oder ist dies geplant? Warum? Welches ist das Lieblingsfach Ihres Kindes? Hat es eine Lieblingslehrkraft? Benötigt Ihr Kind Unterstützung bei den Hausaufgaben etc.? Wie geht es ihm in der Schule? Besucht es die Schule gerne? Hat sich Ihr Kind verändert, seitdem es die Schule besucht? Inwiefern?

Weiterführende Schulzeit (Haupt-, Realschule, Gymnasium): Konnte Ihr Kind den Übergang in die weiterführende Schule gut gestalten? Haben Sie hier Veränderungen an Ihrem Kind beobachten können? Welche? Berichtet Ihr Kind von der Schule? Hat es Anschluss gefunden? Kann es die Anforderungen erfüllen? Leidet Ihr Kind gehäuft unter Kopf- oder Bauchschmerzen, wirkt es traurig oder zornig? Hat Ihr Kind bereits Berufswünsche o.ä.?

Impfungen: Haben Sie die empfohlenen Impfungen wahrgenommen? Wann und welche Impfungen hat Ihr Kind erhalten? Ist Ihnen nach den Impfungen etwas Besonderes an Ihrem Kind aufgefallen? Gab es Impfkomplikationen?

Krankenhausaufenthalte, Erkrankungen (Drei-Tage-Fieber, RS-Virus, Kinderkrankheiten, Gelbsucht, schwere Magen-Darm-Infekte, Pseudokrupp, Corona-Virus, Fieberkrämpfe, Epilepsie, Gehirnerschütterung, Platzwunden, Brüche, Unfälle, Zöliakie oder andere Unverträglichkeiten, Neurodermitis, Operationen u.a.): Musste Ihr Kind im Krankenhaus behandelt werden? Wann? Ambulant/stationär? Wie lange war Ihr Kind stationär im Krankenhaus? Konnten Sie bei ihm bleiben? Wie haben Sie den Aufenthalt gestaltet? Gab es Komplikationen? Wie haben Sie und ihr Kind die Zeit (v)erlebt?
Kuraufenthalte: Wann und mit welcher Indikation? Mit welchen Resultat?

Therapien (Physio-, Ergo-, Logopädie, Osteopathische oder myofunktionelle Behandlung): Wann? Mit welcher Indikation und welchem Ergebnis?

Krankheiten/Auffälligkeiten in der Familie: Welche Erkrankungen sind bei wem bekannt?

Kinderkrippe/Tagespflege: Seit und bis wann? Wie verlief die Eingewöhnung? Gab es Besonderheiten?

Kindergarten: Seit und bis wann? Wie verlief die Eingewöhnung? Gab es Besonderheiten?

Schule: Seit und bis wann? Wie verlief die Einschulung/der Schulstart? Gab es Besonderheiten? Hat Ihr Kind einen Lieblingslehrer, ein Lieblingsfach etc.?

Allgemeine Entwicklung

Sensomotorische Entwicklung (Freude an Bewegung, Fortbewegung, Bewegungsübergänge, Haltung, Tonus, Bewegungsqualität im grob- und feinmotorischen Bereich, Händigkeit, Tempo, Geschicklichkeit, Koordination, Bewegungsplanung, -anpassung, Kraftdosierung): Wann hat Ihr Kind angefangen, sich selbst fortzubewegen und wie? Hat ihr Kind Freude an Bewegung und probiert gerne neue Möglichkeiten aus? Beschreiben Sie bitte die Zeit bis zum sicheren freien Laufen (Drehen, Köpfchen heben, freies Sitzen, Robben, Krabbeln, Stehen, Gehen). Ahmt Ihr Kind gerne Bewegungen nach bzw. beobachtet es Bewegungsabläufe? Schaukelt, klettert, springt Ihr Kind? Wo und wie sitzt, spielt und schläft Ihr Kind am liebsten? Wie reagiert Ihr Kind auf Wasser? Kann Ihr Kind schwimmen, Laufrad, Fahrrad, Roller fahren? Wann hat es das gelernt? Mit welcher Hand greift ihr Kind bevorzugt nach Spielzeug/Gegenständen? Wirft, trägt, zerbricht oder zerreißt Ihr Kind gerne Gegenstände und Materialien? Wie reagiert Ihr Kind auf Berührungen durch bestimmte Stoffe, auch Kleidung, Bettwäsche, Materialien, durch andere Personen? Gibt es Bewegungsauffälligkeiten?

Sprachentwicklung - Kommunikative Fähigkeiten (Lautäußerung, Wortschatz, Vor- und außersprachliche Möglichkeiten der Kommunikation, Mundmotorik, nonverbale Verständigung, Sprechbereitschaft, Sprachverständnis): Wann hat ihr Kind begonnen, Laute von sich zu geben (Lallen, Lautieren, erste Worte, erste Sätze)? Können Sie sich an das erste Wort Ihres Kindes erinnern? Welches war das erste Wort und wann? Welche Worte spricht es heute? Schneidet Ihr Kind gerne Grimassen? Speichelt Ihr Kind viel? Hatte/Hat Ihr Kind oft ein nasses T-Shirt im Brustbereich?
Ab wann ist Ihr Kind Aufforderungen nachgekommen? Ab wann konnten Sie Worte und Sätze Ihres Kindes verstehen? Redet Ihr Kind gerne und viel? Singt, reimt Ihr Kind gerne? Betrachtet es gerne Bücher (allein, gemeinsam)? Fordert es ein gemeinsames Anschauen oder Vorlesen ein? Wie reagiert es dabei? Lesen Sie Ihrem Kind vor? Hört Ihr Kind gerne Hörbücher? Welche? Kann es Gehörtes, (Vor-)Gelesenes wiedergeben? Wie und was? Welche Medien nutzt Ihr Kind und wie lange (Bücher, Fernsehen, Tablett, Smartphone, Kino)?
Hat Ihr Kind erkrankungen im Mundraum (Lippenbändchen, Gaumenspalte Kieferblockaden, Fehlbildungen oder -stellungen, z. B. MKGS, Zahnschäden durch Karies)? Sind Besuche beim Zahnarzt und/oder HNO erfolgt?

Sozio-Emotionale Entwicklung (Kontakt zur Mutter/Bezugsperson, Äußerung von Bedürfnissen, Gefühlen Zustimmung, Ablehnung, Motivation, Interesse): Wie erleben Sie Ihr Kind im Alltag - ist es lebhaft oder eher ruhig, furchtlos oder zurückhaltend (bis teilnahmslos), zugänglich oder abwehrend gegenüber Ihnen, seinen Geschwistern, Kindern oder anderen bekannten Personen, gegenüber unbekannten Personen und Situationen? Wie reagiert es in unvertrauten Situationen und Orten? Wie reagiert es auf Veränderungen? Wann sucht es Ihre Nähe (Schmusen, Gehaltenwerden)? Wie geht Ihr Kind auf fremde Menschen zu? Hat Ihr Kind feste Spielpartner im privatem Umfeld, in Kindergarten/Schule/Hort (auch Geschwister), Freunde? Wie gestalten sich die Spiele? Wie reagiert Ihr Kind auf ein „Nein", Frustration, Ablehnung oder Stress (z.B. Zeitdruck)? Gibt es Situationen, in denen es besonders ent- oder angespannt ist? Wie gestalten sich bei Ihnen zu Hause alltägliche Situationen wie Mahlzeiten, Abendrituale, Baden/Waschen, Zähneputzen, Zubettgehen, Einschlafen, Aufstehen, An- und Auskleiden?

Entwicklung des Lern- und Spielverhaltens (Qualität des Spiels, Ausdauer, Konzentration, Vielfalt, Selbstständigkeit, Spielposition, Lieblingsspiel, Spielebene, Anteilnahme an Vorgängen des Alltags): Womit beschäftigt sich Ihr Kind am liebsten? Was, womit und wie spielt es? Was meidet es? Welches Lieblingsspielzeug oder -thema hat Ihr Kind? Wie geht Ihr Kind mit Spielsachen, Gegenständen oder Materialien um? Wie lange kann sich Ihr Kind alleine beschäftigen/spielen (kein TV, Tablett o.ä.)? Mit wem spielt Ihr Kind am liebsten? Was spielt es dann (Rolle)?

Wahrnehmung (Aufmerksamkeit, Körperwahrnehmung, Orientierung im Raum, Sehen, Hören, Empfindlichkeiten. z.B. berühren, berührt werden, Geräusche)

Beobachtungskriterien für die förderdiagnostische Einschätzung

Äußeres Erscheinungsbild
Habitus, Körperhaltung, Muskeltonus, Mimik, Gestik, Statur, Kleidung, Pflegezustand, Geruch, Körperschmuck, Körperbau, Besonderheiten

Wahrnehmung
Taktil-kinästhetische Wahrnehmung (umfasst taktile, propriozeptive/tiefensensible und vestibuläre Wahrnehmung), visuelle und auditive, olfaktorische und gustatorische Wahrnehmung, Muskeltonus/Tonusregulierung, Krafteinsatz, Körper- und Raumorientierung, Handlungsplanung/Praxie, Reizsuche, Reizvermeidung)

Motorik
Grobmotorik: Lateralität/Seitendominanz, Raumorientierung, Ausdrucksgehalt: Koordination, Differenzierung, Bewegungsquantität und -qualität, Tonusregulierung, Körper- und Raumorientierung, Handlungsplanung/Praxie

Feinmotorik: Händigkeit/Lateralität, Drehbewegungen, Hand- und Fußgeschicklichkeit (Halten, Greifen, Bauen, Schneiden, Malen, Linien nachfahren, Stecken, Fädeln, Knoten, Schleifen binden), Stifthaltung, Tonusregulierung und Mundmotorik (Lippenschluss, Zungenbewegungen, Ess- und Trinkverhalten, Schluckverhalten, Speichelfluss)

Sprache
Passiver und aktiver Wortschatz, Sprachverständnis, Tonfallverständnis und Tonfallvariation vs. monotoner Tonfall, Robotersprache, Nachahmungsversuche des Gehörten, Lautstärke, Artikulation, Sprach- und Sprechfluss, Sprach- oder/und Sprechstörung (Holpern, Stottern, Stammeln), Sprachfärbung, Ausdruck, Dialekt; Fähigkeit, eigene und fremde Befindlichkeiten/Bedürfnisse/Empfindungen zu formulieren; sinnzusammenhängendes, rekapitulierendes Sprechen, sprachliches Darstellen von Sachverhalten, (Nach-)Fragen, Echolalie, Mutismus, eigene Sprache oder Sprachkreationen (z.B. „Malemil" für Schmetterling oder „Laffe" für Flasche)

Emotionales Verhalten
Emotionale Grundstimmung, emotionale Ausdrucksfähigkeit (mimisch, gestisch, verbal), Ansprechbarkeit, passiv, aktiv, ängstlich, panisch, aggressiv, Stimmungsstabilität/-labilität, Stimmungsschwankungen, Affektregulierung, Affektivität (kann Freude, Zorn, Wut, Glück, Liebe, Hass, Angst, Erstaunen, Eifersucht, Neid unterscheiden, wahrnehmen und zeigen), Sensibilität

Sozialverhalten
Kontaktbereitschaft, soziales Interesse, Kontaktaufnahme und -gestaltung überwiegend nonverbal (Blickkontakt, mimisch, gestisch, taktil) oder verbal, Kontaktfähigkeit, Kontaktstörung, Kontaktwunsch, Nähe-Distanzregulierung, Durchsetzungsvermögen, Anpassungsfähigkeit (an neue Situationen), Gruppenfähigkeit, Interesse an Gleichaltrigen oder älteren, erwachsenen Menschen, Konfliktlösungsstrategien

Spielverhalten
Partner- oder Alleinspiel, kleine oder große Spielgruppen, mit Gleichaltrigen, Jüngeren oder Älteren, ausschließlich mit Erwachsenen, Fähigkeit zur Nachahmung/Kompromisse zu finden/eigene Wünsche und Ideen zu behaupten bzw. zurückzustellen, Spielart, Spieldauer, Spielhandlung, Initiative, Kreativität, Spielvariation

Kognition und Aufgabenbewusstsein
Aufmerksamkeit, Konzentration, Ausdauer, Merkfähigkeit/Gedächtnisleistung (Lang- und Kurzzeit-, Arbeitsgedächtnis), Regelverständnis, Belastbarkeit, Aufgabenerfassung und -erledigung

Handlungsplanung
Planloses, zielgerichtetes oder planvolles Handeln, Unterbrechung und Wiederaufnahme der Handlung, des Spiels oder der Tätigkeit, Mehrdimensionalität der Planung oder Handlung, Zahlen- und Mengenverständnis, Kulturtechniken

Umgang mit Material
Unterscheidung verschiedener Materialien und Gegenstände (erkennen, unterscheiden, (zu)ordnen, sortieren, gebrauchen, benennen), Merkmalsunterscheidung, Bevorzugung oder Ablehnung von bestimmten Materialien (Oberflächenbeschaffenheit, Farbe, Form, Größe, Geruch, Geschmack, Funktion)

Lebenspraktische Fähigkeiten und Fertigkeiten
Selbstständigkeit beim An- und Ausziehen, Waschen, Essen und Trinken, beim Toilettengang, Orientierung in Raum und Zeit, in Bezug auf das Verhalten im Straßenverkehr, alltägliche Verrichtungen (Aufräumen von Spielmaterialien, Büchern, Tasche packen, Zimmer aufräumen etc.), Haus- und Gartenarbeiten (Tisch decken, Geschirr abwaschen, Haustiere versorgen, Pflanzen gießen), Erkennen und Handhabung von Gegenständen des Alltags, Umgebungsbewusstsein

Interessen und Vorlieben
Bewegung, Musik, Bücher, Tiere, Geschichten, Handwerken, Experimentieren, Malen, Basteln, Tanz, Wasser und Natur, Technik, Zahlen, mathematische Fragen etc.; Abneigungen, Besonderheiten

Wertvorstellungen

Freiheit, Ehrlichkeit, Verbindlichkeit, Achtung, Liebe, Entwicklung, Leidenschaft, Kreativität, Herausforderung, Schönheit, Anziehung, gegenseitiges Verständnis, Unterstützung, Hilfsbereitschaft und Spiritualität und Glaube

Besondere Symptome

Daumen lutschen, Nägel kauen, Übergangsobjekte, einnässen/einkoten (tagsüber/nachts), Haare zwirbeln oder reißen, sich oder andere schlagen, kratzen, beißen, Selbststimulierung, Tics

Beobachtungsbogen – Beobachtungsprotokoll

Name des Kindes	Name der Beobachterin/des Beobachters
Alter und Geschlecht des Kindes	Beobachtungsdatum
Ort der Beobachtung	Beobachtungszeit (von/bis)
Beobachtungssituation	Gruppengröße (ca.)
Besonderheiten	
Ziel/Gegenstand der Beobachtung	

Zeit	Objektive/sachliche Verhaltensbeschreibung	Interpretation/Deutung des beobachteten und beschriebenen Verhaltens

Zusammenfassung und Schlussfolgerung aus der Beobachtung (Stärken, Schwächen, Ressourcen, Defizite)

Formulierung weiterer Schritte (Ziel/Fragestellung für die nächste Beobachtung, Konsequenz für weitere Begleitung des Kindes, Beratung der Eltern etc.)

Differenzierung und Konkretisierung der einzelnen Entwicklungs- und Förderbereiche

Bereich Wahrnehmung

Teilaspekte	▲ Sinneswahrnehmung (taktil-haptisch, propriozeptiv, vestibulär, visuell, auditiv, gustatorisch und olfaktorisch) ▲ Taktil-kinästhetische Wahrnehmung (als Muttersinn aus taktil, propriozeptiv und vestibulär) ▲ Reizlokalisation, Reizdifferenzierung ▲ Statomotorik, Muskeltonus (hypo- oder hyperton, angemessen) ▲ Körperwahrnehmung und Körperschema, Selbstwahrnehmung, Erlebnisfähigkeit ▲ Sensorische Integration	
Taktil-haptische Wahrnehmung	▲ Wie (re-)agiert das Kind auf taktile Reize? Sucht oder meidet das Kind taktile Reize? ▲ Wie berührt das Kind unbekannte/bekannte Gegenstände (Mund, Hand)?	
	Lokalisation	▲ Welche Reaktion(-en) zeigt das Kind auf Berührungen? ▲ Findet das Kind Berührungspunkte, berührte Körperteile wieder?
	Differenzierung	▲ Ist das Kind in der Lage, unterschiedliche Formen, Größen, Qualitäten und Oberflächenbeschaffenheiten von Gegenständen/Materialien tastend zu unterscheiden, zu erkennen, zuzuordnen und zu sortieren?
Tiefensensible (propriozeptive) Wahrnehmung	▲ Welche Art propriozeptiver Reize (Zug, Druck, Spannung) sucht/meidet das Kind? ▲ Wie reagiert das Kind auf intensive/schwache propriozeptive Reize? ▲ Schiebt oder zieht das Kind Gegenstände über längere Zeit oder Strecken? Wie?	
Vestibuläre Wahrnehmung	▲ Wie reagiert das Kind auf vestibuläre Reize (Lageveränderungen oder Richtungswechsel)? ▲ Klettert das Kind? Wie? Balanciert es? Wie? ▲ Sucht das Kind unterschiedliche Ebenen im Raum/oder Freien auf? Verändert es seine Lage im Raum (liegen, krabbeln, springen, hüpfen, rennen, rollen)? ▲ Spielt es gerne „Topfschlagen" oder „Blinde Kuh" (Bewegungsspiele mit verbundenen Augen)? ▲ Wie sind die Bewegungsquantität und Bewegungsqualität des Kindes? ▲ Differenzierung: Kann das Kind unterschiedliche Gegenstände/Größen/Formen/Farben visuell erkennen, zuordnen und sortieren?	

Visuelle Wahrnehmung	Räumliches Sehen Raum-Lage-Orientierung	▸ Kann das Kind Lageveränderungen (vorn/hinten, oben/unten, über/unter, Drehungen/Spiegelung etc.) von Gegenständen/Figuren/Formen erkennen? ▸ Puzzelt das Kind? Wie (Versuch/Irrtum, planvoll)? ▸ Wie deckt das Kind den Tisch (Teller, Messer/Gabel/Löffel)?
	Räumliche Beziehung	▸ Kann das Kind (einfache/komplexe) Formen und Muster nachlegen oder nachzeichnen? ▸ Kann es unteraufscheiden, ob ein Kind vor oder neben einem anderen steht?
	Figur-Grund-Unterscheidung	▸ Findet das Kind einzelne Elemente aus einem Bild heraus (Wimmelbilder)? ▸ Liest es kleine Gegenstände von einer gleichfarbigen Unterlage? Kann es diese erkennen?
Auditive Wahrnehmung		▸ Reagiert das Kind auf akustische Reize/Signale? Wie? Auf welche (bevorzugt/sicher/eindeutig/unzuverlässig)? Reagiert es auf seinen (gerufenen) Namen? ▸ Sucht/meidet das Kind akustische Reize? Bevorzugt es sehr laute, sehr leise, schrille, tiefe, hohe Töne/Geräusche?
	Lokalisation	▸ Wendet sich das Kind dem akustischen Reiz zu? Wie (blickt in die Richtung, aus der das Geräusch kam/kommt, bewegt sich in die Richtung)?
	Differenzierung	▸ Kann das Kind unterschiedliche Geräusche, Töne, Worte erkennen, unterscheiden und zuordnen?
	Figur-Grund-Wahrnehmung	▸ Kann das Kind Geräusche/Worte aus einer Geräuschkulisse heraushören? Kann es Sprache unter Nebengeräuschen erkennen und gut verstehen?
Olfaktorische Wahrnehmung		▸ Sucht/meidet das Kind olfaktorische Reize? Welche bevorzugt es? ▸ Kann das Kind Gerüche lokalisieren und zuordnen?
Gustatorische Wahrnehmung		▸ Sucht/meidet das Kind gustatorische Reize? ▸ Kann das Kind verschiedene Geschmacksrichtungen unterscheiden, zuordnen?

Bereich Motorik

Teilaspekte	
▲ Grob- und Statomotorik ▲ Feinmotorik: Visuomotorik, Graphomotorik und Mundmotorik, Handbeweglichkeit, Fußbeweglichkeit ▲ Motorische Grundfähigkeiten (differenziertes Kraft-, Ausdauer- und Geschwindigkeitsmaß, Beweglichkeit) ▲ Koordinative Grundfähigkeiten (Gleichgewicht, Rhythmus, Reaktion etc.) ▲ Komplexe Koordinationsleistungen (Tonusregulierung, Zielkontrolle, Steuerung) ▲ Explorationsverhalten (Motivation und Neugier) ▲ Bewegungsmotivation, -freude, Eigenaktivität ▲ Bewegungsquantität, -qualität, -koordination, Bewegungsplanung und -steuerung ▲ Lokomotion und Lateralität (Seitendominanz) ▲ Belastbarkeit/Ausdauer, Anstrengungsbereitschaft ▲ Bewegungsunruhe/Hyperaktivität, Bewegungshemmung, Bewegungsangst	
Bewegungsquantität	▲ Welche Bewegungsangebote sucht/meidet das Kind (im Raum/im Freien, großräumig/kleinräumig, vertraute/unbekannte, bewegungsintensive, einfache/komplexe, strukturierte/unstrukturierte)? ▲ Wie geht das Kind an Bewegungsangebote heran (beobachten, abwarten, probieren)? ▲ Über welches Bewegungsrepertoire verfügt das Kind? Welches zeigt es (robben, krabbeln, kriechen, gehen, laufen, rennen, hüpfen, springen)? ▲ Welches materialgebundene Bewegungsrepertoire zeigt es? Wie (balancieren, klettern, hangeln, schaukeln, wippen, Trampolin springen, schieben, ziehen, rollen, fahren mit Bobbycar, Roller, Dreirad, Lauf-rad, Fahrrad, Rollschuhen, Inline-Skates, Waveboard, Skateboard, Skiern, Schlittschuh etc..)? ▲ Welche Bewegungsobjekte sucht/meidet das Kind? ▲ Wie läuft/geht das Kind (Wechsel-/Nachstellschritt, breitbasig/engbasig, großschrittig/kleinschrittig, Nachstell-/Wechselschritt, Ausgleichsbewegung/Armeinsatz, Körperspannung in Nacken/Schultern/Rumpf/Becken/Beinen/Knien)? ▲ Wie balanciert das Kind (Wechsel-/Nachstellschritt, auf allen Vieren/aufrecht/absetzen/mit Stütze/Ausgleichsbewegungen (starke/geringe/keine) durch Arme/Oberkörper/Knie/Beine, Körperspannung)?

	▲ Wie hüpft/springt das Kind (einbeinig/zweibeinig, symmetrisch/asymmetrisch, hoher/angemessener/niedriger Krafteinsatz, federnd/steif, unterstützender/kein Armeinsatz, Körperspannung (hypo- oder hyperton, angemessen), elastische/unelastische Landung/steht/fällt)? ▲ Wie schaukelt das Kind (exzessiv/zögerlich, im Sitzen/Stehen/Liegen/Hängen/nach hinten gebeugt, dreht sich dabei ein, allein/unterstützt Schaukelbewegung/beherrscht sie selbst)? ▲ Wie wirft/fängt das Kind (Kraftdosierung, engräumig/weiträumig, einarmig/zweiarmig, beidhändiges Fangen/mit Körperunterstützung, Wurfbewegung (flüssig/ruckartig), Hand-Fuß-Koordination, Zielgenauigkeit)?
Bewegungsqualität	▲ Wie wirkt das Bewegungsverhalten des Kindes (bewegungsarm, -freudig, -gehemmt, -unruhig)? ▲ Wie gestaltet es seine Bewegungsabläufe (variabel, gleichbleibend)? ▲ Wie wirken der Bewegungsfluss/die Bewegungselastizität (harmonisch, schwerfällig, fließend, verzögert, langsam, stockend, schnell, überhastet, abrupt, heftig, unelastisch, steif, zusammenfallend, zerfließend)? ▲ Wie wirkt die Präzision der Bewegungen (zielgerichtet, ungenau, überschießend, unsicher, Ausgleichsbewegungen, isolierte Bewegungen)? ▲ Wie ist der Krafteinsatz/Kraftdosierung (angemessen, hoch, niedrig, kraftlos, schlaff, angespannt)? ▲ Wie gestaltet sich die Bewegungsqualität (konstant/inkonstant)? Wie verändert sie sich? Wodurch?
Handmotorik/ Geschicklichkeit	▲ Welches Bewegungsrepertoire zeigt das Kind (tasten, greifen, kneten, kneifen, werfen, schließen, fangen, kritzeln, malen, reißen, schneiden, bauen)? ▲ Wie wirkt die Bewegungsqualität (Bewegungsfluss, -präzision, -elastizität, Krafteinsatz, -dosierung)? ▲ Überprüft das Kind seine Handbewegungen mit dem Auge (Auge-Hand-Koordination)? ▲ Nutzt das Kind beide Hände, auch zusammen? Funktions-/Hilfshand? Lateralität (Hand-Hand-Koordination)?
Körper-/Raum- orientierung	▲ Körperschema ▲ Räumliche Beziehungen
Handlungsplanung	▲ Wie geht das Kind mit Anforderungen und Aufträgen, Spielhandlungen etc- um?

Bereich Emotionalität

Teilaspekte
- Selbst- und Fremdwahrnehmung
- Empathiefähigkeit
- Antrieb/Motivation
- Frustrationstoleranz
- Urteilsfähigkeit
- Affektregulierung (wahrnehmen, äußern, steuern von Gefühlen)
- Affektstabilität/Affektkontrolle
- Ausdrucksmöglichkeit
- Selbstwertschätzung/Selbstwertgefühl
- Selbstkonzept
- Ich-Identität
- Reversibilität
- Emotionale Intelligenz

Emotionale Grundstimmung	▸ Wie wirkt das Kind in seiner emotionalen Grundstimmung (ausgeglichen, ängstlich, ärgerlich, aufgeschlossen, zuversichtlich, aggressiv, wütend, zornig, unausgeglichen, aufbrausend, impulsiv, fröhlich, weinerlich, verschlossen, mutlos, verzweifelt, getrieben)? ▸ Zeigt das Kind plötzliche Stimmungswechsel? Wann? Wodurch ausgelöst? ▸ Kann das Kind seine Bedürfnisse erkennen und formulieren/ausdrücken?
Aufmerksamkeit, Konzentration, Ausdauer	▸ Mit welchen Tätigkeiten, Angeboten beschäftigt sich das Kind? Wie lange? Wie intensiv? ▸ Wechselt das Kind seine Aktivitäten? Wie häufig? Bringt es eine Tätigkeit/ein Spiel zum Schluss? ▸ Lässt es sich durch Außengeräusche etc. ablenken? Wie? Durch welche?
Motivation	▸ Zeigt sich das Kind motivierbar? Wodurch? ▸ Wie wirkt das Kind in seiner Grundeinstellung (neugierig, motivierbar/motiviert, interessiert/desinteressiert/verschlossen, abwartend, eigeninitiativ, antriebsarm, antriebslos, gehemmt aktivierbar, nicht erreichbar)? ▸ Welche Materialien/Gegenstände/Objekte motivieren das Kind zum Handeln/Ausprobieren/Experimentieren/Spielen? ▸ Wodurch lässt sich das Kind motivieren (Ansprache/Vormachen/Gemeinsames Tun)? Durch wen? ▸ Was demotiviert das Kind?

Belastbarkeit, Umgang mit Anforderungen	▲ Sucht/meidet das Kind (Leistungs-)Anforderungen? ▲ Wie reagiert es auf Anforderungen/Aufgabenstellungen von verschiedenen Personen (akzeptierend, ablehnend/ausweichend, verweigernd, wütend, verzweifelt)? ▲ Wie reagiert das Kind auf Erfolge/Misserfolge/Enttäuschungen (verunsichert, unverzagt, niedergeschlagen, probiert weiter/gibt nicht auf, gibt auf, mit Rückzug, mit erhöhter Aktivität (konstruktiv/destruktiv), aggressiv, mit Ehrgeiz)? ▲ Wie begründet das Kind Erfolge/Misserfolge (sieht Ursache in sich begründet: eigene Fähigkeit/Unfähigkeit, Anstrengung; sieht Ursache in Faktoren außerhalb der eigenen Person: Schwere der Aufgabe, Zufall/ Glück, Faktoren, die in anderen Personen begründet liegen)? ▲ Vergleicht sich das Kind bezüglich seiner Leistungen/Leistungsfähigkeit mit anderen? Wie beurteilt und bewertet es? Welche Wirkung hat das auf das Kind? ▲ Zeigt das Kind eine angemessene oder unangemessene Leistungseinschätzung?
Selbstwert, Selbstvertrauen	▲ Wie reagiert das Kind auf neue und in vertrauten Situationen (offen, interessiert, vorsichtig, ängstlich, verunsichert, zurückhaltend, neugierig etc.)? ▲ Wie geht das Kind auf Lob/Anerkennung oder Kritik ein? ▲ Welche Aufgaben/Anforderungen wählt das Kind (fordernde, entwicklungsangemessene etc.)?

Differenzierung und Konkretisierung der einzelnen Entwicklungs- und Förderbereiche

Bereich Kommunikation

Teilaspekte	
▲ Sprachtragender Bereich	
▲ Sprachlicher Bereich	
▲ Unterstütze Kommunikation (Gebärdensprache, gebärdenunterstützte Kommunikation, Talker, Bildkarten, Piktogramme, Metacom/-talk, Pecs, GUK, Lormen u.a.)	
Sprachtragender Bereich	▲ Wahrnehmung, Emotionalität, Motorik, Soziabilität, Kognition Ω Kommunikationsbereitschaft (Dialogbereitschaft)
	▲ Kommunikations-/Ausdrucksfähigkeit
	▲ Kongruenz (Übereinstimmung) verbaler und nonverbaler Kommunikation
	▲ Körpereigene Kommunikationsformen (Körpertemperatur, Schweißproduktion, Atem- und Herz- frequenz, Hautreaktionen etc.)
	▲ Alternative Kommunikationsmöglichkeiten (Mimik, Gestik, Habitus/Körperhaltung)
	▲ Gebärden, Lormen (für Taubblinde), gestützte Kommunikationsformen (Talker/Sprachcomputer etc.)
	▲ Schriftsprache
	▲ Begriffsbildung
	▲ Sprachverständnis
Sprachlicher (verbaler) Bereich	▲ Sprach- und Sprechfähigkeit, situationsangemessenes Sprechverhalten, Gesprächstechniken
	▲ Phonetisch, phonologisch: organische, sensorische, motorische Voraussetzungen phonologischer Prozesse
	▲ Morphologisch, syntaktisch: Wortarten, Wortstellung, Satzbildung, Satzstruktur, Äußerungslänge
	▲ Semantisch, lexikalisch: passiver/aktiver Wortschatz, Wortfindung, Vermeidungsstrategien
	▲ Kommunikativ, pragmatisch: nonverbale Begleitung/Untermalung, Beziehungs- und Sach-/Inhaltsgehalt, Äußerungsfähigkeit, Sprachverständnis
	▲ Sprechfähigkeit (Stammeln, Stottern, Poltern, Echolalie, Redehemmung/Vermeidungsverhalten, Mutismus)
	▲ Gestaltung: Sprechmelodie, Rhythmus, Prosodie, Stimmgebung, mimische/gestische Begleitung
	▲ Schriftsprache: Fähigkeit zur Lautanalyse, Lesefähigkeit, Rechtschreibkompetenz, Verfassen schriftlicher Texte u.a.

Sprachverständnis	▸ Wie reagiert das Kind auf Ansprache? Reagiert es auf seinen Namen? ▸ Versteht es einfache Worte, einfache und komplexe Sätze, Aussagen und Aufforderungen (einfach, mehrteilig, komplex)?
Artikulation/Aussprache	▸ Nutzt das Kind die Verbalsprache, um zu kommunizieren/sich mitzuteilen? ▸ Antwortet es (sinnzusammenhängend) auf Fragen? Wie? Und teilt es sich mit? Wie (einsilbig, Ein-wort-oder Mehrwortsätze)? ▸ Wie spricht das Kind (laut/leise, zusammenhängend, fließend, schnell/langsam, stockend/abgehackt, deutlich/undeutlich)? ▸ Kann es sprachlich Zusammenhänge schildern? ▸ Wie gestaltet es Sätze, wie baut es sie auf? ▸ Gibt es Besonderheiten (artikulativ: lässt Buchstaben aus oder ersetzt sie durch andere, verschluckt Silben, verändert Laute, lispelt; grammatikalisch (verändert den Satzbau); Redefluss (stottert, poltert, stammelt), Wortschatz, Begriffsbildung)? ▸ Haben diese Auswirkungen/eine Bedeutung für das Kind? Welche?
Sprechantrieb	▸ Spricht das Kind nach Ansprache (viel, wenig, kaum, nicht)? ▸ Wie wirkt der Sprechantrieb des Kindes (angemessen, gering, gesteigert, ständig redend)? ▸ Berichtet das Kind von sich aus von Erlebnissen, Ereignissen?
Sprechanlass	▸ In welchen Situationen spricht das Kind (Selbstgespräch, mit vertrauter Person, in unbeobachteten Momenten, vor der Gruppe, im Zweierkontakt, nie/in keiner Situation)? ▸ Worüber berichtet das Kind? Was erzählt es? ▸ Fragt das Kind? Wann und wie? ▸ Begleitet es seine Aussagen gestisch und mimisch? ▸ Begleitet es sein Tun sprachlich? Wie?

Bereich Soziabilität

Teilaspekte
- Kontaktbereitschaft/Kontaktfähigkeit
- Eigen- und Fremdwahrnehmung
- Beziehungsfähigkeit/Interaktionsfähigkeit
- Kooperationsbereitschaft/Kooperationsfähigkeit
- Regelverständnis
- Regelbewusstsein/Regelakzeptanz/Regelumsetzung
- Unrechtsbewusstsein/Gerechtigkeitsempfinden
- Frustrationstoleranz
- Kritikfähigkeit
- Konflikt- und (alternative) Problemlösestrategien
- Toleranz
- Demokratisches Verhalten
- Rollenflexibilität/-verständnis/-erwartungen
- Spielfähigkeit
- Interesse
- Empathiefähigkeit
- Fähigkeit zum Perspektivwechsel
- Selbstständigkeit/Selbstverantwortung
- Selbstbestimmung
- Fähigkeit, eigene Bedürfnisse wahrzunehmen, zu erkennen, zu benennen und zu vertreten
- Durchsetzungsvermögen

Fragenkatalog
- Nimmt das Kind Kontakt zu anderen Personen auf? Wie gestaltet es die Kontaktaufnahme?
- Wie wirkt die Kontaktaufnahme (freundlich, spontan, aktiv, zurückhaltend, offen, unsicher, sicher, distanziert)?
- Wie kommuniziert das Kind? Wie wirkt die Körpersprache/Gestik/Mimik des Kindes (stimmig, offen, entspannt/angespannt)?
- Kann es eigene Bedürfnisse und Wünsche erkennen, äußern, vertreten, zurückstellen, durchsetzen?
- Kann es die Bedürfnisse, Stimmung, Absichten, Wünsche des anderen wahrnehmen und berücksichtigen?
- Kann das Kind die nonverbalen Signale (Gestik/Mimik/Habitus) des anderen deuten und angemessen darauf reagieren?
- Wie geht das Kind mit Konflikten um (sucht/meidet sie)? Wie reagiert es in Konfliktsituationen (konstruktiv/aggressiv/vermeidend, verunsichert, hilflos, sucht Kompromisse, nimmt sich zurück)?
- Kann das Kind Konflikte lösen? Wie? Welche Bewältigungsstrategien stehen ihm dabei zur Verfügung?
- Wie geht das Kind mit Regeln um? Regelbewusstsein? Kann das Kind Regeln einhalten, umsetzen, erstellen?
- Hat das Kind eine Art Gerechtigkeitsempfinden?

Bereich Kognition

Teilaspekte
- Strukturierungsfähigkeit, (klassifizieren, (zu-)ordnen, unterscheiden)
- Kausales (ursächliches) Denken
- Erkennendes/vorausschauendes Denken
- Finales (zielgerichtetes) Denken
- Transferfähigkeit
- Begriffsbildung
- Situationsverständnis
- Perspektivisches und retrospektives Denken
- (zeitliche Orientierungsfähigkeit)
- Symbolverständnis
- Aufgabenverständnis und Aufgabenbewusstsein
- Merkfähigkeit (Kurz-, Langzeit-, Arbeitsgedächtnis)
- Planungsfähigkeit/Handlungskompetenz
- Problemlösekompetenz
- Aufmerksamkeit, Konzentration
- Abstraktionsfähigkeit/Vorstellungsvermögen
- Kombinierungsfähigkeit
- Kreativität/Fantasie
- Spielfähigkeit

Fragenkatalog
- Welche Angebote oder Aufgabenstellungen regen das Kind zum Spielen an (offene/geschlossene, strukturierte/unstrukturierte)?
- Mit welchen Themen, Objekten oder Materialien beschäftigt sich das Kind derzeit vorzugsweise?
- Gibt es diese Spielthemen vor, fordert es sie ein? Lässt es sich auch auf andere Spielthemen ein?
- Wie sind die Spielverläufe? Sind Variationen zu beobachten? Welche? Wie lange und intensiv spielt das Kind?
- Welche Form des Spiels ist bei dem Kind zu beobachten (Sensomotorisches Spiel, Übungsspiel, Symbolspiel, Funktionsspiel, Konstruktionsspiel, Fiktions- oder Rollenspiel, Regelspiel)?
- Benötigt/wählt das Kind Spielpartner? Integriert das Kind andere Kinder in sein Spiel oder integriert es sich in das Spiel anderer? Wie?
- Mit wem spielt das Kind am liebsten (allein, Partnerspiel oder Klein- bzw. Großgruppe, konkrete Person)?
- Wie alt sind die bevorzugten Spielpartner/-gefährten des Kindes (jünger, gleichaltrig, älter, erwachsen)?
- Ist das Kind überwiegend Spielinitiator, Spielführer, Teilnehmer, Mitläufer?
- Werden Rollen und Handlungen angewiesen und dem Spielpartner vorgegeben?
- Gibt es Rituale? Wie stark besteht das Kind darauf?
- Versteht das Kind einfache, komplexe Spielangebote, Aufgabenstellungen und Spiele?

Bereich Lebensgestaltung und Selbstverwirklichung

Teilaspekte	
▶ Erlebnisfähigkeit ▶ Selbstbewusstsein/Selbstvertrauen ▶ Sellbstkonzept (positiv/negativ)/Selbstbestimmung ▶ Ich-Identität ▶ Eigenverantwortlichkei ▶ Kritikfähigkeit ▶ Problemlösestrategien ▶ Interesse(n) und Motivation ▶ Planungs- und Handlungskompetenz ▶ Selbstorganisation/Kompensationsfähigkeit ▶ Flexibilität	
Fragenkatalog	▶ Mit welchen Themen, Spielinhalten und Materialien beschäftigt sich das Kind? ▶ Wie spielt das Kind was, mit wem, wie lange? ▶ Worin findet es Entspannung? ▶ Wobei wirkt es gelöst und interessiert? ▶ Wofür lässt es sich begeistern? ▶ Wobei wirkt es intrinsisch motiviert?

Kollegiale Fallberatung

Kollegiale Fallberatung ist eine Möglichkeit, konkrete Fragen/Themen aus dem Berufsalltag mit Kolleginnen und Kollegen der eigenen Einrichtung oder eines interdisziplinären Teams ohne externe Hilfe zu bearbeiten und Handlungsansätze, zum Beispiel für die (heil-)pädagogische Arbeit, zu finden.

Kollegiale Fallberatung hat einen festgelegten Ablauf und erfolgt nicht spontan oder zufällig. Der klare Ablauf, der überschaubare, definierte zeitliche Rahmen und die Vielfalt der Ergebnisse bilden die Basis für diese Form der Fallarbeit. Herkömmliche Teamdiskussionen bleiben häufig in der Anfangsphase stecken, oder die Gruppe „einigt" sich unbemerkt zu rasch auf ein scheinbar richtiges (da vertrautes, bequemes) Ergebnis. Kollegiale Fallberatung ermöglicht eine Vielzahl von Ideen und Lösungswegen, die nebeneinander stehenbleiben und gleichberechtigt sind. Der Fallgeber entscheidet selbst, welche Anregungen ihm nützlich sind.

Voraussetzungen

▶ Ideale Gruppengröße: 5–9 Mitglieder (mit etwas abgewandelten Regeln auch für größere Teams möglich)

- Teilnehmerinnen und Teilnehmer mit unterschiedlichen fachlichen/beruflichen Hintergründen, zum Beispiel aus verschiedenen Teams ohne hierarchische Beziehung zueinander, oder alle in der Einrichtung Beschäftigten, auch „nichtpädagogische" Mitarbeitende
- Idealerweise Teilnehmerinnen und Teilnehmer ohne direkten Arbeitsbezug zueinander, je ähnlicher das Arbeitsfeld, desto ähnlicher sind auch die Ansätze oder Lösungsvorschläge und -wege und desto weniger kreativ und nachfragend die Haltung
- Freiwilligkeit der Teilnahme
- Wechselnde Rollen
- Dauer circa 1,5–2 Stunden
- Stiller Raum, angepasst an die Gruppengröße, Ablenkungen/Störungen vermeiden
- Vorurteilsbewusste, wertungsfreie Atmosphäre

Ablauf

1. Schritt: Rollenverteilung (5 Minuten)
- Moderation (moderiert den Gesamtprozess, leitet zum nächsten Schritt über)
- Fallgeberin oder Fallgeber (stellt Fall vor)
- Zeitnehmerin bzw. Zeitnehmer (achtet auf die Einhaltung der Zeit, gibt Moderation einen Hinweis kurz vor Ablauf der Zeit)
- Protokollantin bzw. Protokollant (dokumentiert Fragestellung, Assoziationen, Lösungsvorschläge und Auswertungstermin)

Achtung: Die Rollen sollten bei jeder kollegialen Beratung wechseln, keine festen Rollen!

2. Schritt: Vortragen der Problemsituation (10 Minuten)

Der Fallgeber bzw. die Fallgeberin spricht allein und wird nicht unterbrochen. Gibt, wenn nötig, einen Überblick über die wesentlichen Eckdaten zum Kind. Diese können anhand der folgenden Gliederung vorgestellt werden, zum Beispiel mithilfe von von PowerPoint, Flipchart oder Handzetteln. Außerdem unterstützen Werke, bedeutsame Gegenstände oder ein Bild bzw. Gegenstand (z.B. ein Flummi, ein Teddybär, ein Gänseblümchen unter Zweigen, Moos, Steine und Erde) als Symbol für das Kind das Verstehen:

1. Fragestellung bzw. Thema der Fallbesprechung
2. Anlass/Darstellung der aktuellen (Problem-)Situation, typischer Situationen
3. Kind (Geburtsdatum, Stellung in der Geschwisterreihe)
4. Mutter/Vater (Alter, Beruf, Eindruck etc.)
5. Familien- bzw. Milieuanamnese/Genogramm
6. Sonstige Bezugspersonen, Besonderheiten
7. Daten zu Kindertagespflege, Kinderkrippe, Kindergarten, Schule/Hort
8. Medizinische und psychologische Untersuchungen, Befunde, therapeutische Einschätzungen
9. Entwicklungsleiste des Kindes (unter Berücksichtigung der psychosozialen und -sexuellen Entwicklung)

Differenzierung und Konkretisierung der einzelnen Entwicklungs- und Förderbereiche

10. Inhalte, besondere Themen und Verlauf der bisherigen Begleitung in kurzer Zusammenfassung
11. Stärken, Ressouren, Belastungen, Erschwernisse, Besonderheiten des Kindes; aktuelle Lebenssituation
12. Vermutetes, aktuelles Lebensmotto des Kindes; Symbol, das das Kind erfasst, beschreibt
13. Aktuelle Einschätzung

Alle Beteiligten achten auf Stimme, Haltung, Körpersprache der Fallgeberin bzw. des Fallgebers und die eigenen Empfindungen. Alle Beobachtungen sind wichtig. Rückfragen sind noch nicht erlaubt.

Der Vortrag endet mit einer **Frage**, dem **Auftrag ans Team**! Keine Fremdaufträge annehmen! Was konkret will der Fallgeber wissen?

3. Schritt: Nachfragen (10 Minuten)

Alle Teilnehmerinnen und Teilnehmer können sowohl Verständnisfragen als auch inhaltliche Fragen stellen. Keine Diskussionen. Keine Suggestivfragen. Dagegen: Fragen zum Kontext, zu schon vorhandenen Lösungsversuchen, zu Gefühlen, zum Umfeld, zu Beteiligten. Keine versteckten Lösungen anbieten: „… hast du das schon mal versucht?"

4. Schritt: Assoziationsrunde (10 Minuten)

Die Gruppe sammelt Assoziationen, Empfindungen, Gefühle, Fantasien, alles, was die Fallbeschreibung ausgelöst hat. Raum für eigene Gefühle. Mit wem identifiziere ich mich? Was hat die Art, wie der Fall vorgestellt wurde, bei mir ausgelöst? Alle Assoziationen sind wichtig: Habe ich Erinnerungen an eigene Erlebnisse, was habe ich gedacht, was hat die Fallbeschreibung in mir ausgelöst

Achtung: Noch keine Lösungsvorschläge! Alle sagen etwas!

5. Schritt: Rückmeldung des Fallgebers bzw. der Fallgeberin (5 Minuten)

Der Fallgeber bzw. die Fallgeberin berichtet, was die Rückmeldungen bei ihm/ihr ausgelöst haben, was ihn/sie besonders angesprochen hat, welche Gefühle er/sie dabei hatte. Die Gruppe hört zu!

6. Schritt: Lösungsvorschläge (15 Minuten)

Die Gruppe sammelt Lösungsvorschläge. Das ergibt einen bunten Blumenstrauß an Ideen. Vielfalt und Kreativität sind das Ziel, nicht auf eine Lösung einschießen. Sowohl eigene Lösungsideen haben Platz als auch völlig abstrakte, verrückte Ideen.

Alle Lösungsideen sollten in der Möglichkeitsform formuliert sein. Der Fallgeber bzw. die Fallgeberin hört zu und diskutiert nicht mit! Keine festen Vorgaben wie „Das muss man doch … da kann man doch nur so reagieren …", sondern Formulierungen wie: „… könnte möglich sein dass das klappt, vielleicht wäre das auch eine Idee …, eventuell würde das passen."

Alle Beteiligten äußern sich. Keine Bewertung fremder Ideen, alles darf nebeneinander stehen. Die Vielfalt ist das Ziel.

7. Schritt: Rückmeldung des Fallgebers (5 Minuten)
Der Fallgeber bzw. die Fallgeberin äußert seine/ihre Gedanken und Gefühle zu den vorgebrachten Lösungen. Er/sie fasst zusammen, was für ihn/sie verwenbdbar ist und was nicht. Gefühle und Gedanken werden zum Ausdruck gebracht! Das ist nicht immer sofort möglich. Manchmal ist es auch zu viel, dann bedankt sich der Fallgeber bzw. die Fallgeberin nur bei allen Beteiligten.

8. Schritt: Allgemeiner Austausch (10 Minuten)
Gemeinsames Gespräch, unstrukturierter Austausch; Fallgeber bzw. Fallgeberin und Moderation dürfen mitdiskutieren. Diskussion und Planung erster Schritte. Hier wird frei das ausgesprochen, was jedem zum Thema am Herzen liegt.

9. Schritt: Abschluss (5 Minuten)
Dank das Fallgebers bzw. der Fallgeberin an das Team. Vereinbarung einer Rückmeldung an das Team, konkret mit Datum. Übergabe des Protokolls an die Fallgeberin bzw. den Fallgeber.

10. Schritt: Feedbackrunde (10 Minuten)
Reflexion über die Rollen und die Methode sowie ihre Einsatzmöglichkeiten in der Praxis. Die Rollenträger werden einzeln gefragt, wie es ihnen mit ihrer Aufgabe ging. In der Feddbackrunde geht es nicht mehr über den Fall, nur noch über Methode und Rollen.

Dabei können zum Beispiel Videomitschnitte kindlichen Handelns und von Kindersprache vorgestellt und besprochen werden. Diese Methode eignet sich auch, um schwierige Fälle im Team zu besprechen und Lösungsideen zu finden. Nicht geeignet ist diese Methode für Teamkonflikte. Hierzu ist externe Supervision nötig.

Literatur & Links

Letzter Zugriff auf alle u.g. URL: 27.05.2020

Affolter, F. (1987): Wahrnehmung, Wirklichkeit und Sprache. Villingen-Schwenningen: Neckar-Verlag.

Ayres, A. J. (1984): Bausteine der kindlichen Entwicklung. Die Bedeutung der Integration der Sinne für die Entwicklung des Kindes. Übersetzt von I. und R.-W. Flehmig, J. Robbins. Berlin u.a.: Springer.

Baer, U. (2019): Was hochbelastete Kinder brauchen: Praxishandbuch für die Begleitung und Betreuung. Stuttgart: Klett-Cotta.

Beelmann, A. & Raabe, T. (2007): Dissoziales Verhalten von Kindern und Jugendlichen: Erscheinungsformen, Entwicklung, Prävention und Intervention. Göttingen u.a.: Hogrefe.

Bergsson, M. & Luckfiel, H. (1998): Umgang mit „schwierigen" Kindern. Berlin: Cornelsen.

Biewer, G. (2010): Grundlagen der Heilpädagogik und Inklusiven Pädagogik. Bad Heilbrunn: Klinkhardt.

Braun, D. & Schmischke, J. (2006): Mit Störungen umgehen. Berlin: Cornelsen.

Brinkhoff, K.P. (1996): Kindsein ist kein Kinderspiel. In: J. Mansel (Hrsg.): Glückliche Kindheit – schwierige Zeit? Über die veränderten Bedingungen des Aufwachsens. Opladen: Leske und Budrich, S. 25ff.

Bronfenbrenner, U. (1981): Die Ökologie der menschlichen Entwicklung. Natürliche und geplante Experimente. Stuttgart: Klett-Cotta.

Buber, M. (1979): Das dialogische Prinzip. 4. Aufl. Heidelberg: Schneider.

Cloerkes, G. & Markowetz, R. (2001): Soziologie der Behinderten. 2. Aufl. Heidelberg: Winter.

Dewey, J. (1980): Kunst als Erfahrung. Übers. von C. Velten u.a. Frankfurt am Main: Suhrkamp.

Dührssen, A. (1977): Möglichkeiten und Formen der Elternberatung. Praxis der Kinderpsychologie und Kinderpsychiatrie 26, 1.

Flosdorf, P. (2009): Heilpädagogische Beziehungsgestaltung. 2. Aufl. Freiburg im Breisgau: Lambertus.

Gabler Wirtschaftslexikon (o. J.): Stichwort: Verhalten. Autor: Helmut Siller. www.wirtschaftslexikon.gabler.de/Archiv/1408500/verhalten-v3.html.

Goleman, D. (2007): Emotionale Intelligenz. Aus dem Amerikan. von F. Griese. 17. Aufl. München: dtv.

Grawe, K. (2004): Neuropsychotherapie. Göttingen: Hogrefe.

Greving, H. & Ondracek, P. (2014): Handbuch Heilpädagogik. 3. Aufl. Köln: Bildungsverlag EINS.

Greving, H. & Ondracek, P. (2009): Heilpädagogisches Denken und Handeln: Eine Einführung in die Didaktik und Methodik der Heilpädagogik. Stuttgart: Kohlhammer.

Gröschke, D. (1993): Praktische Ethik der Heilpädagogik. Individual- und sozialethische Reflexionen zu Grundfragen der Behindertenhilfe. Bad Heilbrunn: Klinkhardt.

Gröschke, D. (1997): Praxiskonzepte der Heilpädagogik: anthropologische, ethische und pragmatische Dimensionen. 2. Aufl. München, Basel: E. Reinhardt.

Grundmann, M. & Kunze, I. (2008): Systemische Sozialraumforschung: Urie Bronfenbrenners Ökologie der menschlichen Entwicklung und die Modellierung mikrosozialer Raumgestaltung. In: F. Kessl (Hrsg.): Schlüsselwerke der Sozialraumforschung. Wiesbaden: VS, S. 172–188.

Huisken, J. (2008): Gesprächsführung und Kommunikation. Troisdorf: Bildungsverlag EINS.

Hülshoff, T. (2001): Emotionen. 2. Aufl. München, Basel: E. Reinhardt.

Hüther, G. & Krens, I. (2005): Das Geheimnis der ersten neun Monate: unsere frühesten Prägungen. Düsseldorf, Zürich: Walter.

Kiphard, E. (2001): Motopädagogik – Psychomotorische Entwicklungsförderung. 9. Aufl. Dortmund: Modernes Lernen.

Kobi, E.E. (1993): Grundfragen der Heilpädagogik. Eine Einführung in heilpädagogisches Denken. 5. Aufl. Bern, Stuttgart, Wien: P. Haupt.

Köhn, W. (2001): Heilpädagogische Erziehungshilfe und Entwicklungsförderung (HpE). Ein Handlungskonzept. 2. Aufl. Heidelberg: Winter.

Köhn, W. (2002): Heilpädagogische Begleitung im Spiel. Ein Übungsbuch zur Heilpädagogischen Erziehungshilfe und Entwicklungsförderung (HpE). Heidelberg: Winter.

Krawitz, R. (1996): Pädagogik statt Therapie: vom Sinn individualpädagogischen Sehens und Handelns. 3. Aufl. Bad Heilbronn: Klinkhardt.

Krenz, A. (2012): Kinderseelen verstehen. Verhaltensauffälligkeiten und ihre Hintergründe. München: Kösel.

Krombholz, H. (2005): Motorische Entwicklungsstörungen. Zusammenfassung des Beitrags in: P.F. Schlottke u. a. (Hrsg.): Enzyklopädie der Psychologie, Band 5: Störungen im Kindes- und Jugendalter – Grundlagen und Störungen im Entwicklungsverlauf. Göttingen: Hogrefe, S. 545–574. www.ifp.bayern.de/projekte/laufende/krombholz-motorik1.html.

Maier, F. M.; Bitsch-Doll, A. & Stern, S. (2007): Auffälliges Verhalten von Kindern – wahrnehmen, verstehen, handeln. kindergarten heute spezial, Nr. 108.

Mall, W. (1984): Basale Kommunikation ein Weg zum Andern. Geistige Behinderung 23, Nr. 1, 1–16. www.winfried-mall.ch/pdf/bk.pdf.

Mall, W. (2004): Muss man Kommunikation erst lernen? Kommunikation ohne Voraussetzungen. Vierteljahresschrift für Heilpädagogik und ihre Nachbargebiete (VHN) 73, Nr. 1, 3–11. www.winfried-mall.ch/pdf/kommunikation_lernen.pdf.

Mall, W. (2008): Kommunikation ohne Voraussetzungen: Mit Menschen mit schwersten Beeinträchtigungen. 6. Aufl. Heidelberg: Winter.

Maywald, J. (2013): Kinderschutz in der Kita. Ein praktischer Leitfaden für Erzieherinnen und Erzieher. Freiburg im Breisgau, Basel, Wien: Herder.

Möllers, J. (2013): Methoden in der Heilpädagogik und Heilerziehungspflege. Psychomotorik. 4.Aufl. Troisdorf: Bildungsverlag EINS.

Moor, P. (1965): Heilpädagogik. Ein pädagogisches Lehrbuch. Bern; Stuttgart: Huber.

Multimediaprogramm Kommunikation (o. J.): Kommunikations- und Konflikttraining im Rahmen der Lehreraus- und -weiterbildung. Entwickelt an der Carl-von-Ossietzky-Universität Oldenburg von W. Eichler und J. Pankau. www.germanistik-kommprojekt.uni-oldenburg.de/index.html.

Myschker, N. (1993): Verhaltensstörungen bei Kindern und Jugendlichen. Erscheinungsformen-Ursachen-Hilfreiche Maßnahmen. 4. Aufl. Stuttgart: Kohlhammer.

Myschker, N. & Stein, R. (2014): Verhaltensstörungen bei Kindern und Jugendlichen. Erscheinungsformen – Ursachen – Hilfreiche Maßnahmen. 7. Aufl. Stuttgart: Kohlhammer.

Niehoff, D. (2007): Basale Stimulation und Kommunikation. Lehr-/Fachbuch: Methoden in Heilpädagogik und Heilerziehungspflege. 2. Aufl. Troisdorf: Bildungsverlag EINS.

Oerter, R. & Montada, L. (1998): Entwicklungspsychologie. 4. Aufl. Weinheim: PVU.

Oy, C.M. v. & Sagi, A. (1997): Lehrbuch der heilpädagogischen Übungsbehandlung. Hilfe für das behinderte und entwicklungsgestörte Kind. 2. Aufl. Heidelberg: Winter.

Palmowski, W. (1996): Anders handeln: Lehrerverhalten in Konfliktsituationen, ein Übersichts- und Praxisbuch. Dortmund: Borgmann.

Pfeffer, S. (2012): Sozial emotionale Entwicklung fördern. Wie Kinder in Gemeinschaft stark werden. Freiburg im Breisgau, Basel, Wien: Herder.

Pfluger-Jakob, M. (2009): Wahrnehmungsstörungen bei Kindern. kindergarten heute spezial, Nr. 91, 3. Aufl.

Rass, E. (2011): Bindung und Sicherheit im Lebenslauf. Psychodynamische Entwicklungspsychologie. Stuttgart: Klett-Cotta.

Richter, V. & Guthke, J. (1996): Leipziger Ereignis- und Belastungsinventar (LEBI). Göttingen u.a.: Hogrefe.

Sappok, T. (2019): Psychische Gesundheit bei intellektueller Entwicklungsstörung. 1. Auflage. Stuttgart: Kohlhammer.

Schaefgen, R. (2007): Praxis der Sensorischen Integrationstherapie. Stuttgart: Thieme.

Scheiblauer, M. (1926): Die Rhythmik als Hilfsmittel bei der Erziehung anormaler Kinder. In: M. Scheiblauer (Hrsg.): Rhythmik. Theorie und Praxis der körperlich-musikalischen Erziehung. München: Delphin, S. 100–104.

Scheuerl, H. (1981): Zur Begriffsbestimmung von „Spiel" und „Spielen". In: H. Röhrs (Hrsg.): Spiel, ein Urphänomen des Lebens. Wiesbaden: Akademische Verlagsgesellschaft.

Schmidt, H.-K. (2019): Die Toten von Marnow. Köln. Kiepenheuer&Witsch.

Schmutzler, H.-J. (1994): Handbuch Heilpädagogisches Grundwissen. Einführung in die Früherziehung behinderter und von Behinderung bedrohter Kinder. 3. Aufl. Freiburg im Breisgau: Herder.

Schulz von Thun, F. (2013): Miteinander reden (1): Störungen und Klärungen. 50. Aufl. Reinbek bei Hamburg: Rowohlt Tb.

Speck, O. (1988): System Heilpädagogik. München, Basel: E. Reinhardt.

Speck, O. (1999): Menschen mit geistiger Behinderung und ihre Erziehung. Ein heilpädagogisches Lehrbuch. 9. Aufl. München, Basel: E. Reinhardt.

Spitzer, M. (2002): Lernen. Gehirnforschung und die Schule des Lebens. Berlin, Heidelberg: Spektrum.

Spitzer, M. (2005): Vorsicht Bildschirm. Elektronische Medien, Gehirnentwicklung, Gesundheit und Gesellschaft. Stuttgart: E. Klett.

Störmer, N. (2013): Du störst! Herausfordernde Handlungsweisen und ihre Interpretation als „Verhaltensstörung". Berlin: Frank & Timme.

Strobel, B U.M. (2009): Einführung in die Heilpädagogik für ErzieherInnen. 2. Aufl. München, Basel: E. Reinhardt.

Textor, M.R. (2008): Verhaltensauffällige Kinder fördern. 4. Aufl. Berlin: Cornelsen.

Theunissen, G. (1997): Basale Anthropologie und ästhetische Erziehung. Eine ethische Orientierungshilfe für ein gemeinsames Leben und Lernen mit behinderten Menschen. Bad Heilbrunn: Klinkhardt.

Theunissen, G. (2005): Pädagogik bei geistiger Behinderung und Verhaltensauffälligkeiten. Ein Kompendium für die Praxis. 4. Aufl. Bad Heilbrunn: Klinkhardt.

Theunissen, G. (2016): Geistige Behinderung und Verhaltensauffälligkeiten: Ein Lehrbuch für die Schule, Heilpädagogik und außerschulische Behindertenhilfe. 6. Aufl. Regensburg: UTB.

Walper, S. (2014): Entwicklung, ökologischer Ansatz nach Bronfenbrenner. In: M.A. Wirtz (Hrsg.): Dorsch – Lexikon der Psychologie. www.portal.hogrefe.com/dorsch/entwicklung-oekologischer-ansatz-nach-bronfenbrenner.

Winterhoff, M. (2008): Warum unsere Kinder Tyrannen werden. Oder: Die Abschaffung der Kindheit. Gütersloh: Gütersloher Verlagshaus.

Winterhoff-Spurk, P. (2005): Kalte Herzen. Wie das Fernsehen unseren Charakter formt. Stuttgart: Klett-Cotta.

Wöhler, K.-H. (1988): Zeitstrukturen (in der Frühförderung). Frühförderung interdisziplinär, Jg. 7, 27–34.

Vygotskij, L.S. (1988): Denken und Sprechen. Aus dem Russ. übers. von G. Sewekow. Mit einer Einl. von T. Luckmann. Frankfurt am Main: Fischer. Lizenz des Akad.-Verlags: Berlin.

Zimmer, R. (1995): Handbuch der Sinneswahrnehmung. Grundlagen einer ganzheitlichen Erziehung. Freiburg im Breisgau: Herder.

Zimmer, R. (2019): Handbuch Psychomotorik – Theorie und Praxis der psychomotorischen Förderung von Kindern. Freiburg im Breisgau: Herder.

Kinder stark machen

**Maike Rönnau-Böse /
Klaus Fröhlich-Gildhoff
Resilienz im Kita-Alltag**
Was Kinder stark und
widerstandsfähig macht
112 Seiten | Kartoniert
ISBN 978-3-451-38661-9

Die kindliche Widerstandsfähigkeit in Kitas zu fördern, ist heute wichtiger denn je. Dabei zeigen die Autoren praxisnah und anhand von vielen Beispielen, was genau Resilienz bedeutet, welches die empirisch nachgewiesenen Schutzfaktoren sind und welche Förderprogramme nachweislich helfen, um die Stärken der Kinder wahrnehmen und fördern zu können.

In jeder Buchhandlung!

HERDER

www.herder.de

Kinder in der Gemeinschaft stärken

Simone Pfeffer
Sozial-emotionale Entwicklung fördern
Wie Kinder in der Gemeinschaft stark werden
128 Seiten | Kartoniert
ISBN 978-3-451-37803-4

Das Buch beleuchtet die zentralen Themen der sozial-emotionalen Entwicklung von Kindern zwischen 2 und 6 Jahren. Es bietet konkrete Hilfen für den Umgang mit Konflikten und vielfältige Anregungen, wie pädagogische Fachkräfte die Kinder darin unterstützen können, ihren Platz in der Gruppe zu finden und sich zu selbstbewussten und sozial kompetenten Persönlichkeiten zu entwickeln.

In jeder Buchhandlung!

HERDER

www.herder.de

Konflikte positiv begleiten

Gabriele Haug-Schnabel
Umgang mit aggressivem Verhalten von Kindern
Praxiskompetenz für Kitas
128 Seiten | Kartoniert
ISBN 978-3-451-38699-2

Der Umgang mit aggressivem Verhalten von Kindern stellt für pädagogische Fachkräfte eine große Herausforderung dar. Dass Konflikte aber nicht zwingend als negativ anzusehen sind, sondern vielmehr ein Lernfeld und eine Entwicklungschance darstellen können, zeigt dieses Buch. Praxisnah und konkret vermittelt es Wissen über mögliche Ursachen und den adäquaten Umgang mit aggressivem Verhalten im pädagogischen Alltag.

In jeder Buchhandlung!

HERDER

www.herder.de